当代中国高等教育改革口述史丛书(第一辑)
# 编 委 会

**顾　问**
柳斌杰　第十二届全国人民代表大会教育科学文化卫生委员会主任委员
　　　　原国家新闻出版总署署长　国家版权局原局长
　　　　清华大学新闻与传播学院院长
章开沅　著名历史学家、教育家　华中师范大学原校长

**主　编**
周洪宇　第十三届全国人民代表大会常务委员会委员
　　　　湖北省人民代表大会常务委员会副主任
　　　　中国教育学会副会长　华中师范大学教育学院教授

**学术协调人**
刘来兵（华中师范大学）

**编　委**　（按姓氏拼音排序）
蔡三发（同济大学教授）　　　　　申国昌（华中师范大学教授）
操太圣（南京大学教授）　　　　　沈　红（华中科技大学教授）
陈洪捷（北京大学教授）　　　　　石中英（清华大学教授）
程方平（中国人民大学教授）　　　眭依凡（浙江大学教授）
程斯辉（武汉大学教授）　　　　　熊庆年（复旦大学教授）
杜成宪（华东师范大学教授）　　　熊贤君（深圳大学教授）
刘海峰（厦门大学教授）　　　　　徐　勇（北京师范大学教授）
陆根书（西安交通大学教授）　　　张传遂（湖南师范大学教授）
欧七斤（上海交通大学研究馆员）

湖北省学术著作出版专项资金资助项目

当代中国高等教育改革口述史丛书（第一辑）

顾问　柳斌杰　章开沅　　　主编　周洪宇

# 改革路上
# 张楚廷口述史

张楚廷　著

中国·武汉

图书在版编目(CIP)数据

改革路上:张楚廷口述史/张楚廷著. —武汉：华中科技大学出版社,2019.6(2024.5重印)
(当代中国高等教育改革口述史丛书.第一辑)
ISBN 978-7-5680-4780-7

Ⅰ.①改… Ⅱ.①张… Ⅲ.①师范大学-教育改革-黄石 Ⅳ.①G659.21

中国版本图书馆CIP数据核字(2018)第266302号

改革路上——张楚廷口述史　　　　　　　　　　　　　　　张楚廷　著
Gaige Lushang——Zhang Chuting Koushu Shi

策划编辑：周晓方　杨　玲　周清涛
责任编辑：章　红
封面设计：原色设计
责任校对：刘　竣
责任监印：周治超

出版发行：华中科技大学出版社(中国·武汉)　　电话：(027)81321913
　　　　　武汉市东湖新技术开发区华工科技园　　邮编：430223
录　　排：华中科技大学惠友文印中心
印　　刷：湖北金港彩印有限公司
开　　本：710mm×1000mm　1/16
印　　张：19.25　插页:4
字　　数：258千字
版　　次：2024年5月第1版第2次印刷
定　　价：158.00元

本书若有印装质量问题,请向出版社营销中心调换
全国免费服务热线：400-6679-118　竭诚为您服务
版权所有　侵权必究

◆ 张楚廷父母张怀德、郭艾芝（摄于1939年）

◆ 张楚廷恩师李盛华及夫人，还有学校领导人团队刘志辉、陈钧、罗维治（摄于1991年）

◆ 张楚廷与大哥张楚胜(右一)（摄于1995年）

◆ 1959年大学毕业

■ 45岁时

◆ 1982年始任校长

◆ 1994年时任湖南师范大学校长

◆ 1988年在湖南师范大学新建的图书馆前

◆ 1989年会见画家黄永玉

◆ 邵逸夫先生捐赠湖南师范大学图书馆，左起：方逸华女士、湖南省原省长陈邦柱、邵逸夫先生（摄于1992年）

◆ 同卢乃桂教授一起讨论田家炳书院选址（摄于1999年）

◆ 湖南师范大学通过"211工程"立项审核后的合影

◆ 1995年访问我国台湾

# 总 序
PREFACE

一

"记忆的需要就是历史的需要。"①

历史是有目的的人的活动。这是自有人类记忆以来传统总是被口耳相传和文字记述的原因,也是今天学者们通过不同的历史课题探究过去的原始驱动。记述往往与客观现实有所偏差,使得部分历史学家不满足于从正统的史书和典籍中发现过去,热衷于从笔记、小说等私人叙述空间中寻找历史。在当代,越来越多的历史学者不再只是枯守故纸堆,而倾注时间走向更为广阔的生活空间,留心于观察、倾听、访谈,用声音和影像来保存历史,是为口述历史的实践。

20世纪80年代以来,中国处于一个前所未有的改革大时代,教育改革是社会变革的重要组成部分,并在一定程度上影响和推动了中国的社会变革。在这个过程中,涌现出一批思想解放、视野开阔、勇于改革、善于创新的高校校长,成为勇立时代潮头的弄潮儿。他们大都是中国高等教育改革的亲历者、参与者、组织者、实施者、推动者、见证者,他们或重教学改革或重科学研究,或重社会服务或重文化引领,或重国家需要或重大学自主,或重人文社科或重自然科学,或重行政改革或重教师作用,或重本科教学或重研究生发展,或重顶层设计或重基层创新,或重本土联盟或重国际合作,

---

① [法]皮埃尔·诺拉主编:《记忆之场:法国国民意识的文化社会史》,黄艳红等译,南京大学出版社2015年版。

以高等教育改革家之风范,从高等教育不同层面入手,披荆斩棘,大刀阔斧,为推动中国高等教育的改革和发展发挥了重要的奠基和垂范开拓作用。本套丛书以当代中国高等教育改革为主题,以当面访谈聆听20世纪80年代以来一批高等教育改革家的高等教育改革的亲身经历和体会,同时将这些一手资料整理成书,传于后人,具有重要性、必要性和紧迫性。

组织编写出版本丛书是一件很有意义的事情。现代口述历史先驱、英国历史学家保尔·汤普森(Paul Thompson)认为,口述历史的基本重要性在于给了孩子们、学生们,或者说年轻人,一个理解过去发生的事情的机会。2017年是恢复高考40周年,社会各界和人士通过不同的方式举行了纪念活动。恢复高考是国家的英明决策,于国于民都影响深远。那么,高考是如何恢复的?恢复之后大学的办学是如何逐步恢复并发展的?其中都离不开大学校长在此间的努力。本套丛书所邀请的校长便是这一重要历史活动的亲历者与主持者,他们能够提供作为历史参与者的视角与声音。2018年是改革开放40周年,教育作为社会系统中的重要组成部分,能反映社会整体变革的内容。1977年,邓小平在科学和教育工作座谈会上提出:"我们国家要赶上世界先进水平,从何着手呢?我想,要从科学和教育着手","不抓科学、教育,四个现代化就没有希望,就成为一句空话"。他明确把科教发展作为发展经济、建设现代化强国的先导,并将其摆在中国发展战略的首位。在教育系统中,高等教育的地位举足轻重,尤其是对于中断高考十年之久的国家来说,急需一批年富力强的青年骨干承担起建设现代化国家的重任。本丛书的出版对回顾过去40年来高等教育改革发展与社会经济变革具有重要意义,既是缅怀过去,也是总结现在,还能展望未来。

编撰出版本丛书为回顾中国特色社会主义高等教育制度发展历程提供口述历史资料很有必要。口述历史的必要性关涉的是历史本质、功能与意义的讨论。历史是什么?谁是历史的叙述者?怎样的档案资料才能呈现最客观的历史?在历史学的研究中,此类问题的解答通常被视为专业的缄默知识体系构建。口述历史研究者认为人民应该享有话语权,通过人民的声音,把历史交还给人民。正如意大利历史学者克罗齐所言,"一切历史都是当代史",口述历史的基本功能在于留存当代历史参与者的口述档案资料。收集口述历史资料的必要性在于:一是能提供档案资料的补充与印证,弥补档案资料中某些重大事件过程与细节的缺失;二是口述历史资料可以发挥历史研究和社会教育功能,那些重要历史事件的决策者、参与者通过口述历史能够提供更为丰富的历史细节,而对于一般公众来说,通过阅读这些口述资料更具有社会教育意义。本丛书是口述历史在当代高等教育研究领域的一次尝试。新中国成立以来,我国一直在探索建立中国特色社会主义教育制度,尤其是高等教育发展经历了起步、发展、挫折、中断、恢复、改革与腾飞的多样化的发展阶段,我国当代对教育改革发展历程的研究是当代教育史研究的重要组成部分。

本丛书编撰出版具有紧迫性。20世纪80年代以来,中国高等教育改革与发展经历了几个不同的发展阶段,不同时期均涌现出杰出的大学领导者。第一批引领高等教育改革的校长们有的已经辞世,大多已进入耄耋之年,本丛书的编撰有抢救性保护之意,是为这批勇立改革潮头的中国高等教育改革领军人物留下智慧以指导未来我国高等教育进一步改革创新。本丛书编撰的初衷之一便是考虑到曾担任华中工学院(现华中科技大学)党委书记兼院长的朱九思先生已年近百岁,为他整理完成口述史实属迫在眉睫。遗憾的是,我们在整理朱九思教育口述史的过程中,先生于2015年6月13日因病医治无效逝世,他指导的博士生、现为重庆工商大学副校长的陈运超教授在博士学位论文基础上,凭借朱九思先生生前谈话、师门集体回忆,以及朱九思先生系列著述,费时数年完成该书的整理工作。因而,当面访谈聆听20世纪80年代以来一批高等教育改革家的高等教育改革的亲身经历和体会,同时将这些一手资料整理成书,传于后人,已经成为一件具有重要意义和急迫的事情。

## 二

口述历史不同于学术著作,相比学术著作而言口述历史的读者受众更加广泛。我们在编撰本丛书的过程中,结合口述历史的特点考虑本丛书所追求的风格、特点和定位。

力求复原史实、保全史料、深化史学。要做好口述历史研究工作,应明确"历史"的三层含义,即客观的事实(史实)、主观的记载(史料)和主客观结合的研究(史学)。与传统的单纯以文献为依据进行的历史研究不同,口述史研究是史实、史料和史学三层历史的融合。口述者叙述的是史实,但首先是属于口述者自己认定的事实,还需要通过记载的史料去印证,整理者通过比对口述材料与文献材料也能得到最终的口述历史作品。口述历史必须恪守真实、客观、中立的基本原则,必须厘清访谈者与口述者之间的关系。左玉河教授认为历史研究者与历史当事人是口述历史研究的双重主体,但两者在口述访谈中充当的角色及所尽的职责是不同的。作为访谈者的历史研究者,是口述历史访谈的策划者和引导者;作为口述者的历史当事人,是口述历史访谈不可缺少的主角。口述历史访谈的过程,是访谈者与当事人通过口述访谈的方式共同回忆和书写某段历史的过程。本套口述史丛书力求做到以史为据、论从史出、史论结合、述多议精,求信、求实、求真,为后世存信史,为学术做积累,为改革指正路。

力求形式与本质的结合。口述历史作为一种史学实践在近年来颇为兴盛,源于社会大众对历史的关注热情显著增强。大众在获得一定的物质保障之后,会转向对精神、文化的追求以提升自身的素养,人们开始去关注历史的、过去的、传统的东西,而不只是当下的日常生活。口述历史能很好地满足大众对当代社会生活中某些重要事件的了解。这套口述史丛书,"口述"是形式,是特色,"历史"是本质,是根本。既要遵从口述的"形式"和"特色",更要坚持历史的"本质"

和"根本",使之与一般历史著作区别开来,具有口述历史的风格和追求。

力求口述文本鲜活、生动、可读。口述者有自己的语言风格,善述者引人入胜。作为大学领导者,卓越的演讲能力是其胜任领导职位的基本能力之一。然而,口述历史与平常的对话不一样,需要整理者在前期做好一定的准备,把要了解的内容提前告知口述者,口述者需要一定的时间去回忆,甚至是查阅资料去印证。对话的过程要尽可能做到问题有来由、事情有曲折、过程有细节、结果有悬念、语言口语化。问题有来由强调的是口述历史有自己的主题,是带着问题开展的研究工作,而不是日常生活中的漫谈。问题可以是整理者在前期准备的,也可以是口述者根据主题自我提出的。事情有曲折强调重要历史事件的发生发展均是螺旋式前进的,其过程大多循环反复,通过不懈的坚持与努力才能最终取得成功。过程有细节强调的是在事件的重要节点与关口,某些重要决策与行动使事件的发展方向发生根本性转变,在此结果之前所发生的细节过程仅仅是少数参与者才知晓的,而这也正是需要通过口述历史公之于众的。结果有悬念强调的是叙述能引人入胜,而不是故作惊悚,是增加可读性,使人们意识到任何一次成功的改革实践均是特定时期不同主体博弈的最终结果。语言口语化强调的是口述历史不是文本写作,是日常生活中口述者的自我呈现,这种表述更容易被大众所接受。

力求处理好共性与个性的关系。本套口述史丛书以当代中国高等教育改革为主题,每一位大学领导者均以个人主导大学改革为主题开展口述史的整理工作,每一本口述著作既要反映时代和改革的共性问题,也应体现传主的个别应对及其个性特征。共性指不同高校教育改革的普遍性质,个性指每一位大学领导者推进教育改革的特殊性质。教育是社会系统中的组成部分之一,教育改革离不开整体的社会变革系统的支持,也受制于一定时期的社会改革氛围。同一历史时期的不同高校的改革,所面临的时代和改革背景是一样的,具有共性的时代烙印。不同的大学领导者具有不同的改革思路与领导方式，即使在共性的改革背景下也会呈现出不同的改革实践。从纵向来看，不同时期的大学改革实践更是如此，因而，对每一位大学领导者的个性呈现是本丛书的特色所在。

　　力求处理好重点与非重点的关系。口述历史的叙事风格在追求可读性、鲜活性、生动性的同时，必然以付出较多的篇幅为代价，甚至是事无巨细的情节交代，在此过程中如何在有限的篇幅中呈现重点的内容，而不至于被其他非重点内容所掩盖，是本丛书在编撰时一直强调要处理好的问题。我们认为，重点不在于篇幅的"多"，更是思考的"深"，只有篇幅的"多"而没有思考的"深"，那是"流水账"，要避免写成"流水账"，力争成为"沉思录"。而要成为"沉思录"，需要做到"国际视野、中国特色、问题意识、改革导向"。国际视野是叙述中国高等教育改革的发生被置于国际高等教育发展趋势的观照之下。毋庸置疑，中国高等教育改革发展有自己的道路与模式，然而西方国家建设高等教育的经验应该成为我们建设中国特色社会主义高等教育制度的借鉴。中国特色是指我国高等教育改革是在中国特色社会主义教育制度内进行的，尽管有借鉴西方国家高等教育办学经验，但坚持社会主义办学方向是永不动摇的根本。问题意识是指以问题为中心论述大学改革的主要思考与举措，这些问题能反映大学改革的困境与突破以及决定未来走向，在推进大学改革这一过程中遇到哪些困难以及如何克服这些困难并有哪些经验和启示。改革导向是指这套口述历史丛书不是个人的生活史、活动史，而是以20世纪80年代以来中国大学改革为主线的口述史。在叙述的过程中要把个人生活史与改革史结合起来，个人的日常生活与后来的主持大学改革是有内在关联的。

　　应处理好经验与教训、正面与负面的关系。任何一项改革都不是一帆风顺的，其过程必然是反复曲折而最终达成的。20世纪80年代的中国高等教育经过拨乱反正后，在思想解放的大潮下获得快速发展,但在80年代末也遭受了西方势力侵蚀后的挫折,影响了一些大学改革的步伐,因而,该时期中国高等教育改革既有良好的经验,取得了积极的改革成效,也有深刻的教训。进入90年代尤其是21世纪之后,中国高等教育迎来理性的快速发展,逐步走向以中国特色的办学道路并入全球高等教育发展的轨道。因而,口述传主在对改革进行总结时应坚持客观理性的态度,认识到个体在整体中的作用是有限的,不宜只写传主如何"过五关斩六将",还要写其"走麦城",敢于自曝其短。这不仅反映历史的真实,体现人格的境界,而且也会给后人更多的启示。

力求处理好学校与个人的关系。一所大学改革的成功离不开校长的改革思路与实践以及协调各方关系的人格魅力,但不能完全归功于校长一人,与学校整体的改革环境也有密不可分的关系。正如曾任华中科技大学校长的中国科学院院士杨叔子所形容的,两者是"山"与"老虎"的关系,没有学校这座"山",就没有校长展示治校智慧与能力的舞台,所以说"山与虎为",而没有校长的治校智慧与能力,学校也难以实现跨越式发展,在这个意义上,可以说"虎壮山威"。两者不可或缺,相辅相成。因而,在口述的过程中,如何以大学领导者为核心,探讨学校在某个时期的整体发展环境,是很有必要的。

力求处理好大学自身办学规律与少数非学术、非教育因素但带有中国现阶段特征的关系。教育的发展离不开社会系统的支持,受政治、经济、文化的制约。大学发展同样如此,坚持社会主义办学方向,必须在社会主义制度内设计我国大学的改革方向。大学改革发展史,既有大学自身的办学规律,同时也要考虑到非教育因素、非学术因素的制约与影响。然而这部分的影响因素如何评判,不是短期内能够给予的,历史毕竟需要一定的时间才能看清背后的事实,这就要充分依靠传主和整理者的人生智慧。口述者应该谈出正能量,给人以温暖和力量,谈出未来,谈出希望。

## 三

本丛书最初的构想可以追溯到2008年初春,彼时刚好是恢复高考30周年,也是我们77级大学生30年前刚刚踏入大学校园的日子。犹记1978年3月初,我从湖北荆门姚河公社新华大队知青点取回行李,在家歇息几天后,便赴华中师范学院京山分院报到注册,正式成为华中师范学院历史系的一名新生,由此走上"知识改变命运"的人生之路。可以说,我个人命运的转折是以国家发展步入正轨为前提的,首先是整个民族发展的春天,其次才会有个人发展的春天。1978年这个特殊的年份,无论是对我个人而言,还是对中国来说,都是一个重要拐点,具有里程碑意义。作为77级大学生,自己又是从事中国教育史研究的学者,组织编撰出版一套反映中国高等教育改革口述史丛书的想法便涌上心头。2008年底,我在与新进入我门下攻读博士学位的刘来兵讨论他的博士学位论文选题时,与他交流了做大学校长口述史选题的想法,想借此机会推动当代中国高等教育改革口述史丛书的撰写工作。他在做了一番准备工作之后,随着个人研究兴趣的转移,改做教育史学理论研究,此事便搁置下来。2014年,我早年指导的硕士生、现在华中科技大学出版社工作的周晓方找到我,与我沟通策划组织出版丛书选题事宜。周晓方所在的华中科技大学作为全国高等教育改革重镇,系高等教育研究人才荟萃之地,在学术研究、人才培养方面已经形成独有的特色和优势,具备较高地位和重要影响。我立即想到将已搁置数年的中国高等教育改革口述史丛书交由该出版社出版是最佳选择,此事已是迫在眉睫,且刘来兵博士现已留在华中师范大学教育学院工作,可以协助我完成组织出版工作。周晓方编审向华中科技大学出版社汇报了本选题,得到出版社的大力支持,将本丛书列为重点出版支持计划,并于2015年获得湖北省出版基金的资助。

## 四

在选题确定之后，我们分头联系国内几所高校已经退下领导岗位的校长们，主要有华中科技大学前校长朱九思、杨叔子，华中师范大学前校长章开沅，厦门大学前校长潘懋元，湖南师范大学前校长张楚廷，西安交通大学前校长史维祥，北京大学前常务副校长王义遒等，他们作为本丛书第一辑的口述传主先行出版口述史，另有其他数位前高校校长也已参与到本口述史丛书出版工作中来，他们的口述史作为本丛书的第二辑也将陆续出版。他们对本丛书出版计划给予了充分的肯定与支持，尽管他们年事已高，但仍坚持著书立说，发表对中国教育的真知灼见。他们的智慧与思想无疑对今后中国高等教育发展起到启迪作用，他们的肯定与支持使我们信心倍增，促使我们更加坚定地、全力以赴地完成本套丛书的编撰与出版。

在得到这些具有时代大学改革鲜明特色的校长们的认可与支持之后，我们又分别与校长本人以及校长们的学生进行了单独的沟通交流，并逐一确立了各口述史著作的整理者。我利用在北京参加会议之机，与原国家新闻出版总署（现国家新闻出版广电总局）署长柳斌杰沟通本套高等教育改革口述史丛书的选题情况，邀请其担任丛书顾问，并联系全国各所大学的从事高等教育研究的学者担任本丛书的编委会成员。有关丛书的编写体例，前期我与策划编辑周晓方编审和编委会秘书长刘来兵副教授进行了多次讨论，第一辑出版计划确定后，我们又征求了各位校长及各位口述整理者对编写体例的意见。考虑到本丛书中校长们的身体状况各不相同，无法保证每一位校长都能完全以口述加整理的方式完成书稿著述工作，故根据具体情况具体组织编撰，总体上保持口述历史的风格即可。随后，我们积极申报各级出版基金资助项目，现已获得2015年湖北省学术著作出版基金资助项目，并为争取获得国家出版基金项目资助做积极准备。

2017年2月17日,为推进本丛书的撰写工作,统合在撰写过程中的不同意见,华中科技大学出版社专门组织召开当代中国高等教育改革口述史丛书(第一辑)审稿会。华中科技大学总会计师湛毅青教授、北京大学原常务副校长王义遒教授、华中科技大学教育科学研究院院长张应强教授,以及本丛书主要口述历史整理者来自华中科技大学、西安交通大学、厦门大学、同济大学、华中师范大学、重庆工商大学的专家学者相聚武汉,交流本丛书参与写作的具体情况,共同回顾与展望中国高等教育的改革发展。

与会的专家学者一致认为,策划出版当代中国高等教育改革口述史丛书,还原高等教育改革家在高等教育改革领域的思想理念、真知灼见、践行历程,给时代留下真实的记录,为后来改革提供有益经验,传承后世,具有前车之功。与此同时,在党的十九大即将召开之际,借中国高等教育发展的大好时机,对老一辈高等教育学家的高等教育改革理论与实践进行梳理,对中国高等教育发展进行回顾与展望,这对实现"推动一批高水平大学和学科进入世界一流行列或前列,提升我国高等教育综合实力和国际竞争力,培养一流人才,产出一流成果"的宏伟目标具有重大意义和推动借鉴价值。2017年10月,党的十九大报告中指出要优先发展教育事业,加快高等教育内涵式发展,推动一流高校与一流学科建设,加快我国迈入教育强国行列的步伐。这充分说明本丛书的选题与编撰出版非常契合当前国家大力发展高等教育事业的需要。2018年,时值改革开放40周年,我们推出本丛书,希望能为总结改革开放40年来中国特色社会主义高等教育建设提供历史的借鉴。

本丛书在编撰过程中得到了国内多所高校以及大学领导者的大力支持,尤其是各位愿意参与本丛书计划的老校长们,在此一并致谢。参与口述史整理工作的诸位学者与我们结成了当代中国高等教育改革口述史丛书编撰团队,他们敬业的精神、严谨的态度、深厚的学术底蕴为本丛书的出版提供了保证。华中师范大学教育学院刘来兵担任本丛书编委会秘书长,协助处理日常具体事务与联络工作,华中科技大学出版社策划编辑周晓方等老师为本丛书的出版给予了极大的支持和帮助,在此谨表示衷心感谢。

  今年是中国改革开放40周年,仅以此套丛书的出版隆重纪念改革开放40周年,向40年来为中国高等教育改革发展创新做出过巨大贡献的先驱者、探索者致以崇高的敬礼!

2018年元月
于武汉东湖之滨远望斋

# 序
## PREFACE

  大约在四年前,具有高度学术敏锐力的周洪宇先生,高瞻远瞩,邀请了一些学者适时地回望高等教育改革。我有幸在受邀者之列。

  这套书要求以口述史的方式写作,有人口述,有人记载;估计可能因为有些受邀者已是高龄,不宜自己动笔了。那时的我,在受邀的最初五位中是年龄相对小一点的,虽然也是耄耋之年了。

  我得知后,问周洪宇先生的助手刘来兵兄:"我需要口述吗?"他立即明白我的意思,且回应道:"那您就自己写吧。"

  由于对这段历史实在是太熟悉了,加之当时的写作速度不算慢,大约五十天左右就脱稿了。我也在第一时间交给了周洪宇先生。他在阅完后,也迅即做出了评论。评论中多有溢美之辞,并称我为改革家。在加给我的许多称呼中,"改革家"很特别。这也是对我的一种鞭策。我本到了不用策鞭自奋起的年岁,但他这一扬鞭,还是给了我鼓励。

  这本著作的名称,在跟一些好友讨论后,定为《改革路上》,改革依然处在进行时。为了统一起见,我同意在封面上写有"口述史",但在序言中说明我的这一本不是口述的,而是在我笔下流淌出来的,表达上虽有弯弯曲曲,却是一泻千里的。

  湖南师范大学的改革,有我的一份工作,但我们是一个团队在奋斗。在这个团队中,有刘志辉、戴海、陈钧、罗维治、龚维忠、李维珍、刘华安,我们长期工作在一起。

  我要深深感谢这个时代,没有1978年以来的拨乱反正,怎么会有后面我们所进行的改革啊。

感谢周洪宇先生适时组织了这一出版工作,感谢他对我个人的器重,感谢他的抬举。亦必感谢华中科技大学出版社。

我总不能忘了感谢我的父母、祖先,感谢黄河、长江,感谢培育了我的这片土地,感谢我们伟大的中华民族,中华文化是我的血脉,我的根,永远的根。

我深切地感谢湖南师范大学这方神奇的舞台。我在这里读书、教书、写书,在这里接受了李盛华、杨少岩、刘伯善、李传和等老师的教导,我也就在这里成长。至今年,已整整60年了。1959年那一年,上方竟让我没有经过为教授拿粉笔、擦黑板的阶段,就登上了讲坛,糊里糊涂讲着微积分。认真是没问题的,问题在水平。李盛华老师最关心我把微积分那套术语讲清楚了没有。后来他放心了。

我一直认为时代待我不薄,历届湖南省政府领导人都无条件地信任我,国家教育部的袁贵仁、周远清、柳斌、韦钰等都给予了我充分的信任和有力的支持。

我必须感谢我的爱人彭英,她毕业于名校武汉大学。在我的教学生涯中,行政管理过程中,她为我付出的最多。我能如此集中精力于学校改革,没有她坚定的支持是不可能的。两个孩子都上北京大学,都分别获得了博士学位,都留过学,也主要靠了她对孩子的教育。如今,她还为最小的孙女辅导了很多很多。

借《改革路上》出版之际,我说了一些必须说的话。谢天谢地,谢谢所有关心我、帮助我、批评过我、跟我持有不同观念的人,谢谢包容了我和不包容我的所有人。

张楚廷

2019 年 5 月 15 日

于湖南长沙

# 目 录
CONTENTS

## 第一章 大学管理改革 / 1

一、改革释义 / 1

二、韦钰的两次考察 / 5

三、去行政化 / 9

四、两种权力 / 17

五、平民化，人化 / 21

六、院系设置 / 25

七、变革何时叫改革？ / 29

八、也需要保守吗？ / 33

九、哲学的意义 / 37

十、辩证逻辑 / 42

十一、一种情怀 / 46

十二、"我们第二" / 49

十三、哲学与我 / 52

十四、谁管读书人 / 57

十五、百名博士 / 61

十六、来去自由 / 64

十七、流动合理 / 68

十八、学武训 / 73

十九、遇挑剔 / 77

二十、大学是什么？ / 80

二十一、慎提"大学现代化" / 84

二十二、关于"与时俱进" / 91

二十三、关于"三个面向"/ 97

## 第二章　大学教学改革/ 104

一、教学改革/ 104
二、最好的学生/ 109
三、缺陷与失败/ 112
四、"五 I"阐释/ 117
五、批判是使命/ 122
六、事关重大/ 125
七、偶然与必然/ 129
八、关于"家"/ 133
九、话语洗涤/ 136
十、需要尝尝吗？/ 139
十一、实际与理论/ 143
十二、公理方法/ 148
十三、我的人学公理/ 151
十四、课程要回归生活吗？/ 156
十五、嘹亮与悲壮/ 160

## 第三章　大学观念变革/ 164

一、哲学的变革/ 164
二、立场·观点·方法/ 170
三、有用还是无用？/ 175
四、变与不变/ 181
五、学问有几种？/ 185
六、再论辩证法/ 192
七、"和稀泥"/ 196
八、原则与团结/ 200

九、我的主义 / 203

十、人类与人的发展史 / 212

十一、教育与哲学 / 216

十二、再论语言问题 / 220

十三、教育改革为哪桩？ / 224

十四、应人教育 / 227

十五、只奖不评 / 231

十六、教育究竟怎么了？ / 235

十七、论我与忘我 / 238

十八、高山顶上 / 244

十九、什么最高？ / 251

二十、创造是什么？ / 255

二十一、学科变革 / 259

二十二、议 CIT 格言 / 264

二十三、创造路如同改革路 / 268

二十四、灵魂问题 / 273

二十五、教育的忧虑 / 277

二十六、改革带来了什么？ / 281

二十七、改革与变革 / 286

# 第一章

# 大学管理改革

## 一、改革释义

问：为什么要谈改革？

答：因为曾经在改革中，现在来谈，算是一种回味，回顾自己走过了一段什么样的路程。

问：为什么要回顾？

答：人总是向着未来的，但向着未来时常想回望过去；人生活在未来，是因为人也生活在历史中。历史是既定的，也是顽强的，可是，当人思考未来时，历史可以活起来，它可以昭示未来，提示未来，把希望寄予未来。

问：一切都需要回望吗？

答：科学与人文是不一样的。科学总是一往直前，推陈出新，摧枯拉朽。欧氏几何之后，有了非欧；牛顿的绝对空间之后，有了相对论；计算机一代、二代、三代，还有了四代、五代。有些是发展，是补充，有些则是否定，日心说否定地心说；氧化说否定燃素说；时空有限的学说否定时空无限的学说……

人文跟科学很不相同。科学要实现现代化，人也要现代化吗？人要守护自己的精神家园，人要保持自己远古以来的质朴。物质科学带来了物质财富的剧增,但人不能迷于拜物教,不能见物不见人。于是,人需要不断回首,总是不忘记人要学会做人,而且这是不太容易学会的,需要终身学习的。科学可以登上最高峰,人文在高峰之上还有高峰,人文之中没有"最"。

问:何以谓改革?

答:改者,变也;改是为了求变,要变就要改。所以,改革也可以叫作变革。

革当然是想求革新,新是否一定比旧好呢?至少,我们变革的目的是求好。有些好是补充性的好,有些好是否定性的好。人们总是想通过变革求好。

邓小平之前,他提出改革开放之前中国是开放的吗?是完全没有变革的吗?前一问题的答案明显是否定的;后一问题呢?那时,中国似乎也在变,但越变危机越深重,那场浩劫中,人们变得更穷更苦了,因而,人们很不愿意将应当是美好的词汇——改革——用于描述那时候的变。邓小平改革的目的就在于改变老百姓太苦太穷的局面,而这一点与开放又不可分割。所以,人们很拥护邓小平的改革开放路线,历史也证明,这一路线带来了中国积极且深刻的变化。

问:我们在什么背景下改革?

答:1978年前,我还不知道什么是改革,之后,改革开放听得多起来了,也才逐步弄明白改革的内容。最早,还是万里在农村搞的改革,后来才扩展到许多领域。工业经济方面有了国企改革,再后还有科技体制的改革、教育体制的改革。还听说,教育体制的改革特别艰难,甚至有人说,教育是改革中的最后一个堡垒。

生活在大学里的人,比如我们这样一些人,是怎样感受改革、对待改革的呢?大学需不需要改革?大学改革些什么?改到哪里去?改成一个什么样?谁来改革?这些问题,并不是大学里的人都想考虑的。

我在只是一个教师时,眼界只那么宽,充其量就做一点教学改革

# 第一章 大学管理改革

吧;如果觉得自己教得还不错,最多就是改进或改善吧,也不会想到什么改革的事。

我任职学校负责人之后,情况才开始有了变化。1982年9月,当时的校长尹长民调到省里任职,我就作为主持工作的副校长而出现在舞台;第二年,多少有点偶然,我担任了党委书记的职务;1986年,我开始兼任校长。

1987年实行党政分开,分开时,我请求只担任校长。党委书记是一把手,可是,省委决定在我的学校实行校长负责制,这样,我还是成了一把手。1989年后,所有学校都实行党委领导下的校长负责制,此时,省委确定要我任党委书记。找我谈话的,是龙禹贤同志,我向他表示,我还是任校长,他说:"那你就是二把手了。"我立即回答:"我愿做二把手。"读书时,我有几次做团支书的工作,但我一直只接受班长职务,大学期间,八个学期我都任班长,团支书之类的我都不愿做。

工作后,当年读书时的想法继续下来了,还是做做行政事务之类的工作吧。所以我并不在意几把手的问题而选择做校长。然而,在我做了二把手之后,没好久,省里面还是要我兼任两职。很幸运,省里面一直很信任我。

1986年11月4日晚8时,中央来人,在省委蓉园招待所9所找我谈话,很明确,就是要我出任副省长。时任省长的刘正,就在旁边一个耳房里听着。我的答复也很明确:搞管理,搞学问,我都可以做,但若只选一桩,我就选做学问。具体地说,我可以做副省长,但一定还兼着教书,或者是教书而兼做副省长。后来,他们觉得这不现实,于是也就作罢了。此事必有档案记载,但我直到20年之后,即2006年,当它已远去,已成为历史的记忆时,我才逐渐向一些好友谈及这一封存了20年的史实。

为什么准备用我?是不是我表现还好?是不是认为我条件还可以?是不是我还勇于改革?这都只是一些遗留的疑问,没有谁会去回答了,也无须再去探问。

从1982年起,我一直待在学校主要负责人的岗位上,也一直没有停止过改革。由此而推动了学校的发展,好像学校的里里外外知情的人都认可这一事实。

真发展了吗?在20世纪80年代初,对全国大学有一个排位,排到第117位之后没排了,其余的学校都是第118位。我所在的学校,当时就是第118位。

那时候,我们这类学校叫作"五无"的学校,无博士学位授予权,无国家重点学科,无国家重点实验室,无国家级课题,无院士级人物。而这五个方面都有的大学,就是"五星级"大学。显然,北大、清华都是"五星级"的,应当至少有数十所吧。

20世纪90年代初,国家出台一项建设计划,就是拿一笔钱出来,面向21世纪重点建设100所大学。此计划简称为"211工程"。我们几位负责人密商,努力工作争取进去,并且决定:此想法只放在心里,秘而不宣,不然,会有人笑话我们是"癞蛤蟆想吃天鹅肉"。但是,不知为什么,天机泄露了,没办法,笑话就笑话吧。不过,我们心里想的依然是:等着瞧吧。

当时全国高等院校1000所,100所进入"211工程",那就是十所进一所吧。那时1000所院校中师范类占267所,按十分之一的比例,应当有26或27所进入吧。可是,一般认为,师范院校比较落后,哪会有二十六七所进入啊?

后来,首批进入"211工程"的仅6所师范院校,6所部属的师范中3所进入,另3所就是地方师范院校了。湖南师范大学竟然居于其中,或许可以叫作"赫然在列",真有点让人吃惊。3所中,南京师大投资4个亿,华南师大更有钱,也投入4个亿,唯湖南师大十分艰难,勉强凑了1个亿。没有1个亿是进不去的,这是教育部定的入门票价。这个工程的本意之一,就是想争取更多的财政投入,也算是当时教育行政当局的一番苦心吧。

湖南师大为什么仅凭1亿元进了"211工程"呢?当年"想吃天鹅

肉"的梦想为什么居然也实现了呢？是不是与这所学校坚持改革并认真深入地进行着改革有关呢？当然,这个问题也得由事实来回答了。反问也有意义:不凭改革凭什么呢？

## 二、韦钰的两次考察

前面以问答形式做了叙述,此后就不必了,但还会以许多问题穿插展开。

韦钰曾任东南大学校长,留学德国。正是她在任教育部副部长期间主持了"211工程"的工作。大约是1995年,她首次考察湖南师大;次年,她再次考察了这所大学。是谁建议她来考察的？又是谁建议她两次考察的？对此,我们没有问及,因而至今不得而知。

有一点是比较清楚的,那些年,考察湖南师范大学的人日益增多。比如,华中科技大学的刘献君教授,就曾带着十多位高等教育学的博士生来校做过详细考察;回校后,每人交一份考察报告,还记学分呢。

但此例只能说明韦钰的考察事出有因,然而,具体的原因并不能由此说明。

第一次考察时,她对我说:"张校长,湖南文科的中心好像是在你这里吧？"我答:"正是。"

说来话长,湖南大学曾经是一所典型的综合大学,文理工齐备。1953年院系调整时,湖大的许多学科被分割出去,只剩下中南土木建筑学院了,湖南大学不复存在,直到最近一些年,湖大又重新走向综合大学的道路。

因此,一时间,长沙没有综合大学。那些年,省会没有综合大学的,好像就只有福建和湖南了,福建的综合大学在厦门,湖南的综合大学在湘潭。可是,文科最强的,还是湖南师大。所以,韦钰观察到这一点并把它挑明了。

当韦钰第二次考察湖南师大时,她先看了物理系,再看生物系。当她在生物系看到梁宋平时,有些惊讶,内行的她,很快就看出梁的工作是在最前沿的。她向梁宋平提出一个问题,提问之前特意跟我打招呼:"张校长,下面我将向梁老师提一个问题,请你不要在意。"我即回应:"随你问了。"

她问梁:"你怎么到这样的学校来工作了?"这一问,却也出乎梁老师的预料,稍停片刻之后,梁从容地说道:"我觉得这里也可以做出我想要做的工作来。"韦钰话中的"这样的"三个字是谁都听得出来的;"那样的"大学就应当是北大、清华了。韦钰很满意梁宋平的回答,朴实而真切。

韦钰的问话几乎是必然的。梁宋平关于蛋白质序列的研究确实是站在最前沿的。为什么这样高水平的工作也能到湖南师大来做呢?这个事情发生的过程确实也不简单。梁宋平在北大的导师是张龙翔,时任北大校长。张先生一直在生物科学领域工作,但转入生物化学才刚刚开始,梁宋平就成了张龙翔校长在生物化学方面的开门弟子。

梁宋平学得很不错,北大已决定他留校,并作为张先生在生物化学方向的助手。我任校长之前十年左右就知道生物科学在未来的地位,而我们要想有所作为,就必须改变学校生物科学只停留在形态和细胞水平的状态,迅速进入分子水平,在蛋白质和核酸技术上发展起来。为此,关键在于人才。对此,蛋白质技术我就看中了梁宋平,核酸技术就看中了留美回来的李敏。

要把梁宋平从已留校的北大弄到长沙来,如同虎口拔牙,几乎是难以想象的。当时管人事的副校长刘志辉和管师资的科长贺菊媛,不停地来回穿梭于长沙和北京。我们把梁宋平的妻子王崇义教授也先一步调入了学校,成为一个利好因素。我们本着谋事在人、成事在天的信念去实实在在地做。

这些频繁的行动,真的感动了张校长:"一所地方大学竟是这样地重视人才!"后来,他出了一个主意,因为实在离不开梁宋平,所以,他建议:"在梁宋平去了长沙之后,如果我这里需要,希望能随时回来。"此意见由贺菊媛转告我,我说:"立即无条件同意。"我心里想,这也正是我的需要,梁若完全脱离北大,一没有了北大良好的学术环境,二没有了那样好的实验条件,实验室的建设非一日之功。

梁宋平正可以成为我们与北大之间的一条纽带,让北大对我们产生更好的促进作用。

说到这里,还有一件事令我难忘。当年,我们的一些评审材料(如论文等)送北大,北大教授们最初的反应是:"这样的地方大学送到我们这里来干什么?"但我们硬着头皮送,我的观念是:要想迅速提高学术水平,就得与最高学术水平的大学交往。当我们不厌其烦地坚持送了一段时间,一些教授偶然发现:"地方大学也有这么高水平的成果啊!"

韦钰经过了第二次考察后,竟对我说:"看来,湖南理科的中心也在师大啊。"我回应她:"这肯定是事实,但你把这一事实挑明,意义却十分不同。"

实际上,我心中有底,数理化天地生,六大基础学科,除化学外,我们都排名湖南第一。唯化学湖南大学第一,它有两位院士。后来,其中一位院士姚守拙主动要求到师大,引出了一段曲折有趣的故事,此处不必再详述了。

其实,这种格局,也有一个形成过程。如天体物理学,主要力量曾集中于长沙铁道学院,后来它的四员主将,即四位教授全都到了师大。又如数学,曾经是湘潭大学最强,但由于内外部的一些原因,数学水平最高的师资,大多集中于师大了。湖大的一位校长突然发现:"师大的数学水平也这么高了!"

韦钰的两次考察,让她明确地得出结论:湖南文和理的中心都在师大。为什么会这样呢？她很难详细知道形成这一局面的过程，但作为结果，她明确无误地看到了。她知道了，这是一所朝气蓬勃的大学，而且她深信，这必然是一系列改革带来的结果。但她是否具体知道我们进行了哪些改革，她未说，也未问，我也不十分清楚。后来的发展可进一步说明一些问题。

韦钰的妹妹韦穗，是安徽大学的副校长，韦钰建议她妹妹无论如何要考察一下湖南师大。韦穗很快来了，她参观了两天。按惯例，国内来访者，我都不会设宴，对她也不例外。但她考察完毕后，我跟她一起聊天了，也就是两人对聊，无须其他人陪同。

韦穗在跟我谈论时，提了两个问题：第一，你的师生积极性都很高，你是怎样调动他们的积极性的？第二，怎样当好一个校长？

我首先回答比较简单的第二问："当得不像校长了，就当好了。"看似简单，她却要求我解释。我说，这只是我们社会的条件下才适合的说法。当校长，不在于西装革履，仪表堂堂，出口成章，而在于他的观念，他对大学的理解。

关于调动积极性的问题，我多说了几句话。我首先对韦穗说："我从未调动师生的积极性，从无这样的想法。"她又有点惊讶："你不调动，他们的积极性从哪里来？""从他们自己那里来！"她似乎更疑惑了。于是，我接着说："你看我的积极性还可以吗？"她呼应道："那不需要调动。"这样，我就自然地说道："既然我的积极性是不需要别人调动的，那么，师生的积极性也不是靠别人调动的。"她仍将信将疑。

为此，我不得不再叙述一番，我也调动，但绝对是自己调动自己，当我想到这些学生，想到他们的父母的殷切期望，还想到要对得起自己的民族，对得起教育事业，我就有使不完的劲。这不都是自己在调动自己吗？这种调动中有一些中介的因素，然而，把这些因素调集起来的，是自己，不是别人。

如果学生们自己想着要对得起这个时代，要对得起自己父母的含辛茹苦，想到也要对得起自己，对得起这所大学，还有这所大学里尽职尽责的校长,他们就会保持着很高的积极性,那么,调集这一切的,也不是别人,而是他们自己。中介是有作用的,却是辅助的,主要还取决于自己;甚至,即使外界条件、中介因素不怎么好,有的人也能挖掘自己的潜能,积极面对生活。

在做了这番讨论后,韦穗大体上明白了。尽管校长的魅力是重要的,积极性如何,还是看自己。

在韦钰两次考察湖南师大后,作为当时主管"211工程"的副部长,她坚决支持湖南师大进入,而且她办事精明果断,几乎是说一不二的。对她的坚决在湖南省内外不是没有非议的,省外一些同类大学的博士点比我们多了不少,省内,如医科大学,15个博士点,师大仅有4个。但韦钰认为,师大现有的学科水平,不是这四个博士点可以衡量的,再获博士点只是手续问题;另一方面,更要看它的改革力度,看它的发展潜能。所以,她断然地认为,湖南省就是湖南师大进入"211工程"。我们甚至早于省内外一些名牌大学进入了这一跨世纪的工程。我和我的同事们所欣慰的是,我们为学校的发展抓住了稍纵即逝的历史机遇。

## 三、去行政化

准确地说,是去官化。

对于"去行政化",关键是去那个"化"字。学校不是不需要行政,但不能"化"了。

大学的发展历史告诉我们,是先有生。博洛尼亚大学开始十几个学生,自己聘老师,自己给教师发工资。那时是"学生的大学"。这种情况延续了一二百年。

后来才有了"教师的大学"。行政人员久久没有出现。十几个学生,需要什么行政人员?哈佛建立之初也是十几个学生,需要行政机构吗？我读大学一年级的时候，就只有一个系主任，一个排课表的工作人员，名周建安。系主任肖伊莘，行政人员只一位，当然记得。到现在我碰到周建安，绝对打招呼的。

现在的行政人员不知道这个历史，因而，需要有一个启蒙。行政人员，特别是有个什么"长"字号的，神气的人不少。但这种神气，不如说是一种愚昧。

师生员工，"生"字第一；教职员工，"教"字第一；一切活动，"教学"第一。我常常要向行政干部讲解这些关系，从历史的角度讲述，也从逻辑的角度论证。

我们曾实实在在为去行政化而做过很多努力。有一次，我和陈钧、罗维治三人到省委组织部，正式请求去掉我们的厅级待遇。我们带上了书面报告，这种事，按惯例若没有文字报告，谁也不会理睬你。我们带上了一份，还有两份后备；估计一次是不行的；第二个月再递一次，第三个月还递一次。结果怎样，就不管了，也管不了；但我们真情实意地表达了。

组织部的周副部长看了我们的报告，哈哈大笑，只是"你们发神经了吧"这样的话不好说出口。他看得出我们是真的，却绝对认为是可笑的。如果真取消了我们这些人的行政级别，他的工作就没必要存在了；组织部的四处也要关门了。这可能吗？

有人说："厅级待遇也有些好处，生病了住院的话，住的病房会好一些，护理会好一些。"实际上，一旦患了什么绝症，照顾得好，死得不一定比别人慢。我们真不稀罕。那些长寿的人，在官员中相对少见。我不否认医疗、护理的作用，但否认享有特殊的必要性。

我们去行政化的工作是基于对历史与逻辑的理性对待，因而是自觉的行为，我们在校内做了我们力所能及的事。

一个重要的方法是大力精简行政机构。把庙拆了，和尚必然要少下来。首先是行政机构，还有党的机构。我在任校长兼书记时，整个领域都进行精简。

行政方面，是三处一室：教务处、总务处、人事处和办公室。每个处室负责人只设一正一副，干部也大量减少。我还有一个办法：让机关待遇普遍低于院系，愿意收入高一点的，都到教学一线去。这几招还相当有效。

在"涉外"时，我曾将机构压缩后使各类纯行政人员加起来才39人，包括校院系的行政人员。"小行政，大学堂。"哪要那么多行政人员？多了，有害无益。民办学校，我拒绝设立专职的党务工作人员，一律只能兼职。不能因专职党的工作而领取工薪，这个道理再明白不过了，凭什么可以拿工资？纳税人的钱只能用于国防、外交和公共福利事业，即取之于民，用之于民。

我深知这些情况，但在我任校长期间所能做的也很有限。我可以禁止宗教活动，但无法阻止政党活动。不过，我也还做到了两点，第一是，尽量实行党政不分，使党的活动行政化，直接为教学、科研和学生工作服务，尽量减少纯党务活动；第二是，大力精简党的机构。我曾经将组织部、宣传部、统战部取消，就只留下一个党委办公室。庙少了，菩萨当然减少。

1989年，有人批评我，说我"削弱党的领导"，在党委书记领导下"削弱党的领导"，这怎么理解？实际上，这就在于怎样理解领导。一定要多一点机构才是领导吗？很奇怪，1995年至2000年，又让我兼党委书记，省里领导并不担心我会削弱党的领导。

就在1989年有人说我削弱党的领导的时候，管组织工作的省委副书记刘夫生同志出来说话，他说师大党委机构的减少是他批准的，有责任的话，他承担。他真的是一位勇于担当的人。不过，减少机构的申请报告还是我和我的同事们打的，"原罪"在我们这里。

我在校内的去行政化做得是很彻底的。首先是我们自己带头。而后，所有具有高级职称的行政人员都不再分什么县处级、师局级。那时，教授的工资与正厅级同，副教授的工资与正处级同，因而，不要行政级别不影响工资。所有的学院的正副院长都不再有行政级别。

有高级职称的机关工作人员也不再有行政级别，包括党务系统。

有人问我：以前召开的"处以上干部大会"以后怎么称呼？这很容易，改为"各院系部处负责人大会"。改个符号，对于学数学的人困难不很大，就这样改了。

有两个问题是我们早预料到了，并采取了相应措施的。一是，有些学院院长，如果日后提升为副校长之类，按上面的规定，必须在正处级岗位上有两年以上工作经历。这个问题好办，做好备案工作，向上有呈报，向下不使用，问题就解决了。后来梁宋平的职务就是这样解决的，没有困难。

第二个问题是，有些专职处级干部，一直从事行政工作，没有职称。这也好办，这些人的名实相符，只有处长之类的名，就按此拿工资。问题也解决了。

那时，聂南溪是艺术学院的院长，他曾问我："张校长，我是什么级别呢？"我答："你不就是院长级吗？"还不太习惯啊，不过也就是个习惯问题。在大学这样的学府里，在我看来，学院院长本身才是实质的符号，最好听的符号。它意味着学术地位，而非行政地位。在我们流行的观念里，还是官大。

这种观念已造成严重影响。现在，年轻教师（如已获博士学位的）到某所大学去之前，会先问问有没有可能安排一个行政负责岗位。他们把这个看得很重，其根源不在他们身上。现实中，不仅行政身份在名分上吃香，而且还有不少实际利益。例如，在申请课题时，带"长"字号的就容易占便宜一些，申报奖项时也如此。这种现象带来的消极影响，能怪他们吗？

我经历过评课题、评奖项之类的活动。说实话，教育部也很看重我。在一些评估活动中，常常邀我参与，且很多情形下还担任评估负责人。可能在十年前吧，我已向教育部提出，谢谢你们的好意，但以后的评估不要再让我参加了。我并不去说明这样做的理由，越说越复杂。与此同时，我自己也不再申报任何课题，不再申报任何奖项。

大约三四年前，要评选"名师"。很多人都认为，只要张某申报，这个"名师"肯定属于他，但我立即拒绝了。据说"名师"是有名有利的，但这与我无关。我有作为知识分子的自觉，这一点，相信也无人怀疑。学界、政界的人，恐怕都认可我。

在大学里，学术权力与行政权力的关系，是个大问题。具体地说，在中国大学里，学术权力一般处于明显的弱势地位，强势的是行政权力。这是学术繁荣的障碍之一。我不可能在全国排除这一障碍，但我在我们学校里，在我任校长时，我能有所作为。

我在任校长期间，我从确保学术权力的独立性来进一步让其拥有强势地位。我任校长时，就主要代表了行政权力，虽然我也是教授，也是学术人员。一方面，我要运用行政权力来保障学术权力；另一方面，我又不能因有学术权力而使之对我产生某种特权。说白了，既不能在学术人群中以行政负责人自居；又不能在行政人群中以学术人员身份自居。不能两边占便宜。

我的举措之一是，校长、副校长不得进入学术委员会和学位委员会，更不能担任主席、副主席。我们的学术委员会主席是刘筠院士，学位委员会主席是姚守拙院士，他们没有任何的行政职务在身，即皆为纯教授。

我没有去调查过，在中国大学里，有几家不是由校长任学术委员会或学位委员会主席的？有几家是真正重视学术独立、学术自由的？有几家不混淆两种权力的性质？所彰显的，无不是行政权力的强势地位。行政化在哪里？不就在这里吗？

很多人，包括当局的某些人，都在喊去行政化，但是，能去掉吗？殊不知，还有一些既得利益者维护它啊。那些甚至因强化行政、设立并享有了副省（部）级待遇的教授们也不吭声了。什么原因？知识分子还需要扪着良心再问问自己吗？

我还想再具体谈谈我在任校长期间进行了哪些实际的改革。首先，我想说，从1982年起我主持湖南师范大学的工作以来，连续18

年，直到 2000 年才卸任，前后经历了四届或四届多的任期。

美国校长任期没有限制，长达 40 年任期的也有。中国体制不一样，按现行的规定，在同一所大学，恐怕很难再有超过十年任期的了。那时候湖南省对我十分信任，虽然普遍实行了"七不进，八不留"的政策（即 57 岁不提升，58 岁不再留任），但我超过 58 岁已 5 年多了。当省内外有人质疑湖南为何不让这样的校长继续任职的时候，省里的最高领导人出面解释了：按政策规定，张校长五年前就应下，但他工作得很好，所以例外地延长了五年。

这不是省委省政府的问题，而是体制的问题。大学校长本不是官，却被纳入了"官"的管理范围，并普遍封以官级。本来，1998 年的《中华人民共和国高等教育法》明确规定了大学实行"职级制"，但现实是权力更起作用，实行的仍然是"官级制"。

权威的辞典，以及世上的公认，官只存在于两个地方，一个是政府，那里是官员，部长、司长、省长、厅长、县长……；另一个是军队，那里是军长、师长、团长……学校本无官，官又从何而来？误把大学也视为政府机构了，所以也有了官级。

我曾专门写过文章，标题就是：《校长不是官》。更重要的是，我们身体力行，尽我们之所能，在湖南师范大学内凡我们有权处理的，官级都去掉了。这算是我们坚定实行的一项改革。

我被迫由数学转向了教育学。在念数学前的高中时期，本是倾向于文的，后来转向教育学，也可说是回到了当初倾向的文。至少从大的方面来说是如此。因此，我被动并非不情不愿，这个被动无人提醒，故而，也是主动的。

有一点，可能是任何意义下的转换都会有的，那就是一直做学问。转换的只是领域，从一个领域到另一个领域，都还是做学问的领域。有可能让我远离学问的副省长职务，被我拒绝了。这当然是主动，主动地拒绝。有选择，选择接受，选择拒绝，都有，否则，也就算不上真正的选择，把握自己的选择。

做校长和做书记，我一定会选择校长。读书时，做团支书还是做班长，我选择了班长；由此，在工作后，我自然在书记和校长之间选择后者。

我已提到，湖南省委、省政府对我一直都十分信任。只有个别例外，但这种例外对于"一直都十分信任"的结论毫无影响。在这些省领导人任职时，我跟他们没有任何非工作性质的接触，更没有那种有意无意的串门。我与流行的那种"靠关系"毫无关系；任何时候，我保有独立人格，即保有自己。

做校长能否不影响做学问，这全取决于我自己。我早有预料，早有足够的把握，让其不会有影响。并且，后来我发现，不仅没有消极影响，还有很积极的影响。由于校长工作，使我有了更多机会去了解宏观的教育现象；有更好的条件去体验教育，体验大学是什么；这促使我思考得更多，同时，也为我思考得更好、更深，创造了宝贵的条件、难得的机会。

这也是我拒绝副省长，却接受校长所产生的我所期待的后续效应。

当然，我能够在校长岗位上坚持做学问，还取决于我选择了比较有效的工作方式和方法，取决于我们有一个优秀的、志同道合的团队。我在湖南师大主持工作的18年，在湖南涉外经济学院任校长和名誉校长的12年，这前后30年，可以说是我工作的30年，同时，也是我不断做学问的30年。

为什么说我在师大主持工作有18年呢？唯一需要说明的是1982年，那一年，我只是副校长，也说得上是主持吗？当时任校长的尹长民已去省里做常委了，随之，她将行政会议交给了我主持。第二年，我开始做党委书记；1986年初，我兼任校长了。这样就一直是校长，也兼任过书记，直至2000年。从1982年算起，正好是18年。2000年，我已64岁了。

我任书记的头三年，校长是林增平，一位优秀的学者、史学家。

他接手校长后，教职工要房子的事，小孩要求照顾的事，他都事必躬亲；结果，科长、处长的工作都落到了他头上。他立即感到这不是他干的活。大约只有一年左右，他就提出辞职了。省里延缓了一些时候，至1986年，他才正式卸任。

1987年，党政分开作为邓小平的一项改革措施开始实施。我向主管组织工作的省委副书记刘夫生提出了不任党委书记的请求。他的答复是："等一等。"直到1988年底才派了一位书记。这位书记的工作能力让我吃惊，他连主持会议该怎么做也茫然。到了1989年，他将10位教职工向省府发的一份请愿书亲手转交省府，此举被认为是他支持了请愿。于是，迅速免去了他的职务，只任了一年零八个月。免去他的党委书记的决定是由当时的省委副书记孙文盛到师大来宣布的。当时，我们正在开会，他来后会议停止，并要单独跟我谈话。实际上是单独先告诉我省里有关的决定，并说："省委坚决支持你的工作。"对此，我心中有底，这个底气来源于我凭良心在工作，同时，省里这些领导人也凭着自己的良心在判断。

在2000年我卸任后，国内很多知晓我的人，对我卸任表示遗憾。有人说如果让张校长还干几年，师大可能发生更大变化。这只是预计，也是愿望，但不一定是事实。

我知道不少人关注，但我本人没有任何遗憾，我在这个岗位上没有"占着茅坑不拉屎"，我和我的同事们把学校当作自己的家，看护它，发展它，繁荣它。我们没有懈怠过，没有不竭尽全力，因而没有留下遗憾。

在我们这里，大学被视为"政府机构"。美国的大学真正与政府无关。政府认为它不应管大学，也没有资格管大学。众多的世界一流大学出现在美国，原因之一就是：大学只是大学自己。

有人说最高水平的大学是最自由的大学。这句话的逆否命题与之等效：不自由的大学不可能是最高水平的大学。这个道理谁不懂？却真有人不懂。

我在湖南师大的 18 年行政工作,我自认无憾,但我深知,这与时代有关。虽然我深信自我把握更重要,但我也决不会忽略时代给我机会的事实。我肩负起了自己的责任。当年,师大校园在我任职之初只有 1 平方公里,后来扩大了 40%。在只有 1 平方公里的时候,我的愿望就是,在这个 960 万分之一的土地上,为我的民族谱写一支雄壮的进行曲。大体上,我做到了。

## 四、两种权力

在大学里,事实上存在着两种权力,一是行政权力(与政府性的权力不同),二是学术权力。

这两种权力的性质十分不同。简言之,它们虽都有判断或决断权,但一则为真理判断,二则为利益判断。学术权力唯一的依据是真理标准,它也有价值判断,但属于学术价值。例如,对于某项学术成果,可以认定它的理论价值与应用价值,判定它可能的学术影响和发展前景,都是学术性的。

行政权力是必然讲究利益的,例如,对于某项学术成果,学校行政认为,虽然其学术价值不是最高,但对于学校发展特别有利,它就可以优先采用或优先予以奖励。反之,学术价值特别高的,它也不一定特别加以利用。也许,学术判断能产生很大影响,但它不是行政判断的唯一依据。

眼下,我们许多的大学里,行政权力常处于强势地位。两者关系若处理不好,就不利于大学发展。事实上,能处理得很好的,极为稀罕。这就要经过改革来调整、来改变这种影响发展的不正常关系。我为了自己大学的健康发展,也进行了相应的改革。

比如说,不少的大学里设有学术委员会、学位委员会、教师职称评定委员会,有的还设有教学委员会、图书馆委员会等,这都属于学术性组织,其行使的就是学术权力。但它们常处于弱势地位,因而也不利于学校发展,也需要改革。

行政权力的强势具体表现在,校长常兼任学术委员会或学位委员会主席;除校长外,有的还有其他行政人员参加并把握着主要位置,行使权力。

我的改革是,校长、副校长都不能兼任这些学术组织的主席,且干脆就不参加,虽然校长也有学术地位,但此刻,他的主要身份表明他是代表行政权力的。这样不兼任就不致打混,尤其可避免行政权力强势地位的再增强。

一般来说,行政当局若从学校健康发展的大局出现,应当是充分尊重学术权力,保证学术权力的独立性、公正性,不运用行政的权力或其他影响力介入学术权力的行使过程。说得更直白一些,行政权力切不可无孔不入。

我们的学术委员会的主席是刘筠,是不肩负任何行政职务的纯教授,我们的学位委员会主席是姚守拙,也是无任何行政职务的纯教授,我们的教师职称评定委员会分文理两部分,分别由两位纯教授担任主席。他们的学术地位很高,但仅此而已。

这些委员会的决定都是在当场做出后,立即向全校公布,让任何暗箱操作的可能性难以存在,且这些决定由委员会的主席们宣布。校长只履行认可的手续。

我们将上述行为及有关事项制度化,并做出了相应的正式决议并形成文件。

我们还对参与其中的委员们的行为做出了一些规定。比如说,对于本单位的评审对象,不得有说情拉票之类的行为,否则即刻取消其投票资格。唯一可做的是事实说明,可以对事实做出补充或修正,不可以有离开事实澄清的其他说情或暗示,这也可以叫作行政权力应保证学术活动的纯洁性,不要让非学术因素进入,更不容许有学术腐败。我们规定,凡有抄袭行为者,至少两年以内不得再申报职称和成果。由于严格执行这些规定,在我任职的 18 年期间,只出现过两次违规行为,都立即做出了处理,没有下不为例。其中有一人还做了降职处分。无疑,我们因此而保障了学校的学术繁荣发展。

一位真正的学者愿不愿意到你这所学校来,据我观察,是三个因素起作用。一是有还能过得去的物质条件,太穷了谁来? 二是自己的学术成果能否受到公正对待,这一条事实上更重要;三是学校有较好的发展前景。

这里,又可回来看看韦钰的判断了,她认为梁宋平这一类优秀人才愿意前往湖南师大工作的基本原因,就在于这所大学全方位的改革带来了活力。实际上,也带来了一些学者所希望拥有的优良学术环境。

在我看来,当那些人站在外面观望,在思考是否加入湖南师大的团队的时候,虽然会考虑到以上提到的一些具体条件,但是,又常常会通过对校长的观察来考虑其取向。那个主政的校长怎么样? 他维护学术正义吗? 他珍惜人才吗?

我不回避这一点,除了制定并且实行正确的方针、政策外,我更重视自己的人格修养,我决不会装腔作势。所谓修养自己,就是做人,做好校长首先就在于做个像样的人。

再讲一个真实的故事。凌宇教授是改革开放后北大的第一批研究生,王瑶先生的弟子。我任校长时,他已被誉为中国当代文学的第二号人物。南京师范大学花高价要把他"挖"去,我认为,这是南京师大有眼光,善于识人、"挖"人。当时,南京师大给出的条件是 10 万年薪(这在当时是极高的);一套住房;爱人随调。他爱人张英是上海人,去靠近上海的南京也有特别的吸引力。

这件事迅速传到了学校领导层,开会讨论怎么办,采取怎样的对策。我主持会议,让大家先说,都只说要坚决留,但没提出具体对策。大家都知道,我是反对强留的,反对扣档案之类的低级举措,更反对扣住别人的配偶,还讲不讲点人道?

各位还是要我拿主意。我提出,现在凌宇的年薪是4万元,跟10万元相差太远了,于是我建议提到7万元。疑问来了:7万元打得住吗?打不住再往上加就没意思了。我估计,7万元打得住,谁出面交谈?还是推我。

原因也很清楚。凌宇走路时是抬着头的,眼睛长在眉毛上的,给人骄傲神气的印象。其实不是这样的。他和我谈得来,他进我的办公室是不敲门的,总是破门而入,我给他倒杯茶后,就天南地北地聊开了,无所顾忌,更无所谓戒备。

我曾从沉痛的教训中对某些人有了戒备,但好像无人戒备我,我从未整人。民间说,害人之心不可有,防人之心不可无。前一句话,从我父母那里我天然地做到了;后一句话,学了许多年才学会,刚学会不久,又进入了一个让这句话也没有必要的时代。虽然,我比较迟钝,但终于领会到了,同时,时代也大大进步了。

我就带着一份使命,跟破门而入的凌宇聊到他的待遇。当我说道"将把你的年薪提到7万"的时候,他立即说"足够了"。他还展开说,到南京师大,那里会有一位可以跟我聊天的校长吗?会有可以让我破门而入的校长吗?

我早有预判,我和凌宇之间的感情何止3万元?南师大的10万元何以能跟湖南师大的7万元相比?感情是不讲功利的,可它有实际上的价值。

我在碰到刘筠院士时,他对我说:"张校长,凌宇7万元我理解,但你知道我是多少吗?"我答道:"我当然知道,但是,凌宇提到7万元之后,你5万年薪的变化是不是会加快一些?"他很愿意听取我的意见,"听你的",成了他的口头禅。

我自信,我的决策不会是顾此失彼。当时只能把凌宇的年薪提到7万元,水涨船高,涨得太高了,要想实现相对的平衡,需有强大的财政支持做后盾。我们还是一个相对贫穷的学校。为了对付相对的财政贫弱,我也想过许多对策。稍后再说吧,我深信,富有并不全取决于钱财。

不只是刘筠这样的大人物,我当时几乎认识全校所有的教职工,一部分家属也熟悉。人们说我记忆力好,能记下这么多人的名字。其实,我觉得这是一种责任感在起作用。对于学校的教职工,一次见面也许难记下,两次三次就应当记下了。从正面来说,他们是与我一同创建和发展这所学校的,应当记得他们;从另一面来说,如果再三再四见面还不认识,他们就会觉得:校长心中没有我。这不只是我的冷漠,还可能被视为学校的冷漠。

## 五、平民化,人化

在一些学者选择学校时,具体考虑的因素有些是基本的、必要的。还有一点,就是看这所学校的文化,看校长的理念、作风,这似是抽象的,却不是不被看重的。

所以,我作为校长,在明白这一点的时候,也有自己的想法:我该怎么做?

不过,我之所言所行,绝非是做给别人看的,也不是做给那些想来这里的学者们看的。我就是我自己,我就做我自己,且唯一在意的就是:做好自己。

所谓改革,就是让事物还原它本来的面貌,然后在此基础上继续发展,甚至加快发展。改革的另一含义就是把曲解了的还原,把阻碍发展的东西克服掉。所以,改革与解放是连在一块的,邓小平就既说改革,又说解放。

实际上,所谓解放,首先是让人解放成为人,让曲解的事物解放成原貌,让其更有活力,更美丽。

我做人,也是保持人的原貌,同时也为着保持自己的活力,并使之能更好地发展。

我曾对党委组织部的人说：考察干部，一看他拉屎拉尿之后是不是自己冲水；二看他跟人说话是不是爱起高腔、爱耍官腔；三看他回家后是不是打老婆（女干部，回家是不是打老公，女干部可能难以下手，下手了，恐怕也难打得过），起码不能有家庭暴力吧。我就讲这样三条。

组织部的同志们说："张校长，这个不好考察，谁能跟着他上厕所看拉屎拉尿后有没有冲水？""再说，他说话是否起了高腔，我们也难以在场吧？至于打没打老婆，倒是可到邻居那里问一问。"

我用长沙话跟他们开玩笑："你们发宝气了，哪里是要你们看他拉屎拉尿冲水没有啊，这说的都是起码的做人的事，也就是说，做干部须从做人做起，换言之，人都做不好，怎么做好干部？常识啊，一切起点都在于做个真人。"

这算不算变革？至少是观念的变革吧，把干部工作从虚浮的方面做得实实在在。

人们说，现在全世界都在改革，但是，可能还会有例外。至少有两种例外吧，一是有些人即使觉得需要改，但他更倾向于保守；还有一种是，有些东西确实是要坚守的，不能改掉的。那些好传统、好文化，需要改掉吗？

还有一说：不改革，死路一条。1976年，1978年，中国所面临的情况确实是如此。老百姓也懂，邓小平说了一些很直白的话，也是老百姓都能听懂的话。

我觉得自己在校长岗位上前后30年，有许多的变化，也有许多是没变的。

比如说我的一颗平民心，一直没有变化。我任何时候都没有把校长视为官。官只存在于政府（那里叫官员，部长、省长、市长）和军队（军长、师长、团长）。学校既不是政府，也不是军队。如果有关方面误把学校也视为政府机构，也赋予它官级，如厅级、处级，那么，自己就更得保持清醒,切莫误会了自己。

我本是平民,并不需要平民化;人若发生了异化,那就有人化的问题,把人还原为人。

我卸任校长后,个别好友问我"有失落感否"。失去了职务,但我仍有我可以继续做的事情,只是换个岗而已。我在校长岗位上,从没有摆架子,本没有架子,因而,没有失去架子的问题;从没有什么官调,卸任后,也就没什么失去官腔官调的问题;我从没什么特权,因而,也没有什么失去特权的问题。

特权,这应当是改革的对象,是应当变掉的东西,它本不应该有。如果要从根本上去掉,那就要从因上去分析一下,它是从哪里来的?去果必去因。

什么是资产阶级革命?就是要解决权力的蔓延问题,具体来说,首先是权力不能介入经济。所以也可以说,资产阶级革命就是为了求得自由经济、建立自由市场。广而言之,权力(行政性的)也不得介入学术,不得介入文化、科学等等。反之,权力的无所不在,正是封建社会的特征,资产阶级革命正是反封建性的。因而,它具有巨大的社会和历史意义。

欧美为何在整体上发展较快呢?根本原因之一,是它较彻底地实现了反封建的资产阶级革命。列宁在20世纪初曾说资本主义已经是腐朽的、没落的。但是,一百年过去了,我们没有看到列宁所描述的那种情况,它依然表现出旺盛的状态。为什么会这样呢?原因之一,恰恰是资本主义采纳了马克思恩格斯在《共产党宣言》中提出的一些建议。让我们引述他们的一些原话。

"最先进的国家几乎都可以采取下面的措施:……征收高额累进税。废除继承权……把农业和工业结合起来,促使城乡对立逐步消灭……把教育同物质生产结合起来",同时,还有一句许多人知道的名言:"每个人的自由发展是一切人的自由发展的条件。"①我们看到,实现马克思恩格斯所提出的这些措施,就意味着深刻的改革,恰好是一些资本主义国家较彻底地实行了这些措施。思想的先进与否在于思想本身,而不在于谁践行了这些思想。

同样,不在于谁宣称信仰马克思主义,而在于是否真的认认真真研究了马克思并按其去践行过。马克思恩格斯思想的先进性,正在于他们的思想体现了改变或社会变革的精神。

由此,我们自然要问:我们是否去掉了特权?我们是否扼制了权力的蔓延?我们是否防止了权力对学术的介入?我们是否避免了权力对文化、科学等等的介入?我们要像马克思恩格斯那样富于改革精神,就不可能不问这一系列的问题。

中国有自己的政治家、思想家,例如胡耀邦等。他们就在思考我们是否真正完成了资产阶级革命。有人说,可以从封建社会经过革命,避开资本主义发展阶段而直接进入社会主义,然而,刘少奇、邓小平等人认为,这是绕不过去的。名义上可以,实质上不可能不解决封建社会的一个根本问题:权力的无限蔓延。

现在的中国,也有了许多具有自己特点的思想或理论,例如"要把权力关在笼子里",又例如,"我们将长期处在社会主义的初级阶段"。为什么会长期?就因为许多问题绕不过去。

回到我们的本题来,就更明白了。人本是人,人若变得不太像人了,就需要改革,就需要人化。大学如果变得不像大学了,那也就要改革,还原其本貌。

马克思对于这个问题,有很多论述。我们也引用几句。他作为德国人而说了这样一些话:

"德国人的解放就是人的解放。"

---

① 《马克思恩格斯选集》(第1卷),人民出版社,1995年版,第293-294页。

"德国人就会解放成为人。"①

"人的根本就是人本身。"

"人是人的最高本质。"②

人的解放就是要"推翻那些使人成为被侮辱、被奴役、被遗弃和被蔑视的东西的一切关系"③。

这些话所体现的,就是人化,人还原为人,人解放成为人,消除或推翻那些使人异化的关系。

## 六、院系设置

现在,我们对改革或变革或解放可以有进一步的了解了。人异化了,要还原,要人化;大学异化了,也要还原,要大学化;社会异化了,社会亦须变革,变为一个使人难以异化的社会,变成一个使大学更像大学自己的社会。

我们来讨论大学本有的一个问题。

大学之下设立学院(我们这里又称之为二级学院),是起源于英国的。设置学院的初衷是什么呢?大学太大了,学生进校后,不知大学在哪里,感受不到大学,于是,就把大学划分为若干个学院,学生就比较容易感受到学院的存在,并通过学院去感知大学。也就是说,初衷之一是为了学生。

另外,大学的专业越来越多,也可以说是划分得越来越细了,彼此之间的关联就可能被忽略,或不易体现出这种关联的积极作用。于是,将一些相近的专业组织在一起,以便专业之间的关联所能产生

---

① 《马克思恩格斯选集》(第1卷),人民出版社,1995年版,第16页。
② 《马克思恩格斯选集》(第1卷),人民出版社,1995年版,第9页。
③ 《马克思恩格斯选集》(第1卷),人民出版社,1995年版,第10页。

的积极作用发挥出来,这就是一个专业群,并由它们构成一个学院。也就是说,学院建立的另一初衷是为了学术的更好发展。

简言之,二级学院的建立,一是为学生,二是为学术,是体现了学本位的。

现在我们来看今日中外一些大学的情况。我曾随机地统计过世界上十所大学的学院数,平均为9.6个,最少的5个,最多的12个。中国大学中,东北有一所,其学院数高达40多个,我不知是不是最多的,恐怕它至少在最多之列了。一般的,并非名校,亦非大规模学校,最少也有20多个学院。

我不能不指出,中国最有名的大学之一,率先建立了数学学院。这是一个很坏的先例,有了数学学院,自然地就会有物理学院、化学学院、历史学院、哲学学院、天文学院、外国语学院、新闻学院、法学院、工学院、农学院……学院数怎么会不递增起来?后来,这种做法的影响迅速扩大至其他大学。

这样,院系的设置就与其初衷背道而驰了。原来是学本位,为学生,为学术。现在是什么本位了?以40多个学院为例,每个学院的党政正副职至少有5人吧,这样,仅院一级的干部就至少有两百多人,再加上机关正副处级干部,400多人差不多吧?

另一个现实是,年轻教师都明白了"长"字的好处,甚至是"必要性"。无论是申请课题、申报奖项,还是申请担当学术带头人,以及这个"人才"那个"人才"(如新世纪人才、百千万计划之类),都是带"长"字号的容易占便宜。所以,一些优秀的年轻教师在入门进到学校时,就提出常规条件之外的一个条件:请给我一个"长"字号。这样一来,又增添了一个刺激干部队伍迅速增长的因素。

这可以叫作什么位?是不是"官本位"?"学本位"是否蜕变成"官本位"了?

这个问题的根子在哪里呢?表面看来,获得一个"长"字号的称呼就是获得了某种利益,名和利都有,问题还在于,谁赋予了这些利益?谁在两者之间建立了这种联系?谁把学术与非学术的因素如此紧密地扣在一起来了?

这个根子就在于,本无官级的大学,为什么获得了官级?并且,为什么这种官级越来越显示出功利?为什么本不是政府机构的大学,被视为政府机构了?

既然由学本位蜕变成官本位了,大学就要改革,通过改革还原大学的本貌。

我担任校长时在这个问题上改革了吗?我的改革首先从撤"庙"做起,"庙"少了,"菩萨"就少。我把党委的组织部职能转移到人事处。本来,教职工都是人事工作对象,却分割开来,人事处只管教师和工人,干部(即职员)就归组织部管了,起先,科级干部也管,后来就只管处以上干部了。有什么理由这样分割?我认为是没有道理的。于是我把组织部这些"庙"撤了。

宣传部、统战部就都归于党委办公室了。不知大学为何还设武装部?为了进行国防教育吗?如果是,为什么不可由教务处和学生工作处来做呢?

这样,在党委系统,就只剩一个党办了。显然,只有还在任或兼任党委书记时,才便于这样做。当我这样做了的时候,就有人出来说我"削弱党的领导"了。一个党委书记却做着削弱党的领导的事,但我不这样看。少一些党务部门就是削弱,多一些党务部门就是加强党的领导吗?要多到什么地步才算加强?不这样就是削弱吗?

很多人说"改革有风险",既然如此,就都只做那"没风险"的事吗?还有人说:"历史证明,搞改革的都没有好下场。"这个历史我还真不懂。

邓小平搞改革,可能估计到了会有风险,于是他提出了"摸着石头过河"的说法。不过,他又警告说:"不改革,就只有死路一条。"这句话对大学也适合吗？大学不改革，也只有死路一条吗？在高等教育界的领导人当中，好像没有人能说出类似邓小平的那番话来。我本人不会向着所有的大学讲，但我会对着自己讲，自己的大学若不改革，就没有前途。我还不至于那样强调，但我需要的是坚定，自己鼓起自己的勇气来。

在行政系统，我认为只要三处一办就够了。行政事务比党务更具体、更繁杂，机构稍多一点是必要的。这三处就是教务处、人事处、总务处。具体地说，科研处就可置于教务处，教学和科研的管理不必分开；什么基建啊、膳食啊、水电啊、维修啊，都可由总务处管起来。一办当然是校行政办公室了。

我清楚地记得，在1955年进数学系读书的时候，就只有一个干事，没有那种今日至少5人以上的院系领导，至于还有一些学生干事、行政干事、组织干事、人事干事或秘书之类的，至少是当年的十倍以上了吧。

正如李盛华教授所讲的那样，大学有人上课、有人打钟就够了。现在，打钟也没有必要了，人人都有一块手表，或者有手机来计时了。这么简单的事，为什么被搞复杂了，一座"庙"，"菩萨"怎么增加了那么多？"菩萨爷"是谁？

人们说，劳动生产率是衡量一个社会是否先进的基本指标。大学不是也有管理效率问题吗？人浮于事能出效率、能出质量吗？能有先进水平吗？

大学若不改革，沉重的行政负担就会越来越重。据说，我卸任之后，湖南师范大学的行政开支增加了十倍。我没有必要对后来者多说什么，我只是就事论事。并且，历史表明，在这一点上，我曾经是贯彻了邓小平的改革大计的。

## 七、变革何时叫改革？

我还进一步谈谈机构问题。我对于在湖南涉外经济学院改革时的一些数据记得很清楚，时间上靠今天也更近一些。不过，在湖南师范大学时也大体一样，因此，我就两边穿插着说，毕竟公办和民办还是有某些区别的。

在师大时，我们的校办楼是一座千平方米左右的两层房子。那时，省府、省教育厅都认为，师大的发展气势很宏伟，有气魄，但是办公楼太小气了。于是，几次想为我们修建一座"像样的"大楼，我都婉转地拒绝了，我希望他们把相应的款项给我，以便加强教学一线建设。但是，"专款专用"这一原则限制了。

我们不仅让"庙"小，而且"菩萨"少。机构已很少了，每个机构的负责人1~2位，"干事"尽量少，部处长们就应当是干事的，也就是"干事"。每个处室最好只两层次，不要中间再设一个秘书层次；从学校领导层，再往下，最好总共就三层。不少地方说政令不通，原因是多方面的，层次太多也是原因之一。这样，一则速度慢，层层下达；二则层次一多，还很容易走样。

机构一精简，人员就随之也精减。这些精简下来的人到哪里去呢？有业务能力的，尽量往教学一线走；一时走不了的，可以给予半年至一年的进修时间。

而且，我还把机关人员的待遇（如津贴一类）定得比一线教学人员低。"当官不发财"，"发财不当官"，不能"当官发财"都来。我自己虽也是教授，但我本人按行政人员拿津贴，比院长、系主任还低。这样，大家也服。

我记得，湖南涉外经济学院的行政人员，包括"双肩挑"人员，校院两级共39人。就这样一点人，领导两万人的高等院校。这是真正的"小行政、大学堂"。

湖南涉外经济学院的行政办公楼，其面积比湖南师范大学的两倍还要大，但机构与人员同样精简。

据说政府部门亦曾精兵简政，还大刀阔斧做过。结果好像是减下去，又上来，且越简越多。什么原因呢？我们不去说了。

就说说自己吧。我们不搞大轰大嗡，扎扎实实做几件事：一是精简下来的人要好好安置，有出路，且出路并不差；二是实行"当官不发财，发财不当官"的有关政策，没多少利可图了，只能是真正做点奉献，就不会有那么多人往里面挤了；第三，更重要的是体制改革，让官本位难以产生，让权力不能介入学术领域，决不容许权学交易等。在大学里，就是实现"学本位"，废除和防止"官本位"。唯有如此，大学才是大学。

没有做到这一点的大学，就需要变革。

由此也可看到，真正实行改革，对改革者而言，可能就不能那么功利，就不能有私心；也还得准备承担风险，故而需要一点勇气；道路既不会很笔直，又不太可能一蹴而就，因而，也还需要毅力；当然也就需要智慧，需要有效的谋略。

就我而言，首先是为着良心而改革，为学生，为大学，为自己的民族，这就是良心之所在；其次，我不会去炒作，去大轰大嗡，实在说，改革是一桩细活，既困难又复杂，一炒作，大轰大嗡，就容易走样；第三，我一定是深思熟虑，把可能的智慧献给改革，因而，我会扎扎实实，甚至是不声不响地去做；第四，我有经历曲折、坎坷的心理准备，于是也会有足够的坚韧和耐心。

我1982年开始任职于湖南师大，时而政，时而党，时而党政兼一身，历时18年。常有人说我"让名不见经传的一所大学进入了'211工程'"。我觉得，这说的只是一种结果，更丰富的东西在过程中。因为我们的情况比较特殊,所以过程也特殊,特别的艰难,特别多的曲折。我的同事,一起走过来的一位副校长罗维治,他写过一本书,专门叙述了其中的艰辛。他的文字,不在于有多少文采,而在于朴实无华,亦如他本人一样实在,一样真挚。他写下的是历史,同时,也是他本人的历程,他为这番事业奋斗的历程。我觉得,罗维治也是作为一位坚定的改革者而参与其中的。

前面说过,湖南师大进入"211工程"在条件上是相当欠缺的,当时是底子差,位置差,财力差,因而,特别困难。"位置差"指的是长沙地区的经济、文化、学术等方面的环境相对较差。当时湖南省的财政情况,是那时30个省(市)中位于第24或25位的。

北大、清华这样的大学,它不申报也都会有人请它们进"211工程"的;中南大学、湖南大学进"211工程"也只是时间问题,不必着急,自然就会排进去的。

湖南师大的情况就大不一样了。"穷人的孩子早当家","穷人的孩子当然也更难当家"。好在我们一直坚持着改革,并且,我们改革并不是为了获得某个符号或名称,所以我们在改革面前十分虔诚,没有多少外在的目的或企求。正好,又有韦钰这样的教育官员,能看到这样一所不易被看到的学校。后者可能是运气吧,但是,大家都认为,机会和运气是为有准备的人而准备的。

在我们的实际工作中,很少把"改革"二字挂在嘴边,改革恐怕不是喊出来的。我们平时所想的,就是变化,在变化中求发展,求进步,叫不叫改革是另外一回事。变,不一定都能变好;我们当然想求好,所以,往哪里变,如何变,这才是该考虑的核心问题。变不一定行,不变更不行,所以我们一定会求变,一定要在变中求好。如果真正有个好结果,那个变革也许就叫作改革了。

我们回头来还说说学院的设置问题。古典大学,从博洛尼亚大学到19世纪初的柏林大学,都是四院:文学院、神学院、法学院、医学院。近代以来,学科量剧增,四个学院还是少了一点。但是,如果说学科增加了一百倍的话,正常情况下,大学之下的学院数至少增加一两倍吧,不可能成比例增长吧。

关于学院的设置,我曾有这样的思考。文学院和理学院是大学的两翼,其巨大的背景,一边是人,另一边是自然。两翼强大,大学便可展翅飞翔。

两翼之外还必有躯干。从文学院伸展开来,就是法学院、商学院、教育学院、外国语学院、管理学院了;从理学院伸展开来,就是工学院、农学院、生命科学学院、环境科学学院、医学院等。我想总共不超过12个学院,这也就是一些著名大学、专业众多大学的上限了。

我在两所高校里,所做的也就是这样,学院数不超过12个。我卸任后,学院数剧增,这就是许多非学术性的因素在起作用了。大学理性去哪里了?

具体地做一些陈述。我认为,文学院的骨干学科即文史哲。新闻专业曾想脱离文学院,我未同意,新闻学与文学相比,不是一个档次,但我卸任后分离出去了,并且历史系也分出去了,叫作历史文化学院。"文史不分家",也分家了。

关于哲学,起初我的想法也是置于文学院的,且哲学在文学院应具有特殊的地位。由于哲学被视为与意识形态紧密相连的学科,故放在政治学之列而归入法学院,后来有人劝我说,为了改革的整体推进,就先退半步吧。

这一过程也能说明改革的复杂性,说明改革必然是曲折前行的。某些传统的东西与功利搅在一起,就可以形成很大的力量,或许,这就是阻力吧。

## 八、也需要保守吗？

关于变革，我们要思考的问题至少包括：我们变些什么？为什么要变？变成一个什么样子？我们变到哪里去？是否定性变，还是补充或修正性变？天翻地覆地变，还是和风细雨地变？还有没有不需要、不应变的？我们变的是观念，是措施，还是计划？我们的变革将有多长的路？路上等着我们的，会有一些什么？

有所谓改革派，也有保守派。改革派一定好吗？保守派一定不好吗？实际上，需要进一步问：你保守什么？你改革什么？你超越什么？你两方面都有考虑吗？没有既有，何以再有？你为何要超越？你能否超越？你超越向何方？

实际上，科学与人文相关联，却有很大的区别。

第一，基本的区别在于，科学主要以物质世界为对象，而人文主要以精神世界为对象。

第二，科学是一往无前的，总在追求新的发现和发明，必要时就推翻以前的结论，至少是想有所修正，有所补充，有所发展，因而，科学亦似无情无义的。

第三，人文的，即主要探索人的精神世界的内容，它并不总想着推翻以前的，它更看重积累，更看重自身的厚重，所以，人文的东西是不断回首，不断回望，恰与科学的一往无前相区别。几千年前的文本，人们仍十分怀念。连欧美的人士也说，要从孔子那里寻找智慧；今天，中外的不少大学或学者们仍然把亚里士多德的《形而上学》放在案头，不离不弃。

第四，更重要的一点是，人文对于科学是起引领作用的。一些杰出的科学家本身常具有很好的人文修养，并且他们都深知这一点的重要性。中外科学家都如此，欧洲的科学家们认为，是那些伟大的人文学者引领了他们。这些人文学者中，包括哲学家、文学家、音乐家。

还有一个现象，凡世界一流的大学，都有一流的文。MIT（麻省理工学院）与 CIT（加州理工大学）都是很典型的例子。它们从不同的方面证明了一个道理：没有一流的文，就没有一流的理；没有一流的理，就没有一流的工。

CIT 有 80 位院士，其中 28 位是人文科学的院士，这个百分之三十五的比例，很说明问题吧。钱学森就毕业于 CIT。

MIT 曾经只是一所纯工科大学，土木建筑占了极大比重。此时，它只能是二流、三流大学。后来，董事会从哥伦比亚大学请来了一位物理学家康普顿来任校长。康普顿任校长后，立即着手发展 MIT 的理与文，十年多的功夫，MIT 真正进入了世界一流大学的行列。这是 20 世纪 30 年代至 40 年代发生的事。

在我说到没有一流的文就没有一流的理，没有一流的理就没有一流的工的时候，有研究生询问道：香港科技大学也是这样的吗？它有一流的文吗？

香港科技大学 1991 年创办。一般认为，越古老的大学，越厚重，水平越高。可是，香港科技大学仅十年的功夫，是不是世界一流了，我没把握，但它已是亚洲一流，这是十分肯定的事实。怎样来看待这种似乎不寻常的现象呢？

值得注意的是这样几个方面。一是，香港政府斥巨资建立这所大学，首批投资达数十亿港元，还有社会的捐赠。硬件、软件及师资建设，都着眼于当下最高水平。

校董会主席钟士元在开校典礼上致辞时说："我相信香港科技大学一定会成为世界第一流的学府。"[1]巨大的人力、物力投入，造就了十年的辉煌。

---

[1] 孔宪铎：《我的科大十年》，北京大学出版社，2004 年版，第 45 页。

这似乎与高水平的大学必然具有厚重的历史的事实有违,然而,放在一个更宽的背景下看,却并非如此。香港科大的首位校长吴家玮即留美归来的著名学者,首批的教师中,如张立纲、杨祥发、丁邦新,便是"台湾中央研究院"的院士,张、杨二位还是美国国家科学院的院士,大师级的人物。这些人的成就主要显现在科学上,但他们所受到的深厚的人文教育的熏陶是必然存在的。

从一般的道理上讲,科学精神就是人文精神的一个方面。没有这种精神,会有巨大的科学成果吗?人文的精神,不只是坚韧、顽强、百折不回等在起作用,而且,人文的许多品质都有巨大的作用。香港科大雄厚的科学人才必然具备人文精神。

第五,还要特别说一下人文科学的思维方式对自然科学的影响。人文科学在思维特点上,多表现为发散性、直觉性,联想、想象、幻想亦常有之,所有这些都体现了创造性思维的更重要的一面,它们是开拓者、拓荒者,真正的原创靠的是它们。人文的这些特点,对于科学家们具有决定性意义。

科学活动中,钻牛角尖是必然的,但钻进去了要能出得来,最好是来回自如。谁能有效地帮助科学家们来回自如、收放自如、自由漫步?人文科学。人文是活泼的,科学是严谨的;但科学在走向严谨的征途中,最需要的正是活泼。

哲学是人文科学中的首席代表。我们特别引用一下恩格斯关于哲学对自然科学和科学家们的意义的论述。恩格斯所说的"现在",当然是他所处的那个时代,即19世纪后半叶。"现在几乎找不到一本理论自然科学著作不给人以这样的印象:自然研究家们自己就感觉到,这种漫不经心和杂乱无章多么严重地左右着他们",要克服这种困难和障碍,将"是一个旷日持久的、步履艰难的过程,在这一行程中要克服大量额外的阻碍。……如果理论自然研究家愿意在辩证哲学的历史存在的形态上来较仔细地研究这一哲学,那么上述过程可以大大缩短。在这些形态中,有两种形态对现代的自然科学可以格外有益。"①

恩格斯随后即指出,一种是从苏格拉底到亚里士多德的古希腊哲学,一种是从康德到黑格尔的德国古典哲学。

"第一种是希腊哲学。……理论自然科学要想追溯它的今天的各种一般原理的形成史和发展史,也不得不回到希腊人那里去。"②

"辩证法的第二个形态恰好离德国的自然研究家最近,这就是从康德到黑格尔的德国古典哲学。……在黑格尔的著作中已经包含了辩证法的一个无所不包的纲要"③。当然,黑格尔的最大贡献正在于他提供了方法论,而不在于他的观点。

从历史那里,从恩格斯的论述那里,我们看到了作为人文首席代表的哲学对于自然科学的发展的巨大作用。

什么东西是需要守护的?什么精神是需要坚守的?这就是人的精神,就是我们的精神家园。人文是什么?即人的精神。文者,精神也;文化,精神之果也。

我们这里常流行"立场、观点、方法"的说法。其实,真理及其探求不从任何功利、不从任何既定立场出发,否则,将妨碍真理的探求,从而妨碍科学发展。

观念与方法,两相比较,谁更重要?我常就此问题跟一些人讨论。答案不尽相同,但遇到像张怀承这样的哲学教授时,他毫不迟疑地回答:方法更重要。我在我的一本哲学原理的著作中,第一章写的就是"方法论",且有近两万字的篇幅。

对于黑格尔的观念,有包括恩格斯在内的许多人不赞成,比如对于黑格尔关于世界源于绝对精神的观念就是这样的。然而,几乎所有的人,都认为黑格尔是方法论大师。"在黑格尔看来,形而上学,整

---

① 《马克思恩格斯选集》(第4卷),人民出版社,1995年版,第286页。
② 《马克思恩格斯选集》(第4卷),人民出版社,1995年版,第287页。
③ 《马克思恩格斯选集》(第4卷),人民出版社,1995年版,第287-288页。

个哲学,是概括在方法里面的。"①

笛卡儿的观念,不论人们赞成不赞成,几乎不会有人怀疑他是一位方法论大师。

实际上,凡优秀的教师不只在向后人提供结论,更重要的是方法,是获得这些结论的过程。回答"为什么"比回答"什么是"更重要;回答"什么是"比回答"是什么"更重要。

## 九、哲学的意义

前面的讨论,使我们不禁想到,我们的大学需要肩负起复兴哲学的使命。一方面,这涉及学科结构的改革,明确哲学的无可替代的地位;另一方面,也涉及哲学自身的变革,明白我们时下哲学存在难以忽视的问题。

先从哲学的意义与作用谈起吧。

哲学对于一个人、一所大学、一个民族的意义,再怎么估计都不为过。这是事实与理性、历史与逻辑都可以说明的。我们在此就分别做一些说明。

我没有实证,但据我们观察,百分之九十九以上的人都是聪明的,除极少的智障者外。但是,智慧的人可能只有百分之十几二十;百分之一不到的人谓之天才,即那种智慧达到的高度几乎令人难以理解的人。

智慧与聪明的区别在哪里呢?这也只是我个人的一种看法,我认为,智慧是由某种哲思的习惯或自觉的因素构成的。按此解释,智慧就高于聪明了。同时,这也告诉我们,有什么办法提高智慧人群的比例,使之达到百分之二十以上,甚至更高呢?那就是大大加强哲学的

---

① 《马克思恩格斯选集》(第1卷),人民出版社,1995年版,第137页。

研究与教学,并且及早地对学生开设哲学课程,例如,在中学阶段就开设系统的相关课程。这不只是学校的事,哲学的复兴是全民族的大业。

古希腊智慧是从哪里来的?它神在哪里?首先就是古希腊哲学。从毕达哥拉斯、苏格拉底、柏拉图、亚里士多德这一路下来,将哲学高高托起并贡献给全人类。或以哲学的形式,或以数学(几何)的形式,启迪了、开发了人类智慧,惠泽于世界而连绵至今。数学在古希腊人看来,就是哲学的一种特殊形式。《几何原本》在 2000 多年里,以 1000 种不同版本,传遍全世界,它以一种鲜活的形式训练着人们的思维。

近代以来,有两个经典的案例说明哲学的巨大作用,这涉及的是德国和美国。

首先说 19 世纪的德国。19 世纪之前,欧洲最发达的国家是英、法、意、西等,德国是相对比较落后的国家。是什么改变了德国?是什么让德国迎来了新世纪?

英雄创造时势,一位德意志的英雄或史诗般的人物突然出现了,他就是康德。提到康德,我们又马上要提到另一位德国诗人、哲学家海涅,他有这样一段话:"德国被康德引入了哲学的道路,因此哲学变成了一个民族的事业。一群出色的大思想家突然出现在德国的土地上,就像用魔法呼唤出来的一样。"①

关于海涅,恩格斯又有这样一长段的论述:"正像在 18 世纪的法国一样,在 19 世纪的德国,哲学革命也作了政治崩溃的前导。但是这两个哲学革命看起来是多么不同啊!法国人同整个官方科学,同教会,常常也同国家进行公开的斗争;他们的著作在国外,在荷兰或英国印刷,而他们本人则随时都可能进巴士底狱。相反,德国人是一

---

① [德]海涅:《论德国宗教和哲学的历史》,海安译,商务印书馆,1974 年版,第 115 页。

些教授,一些由国家任命的青年的导师,他们的著作是公认的教科书,而全部发展的最终体系,即黑格尔的体系,甚至在某种程度上已经被推崇为普鲁士王国的国家哲学!在这些教授后面,在他们的迂腐晦涩的言词后面,在他们的笨拙枯燥的语句里面竟能隐藏着革命吗?那时被认为是革命代表人物的自由派,不正是最激进地反对这种使头脑混乱的哲学吗?但是,不论政府或自由派都没有看到的东西,至少有一个人在1833年已经看到了,这个人就是亨利希·海涅。"①

海涅看到了在德国开始的这场哲学革命,看到了一大批哲学家的出现,尤其看到了一位卓越的人物康德及其带来的巨大影响。康德把自己贡献给了德国,而德国把康德贡献给了全世界。在海涅所说的大思想家中,当然会包括费希特、谢林,尤其包括了黑格尔,他的哲学几乎就成了德国的国家哲学。

主要活跃于19世纪的世界顶级的德国科学家至少有康托、戴德金、迪里赫勒、高斯、雅可比、克莱因、克隆尼克、黎曼、维尔斯特拉斯,从19世纪横跨到20世纪的,有希尔伯特、爱因斯坦、外尔……这些人之中有许多也堪称思想家。

19世纪以来,德国人在物理学、力学、光学、量子学、相对论等众多领域做出了巨大贡献。

德国哲学不仅带来了科学、数学的繁荣,而且推动了经济、文化的全面繁荣。19世纪的德国不仅成为欧洲繁荣发达的国家,而且成为世界的第一大经济体。哲学帮助落后的德国走向了全面繁荣,哲学作为一项被海涅称为"一个民族的事业"而为全德意志民族做出了巨大的贡献。

20世纪,美国取代德国成为世界的第一大经济体。哲学对此起了怎样的作用呢?

---

① 《马克思恩格斯选集》(第4卷),人民出版社,1995年版,第214-215页。

19世纪末,美国人向德国人学习。美国在20世纪的全面崛起中,大学起了极为重要的作用。美国有一批大学在19至20世纪纷纷登上世界一流大学之巅。曾于1869—1909年达40年时间任哈佛大学校长的埃利奥特,就是虔诚学习德国的典范,并把哈佛建成了一所现代化大学。

哲学对美国究竟起了怎样的作用呢？有一个数字是引人注目的,在20世纪后期,世界上百分之六十的哲学家在美国,哲学刊物中美国的哲学家也占了百分之六十。实用与深邃兼备的美国,在哲学上的如此作为,实在是意味深长的。

杜威之于美国的影响,相当于康德之于德国的影响,虽然就世界地位而言,杜威可能还稍逊一筹。相同的是,杜威的哲学对美国的影响也是广泛而持久的。有人称杜威的哲学是实用主义哲学,不过,对实用有不同的理解,有的实用是物性的,是为权势或其他功利的,然而,杜威的实用着重是对人,对每个个人的生长和发展有用。也正因为他的哲学立足于这一点,才产生了广泛而深远的影响。

杜威的哲学有着明显的特点,它与古希腊哲学相连,又与教育密切相关。自古希腊以来,哲学与教育、教育与哲学就是密不可分的。在古希腊的"七艺"中,辩证法赫然在列。柏拉图等所创办的学园是把哲学与教育连在一起的原型。

大学何以为"大"？不是规模大,不是楼房大,而是大师之大。又何以为"大师"呢？智慧者且能传授智慧者,无论他们在何种学科里活跃着,都会不同程度地与哲学打交道,并必然受益于哲学。故而,大学能没有高水平的哲学吗？

这又使我们再次联想到没有一流的文,就没有一流的理;没有一流的理,就没有一流的工。现在应当可以加一句:没有一流的哲学,就没有一流的文。北京大学为何是中国顶尖的大学？原因之一就在于它曾有一流的哲学。现代以来,中国最著名的一些哲学家如贺麟、熊十力、金岳霖、冯友兰都曾任教于北京大学。1952年以前的清华亦有一批著名的哲学家。

为什么我们没有培养出杰出人才？钱学森的这一问，牵动了亿万中国人的心，许多人也在思索和探讨中。哲学的贫乏必是其原因之一。当然，又需要问的是：我们的哲学为何落后？

世界史似乎可以告诉我们：没有哲学的复兴，就没有大学的复兴，就没有全民族的真正复兴。有一点是需要我们自问的：即使我们的经济总量不久将位居世界第一了，然而，一平均，我们就是世界多少位了？我们的原创占世界多大比例？我们的科学水平怎样？我们的大学在什么地方徘徊？

不必说哲学革命了，哲学改革真的该实实在在进行吧？可是，谁来进行？我们哲学的问题在哪里？我们为什么难以再出现哲学家？尤其是如贺麟、冯友兰这样站在世界前沿的哲学家何时可以出现？我们的康德、我们的杜威能否涌现出来？谁能如康德那样像魔法一样呼唤出大批思想家来？

本应从哲学对个人的影响，说到对教育、对大学的影响，再说到对一个民族的影响。但是，这个顺序变一变问题也不大。现在我们就回头来再谈论一下哲学与个人成长的关系。或许，这还有利于我们进一步理解哲学对大学、对民族的意义。

哲学，philosophy，其主要含义即智慧，善辩。人们若想由聪明走向智慧，就少不了哲学。不自觉地跟哲学打交道的人，会获得一些小智慧；自觉跟哲学打交道的人，可能会获得大智慧。反之，如果你不跟哲学打交道，就必然令人惋惜地与智慧保持着距离，就很难从聪明再向前跨进一步。哲学与人生就这样紧密地联系着。

我想，我大学学数学，是有利于后来我走向哲学的，尤其是转入到教育学领域之后，哲学自觉就有了进一步提高。如果说我已与智慧行过了见面礼，我非常明白，这应当感谢哲学，也感谢我自己从喜欢数学进而喜欢哲学了，我与哲学相伴而行了。关于这一点，在随后的讨论中还会涉及。

## 十、辩证逻辑

恩格斯所说的哲学革命，海涅所看到的在德国到来的哲学革命，实际上也就是哲学的改造、哲学的改革。这对于个人，对于我们大学、我们国家实在是太重要了，甚至太紧迫了。它到我们这里来的困难在哪里？它何时可能到来？我就结合自己的一些实际经历先说一说，至于一般性的讨论亦必会在以后展开的。哲学的改革自然不是有形的、物性的改革，那是神性的、无形的改革，具有根本意义的改革。

1991年上半年，我在北京中央党校学习。这一经历使我对哲学有了一个新的认识，本已喜欢哲学的我，看到了时下哲学的一些令人匪夷所思的情形。

哲学教员竟在黑板上写出"坏事就是好事"这样的命题。有人说过，在一定条件下，坏事可以变成好事。这个话很积极，很革命了吧。可是，这位哲学教员觉得这个话说得还不够，把"一定条件"去掉了，把"变"字也去掉了，这样岂不更积极、更革命了吗？

这倒是引起了我的一些思考，撇开非学术因素，只就逻辑来说一下感受。

在任何情况下，都要遵循形式逻辑。一就是一，二就是二，这叫同一性。坏事就是坏事，好事就是好事，这也是同一性，岂能违背！坏事就是好事，那些专干坏事的人，岂不也在专干好事吗？好坏不分，是非不分，不全乱套了吗？

一中或许包含两面、三面，但只是包含；二由两个一组成，但只是组成，一还是一，二还是二。只是说，在某些条件下，一可能转换为、分解为、分析为二乃至三、四等。只是说，二也可能构成一个整体，整体的一，由二构成的、组成的、连成的一，二还是二。

我们来看看以下的几句话：

——坏事就是坏事，好事就是好事；

——在一定条件下，坏事可能变成好事，好事也可能变成坏事；

——尽量创造条件，让坏事变成好事，让好事不致变成坏事；

——条件没有，变化是不会发生的，条件有了，也只是有发生的可能。

这四个命题组成一个相对完整的命题系统。每个命题都必须合乎形式逻辑，在此基础上，这个系统就构成了或体现出一个辩证逻辑。一般来说，辩证逻辑是离不开形式逻辑的，是由若干个形式逻辑命题有机构成的。不懂得基本的形式逻辑如同一律、矛盾律等，就去谈什么辩证逻辑，那只是奢谈。

通俗一点讲，不遵循形式逻辑，是瞎说；不遵循辩证逻辑，是死说。辩证逻辑使人更智慧，但这是需要建立在良好基础上的；换言之，形而上是需要有形而下做基础的。哲学教员竟违背基本的形式逻辑，怎不让人匪夷所思？

下面所说的，还是哲学问题，还是辩证逻辑问题，也是与哲学教员有关的问题。

教员在黑板上写下一个不等式：

$$一般 < 个别$$

几乎所有的学员愕然：一般怎么会小于个别呢？面对这一问题，哲学教员没有作答。停顿好久之后，讲道："这是列宁说的。"接着是课间休息，议论纷纷未停止。

我真感到奇怪，一句话，其含义如何，其正确与否，跟这句话是谁说的有什么关系？一句话出自张三之口是不正确的，出自李四之口就正确了吗？

已经发生过的一些事情，让我还怀疑这位教员是否真的懂得这个不等式的含义。我不禁走出课堂与这位教员讨论，遂知，他真还不太明白；于是，我对他说："这个不等式是对概念的内涵而言的。"随之，他说他明白了。

更让我费解的是,他说他明白了的含义,竟没有在课堂上做进一步的阐述。这就比无知更严重了,做学问可以这样吗?堂堂的培养高中级干部的学府,出现这样的状况,更是我未曾料到的。原来,误人子弟也可能在这样的地方发生啊!

其实,就内涵而言,一般小于个别;就外延来说,一般大于个别。这几乎是常识。人们常说,理论是苍白的,生活是多彩的,说的也是这个意思。学员们的问题出在哪里呢?他们之中的很多人,并不知道需要从两个不同的方面看问题,且更多的人是从外延去看的。所以疑惑,所以议论纷纷。

事实上,这又是一个辩证逻辑问题。在一定的条件下,一般小于个别;在另一种条件下,一般又大于个别了。懂了,就很简单,如同常识;不懂,一切难说了。

说是常识,却又是自古以来人们持久议论争辩的问题,唯名论与唯实论之争,争的就是一般与个别的关系问题。哲学中的常识,在某些人看来,又超乎常识。

我于54岁之时被派去中央党校学习,这是一种遭遇吧;进入党校,又有遭遇,遭遇到一些料想不到的哲学问题,同时,这是不是哲学本身在我们这里的遭遇呢?是不是辩证法的遭遇呢?无论是我个人的,还是哲学的,这些遭遇,对我都有一种震撼作用,并对我后来学术上的发展产生了很大影响。

我相信,在北京大学哲学系里,不可能发生与北大只相距两站路的一所学府里所发生的事。然而,这毕竟是在一个并非不重要的学堂发生的,因而不能不让人震撼。

哲学如此重要,其遭遇却又如此不妙,这肯定让我思考得更多。我需要进一步研究哲学,并为哲学能在我们这里复兴做一点点力所能及的工作。

我在1991年上半年,真的集中读了好几本书,哲学的,经济学的,社会学的。我把党校发给我的四本书都读过了,还利用闲暇学了英语,连对乒乓球真正上瘾也是在那里实现的。可谓收获颇多。

其中有一本《马列著作选读(哲学卷)》,我读得更过细,从头到尾,都做了详细的批注。当然另外三本也详读。关于哲学,可以说,我更多的是从恩格斯的《反杜林论》《自然辩证法》《路德维希·费尔巴哈和德国古典哲学的终结》等著作中获益。并且,由此而对恩格斯在哲学上的贡献有特别印象。

当然,我在另外一些重要的时段里,仔细研读过亚里士多德的《形而上学》,黑格尔的《小逻辑》以及《哲学史讲演录》的一部分。

对于中国学者的哲学论著,我研读过且受益特别深的是冯友兰先生的《中国哲学简史》。近期的著作中,孙正聿的《哲学导论》也是我印象较深的一部。

另外,现代的两位德国哲学家雅斯贝尔斯和卡西尔的著作是我十分喜爱的。更早的康德哲学、杜威哲学的崇高地位及其影响当然引起我特别的关注。

古希腊人"把数学充当哲学"[①]。我从中学起就喜欢数学,大学又念了数学专业。虽然我没有那种"把数学充当哲学"的自觉,但是,数学与哲学的重要特点的相似,至少是让我更易靠近和理解哲学。我与数学有缘,因而也与哲学有缘了。

数学与哲学,都是智慧的学问,都来自人的心灵,都具有独立的真理性判断,都具有独特的地位,哲学和数学都分别成为人文和科学的引领者,且当我们说数学是"人文的近亲"时,它首先是"哲学的近亲",数学与哲学在根本方面的共同或近似的特点,一起深深地影响着我。

综上所述,甚至可以说,我是十分幸运地浸泡在人类如此光辉灿烂的文化之中,它滋润着我,熏陶着我,让我靠近人类的智慧,让我直通人类的心灵。

---

① [古希腊]亚里士多德:《形而上学》,吴寿彭译,商务印书馆,1959年版,第29页。

## 十一、一种情怀

当我从多方面的研习中深知哲学的意义的时候，它让我更容易想到改革，理解改革，投身改革。有这么直接的关系吗？哲学自觉也影响到改革自觉吗？

至少有两点是重要的、直接的。这两点，一个是变，一个是辩，这两点又导致科学的批判，并进入到批判的科学。对于这两点，有必要稍稍展开一点叙述。

大学校长们并不是都会想到改革的，可能忙着别的事务去了，还来不及想到；即使想到了，也不一定知道怎样改革；无意识地想到要求变，求发展，也不一定有意识地想到了改革；想到了的，也还不一定把握得好改革的基本点。

如果有一些哲学修养，情况就可能不同。就前面说到的两点，第一，你会知道一切在变，自己就可能更自觉地求变；第二，哲学的性格是批判的，对于现成的许多东西都需要这种性格，都需要持有批判的眼光。这样，也就会自觉地进行改革。因而可以说，哲学给人一种情怀，变革的、发展进步的情怀。

我自幼爱思考，从而也比较自然地靠近了哲学，喜爱上了哲学；并且，又在数学的学习中，对哲学更亲密了；以后的许多学习哲学的机会，从不同的方面让我的哲学自觉有了进一步的提升。这种哲学自觉必然地给我带来了改革自觉。

又可以说，是哲学情怀赋予了我改革情怀。

我在进入学校行政管理层之后，研究重点不得不从数学转到了教育学和心理学。可是，有一点并没有发生变化，那就是我对哲学的喜爱，甚至是一种眷恋。一切都在变着，唯有变本身是不变的；一切都在改变,唯有我对哲学的一片情意没有变。

我用了较大篇幅来谈论哲学,这既是有感而发,又是切中时弊。眼下,我们的哲学兴趣几近于零,而这与深入的改革是完全不相协调的。大学,尤其是大学校长们,应当而且可以成为改革这种落后局面的中坚力量。

我们曾断言,哲学对于一个人、一所大学、一个民族、一个社会,都具有全面的、决定性的意义。由此,对于哲学,似乎我们无论怎样重视都不为过。

这里有一个问题。哲学来自人的心灵,它具有自我完成的真理判断,它没有功利,包括并不为着某些具体的改革事项。靠近和习得哲学,需要纯粹意义下的虔诚,其实际用途只能是不期而遇的,是不求而自得的。

哲学是深邃的、睿智的,因而,只有虔诚和纯粹才能走近它。来自心灵的东西,必是纯洁的,无杂念的;来自心灵的东西,也只有用心灵去感受。

这也是人的一种神奇,心灵感应的东西不仅最真实,最能与他人相通,而且纯粹并有效。哲学的非功利性恰好埋伏着它无穷的用途,无用之大用也!

其实,改革不只是智慧问题,不只是认识水平问题。改革还需要情与意的投入。邓小平提出的改革开放,无疑在中国当代史上、现代史上都具有划时代意义。这就不只是他的智慧,不只是他认识到了中国非改革不可,"不改革,就只有死路一条"。而且,这也体现了邓小平对中国、对中国老百姓深深的关切、深深的情感。同时,他以坚强的意志力去克服各种障碍和险阻。

邓小平启动了改革的航程,我相信,没有任何力量能够阻挡这一过程,尽管可能还会有许多曲折,许多坎坷。这是历史的潮流,气势澎湃且不可阻挡。

邓小平启动了改革,但这将是持久的;邓小平大体上是开启了宏观领域的改革。具体到一些部门、一些单位、一些学校,则还需要这些领域里的人自己去展开。我们常说,改革是我们的自我完善、自我完成。对于一些部门或单位来说,也只能是自我完成。外界的因素只能是辅助的、次要的。

在过去的许多政治运动中,常常是从一个单位向另一个单位派遣工作组、工宣队、军宣队之类,历史证明,这种做法无一不失败,只留下历史的劣迹。

现在,也不是说不需要借鉴,不需要学习他人,但依然只能立足自己,只能是自我完成。

改革与开放是连在一起的。在邓小平的论述中,改革一词与解放一词,都是高频率出现的。改革就是解放生产力,相对于生产关系,生产力是更活跃的因素,邓小平自然地把着眼点放在解放生产力上。然而,生产力的诸因素中,人的因素又是决定性的。所以,邓小平更优先强调的是解放思想;思想是谁的?人的。解放思想,就是解放人。人的解放就只能是自我解放。

与"解放"相对的词是"束缚",与"改革"相对的词是"僵化";又正是僵化带来了束缚,因而,解放与改革所要消除的,都是束缚。这就是两者必然连在一起的内在逻辑。

有些束缚是使人难受的,有些束缚是人们不一定都能感受到的,有些还可能由于麻木而感受不到,习以为常了,或许,还有安于现状,甚至还有逆来顺受的情形。为什么改革派常常是少数呢?为什么改革先锋是极少数呢?改革需要智慧和勇气,真不容易啊。两者兼备的人,当然会是少之又少了。

校长能不能因为这种人少之又少而心安理得,而不必站在改革的前头呢?

校长应当是肩负更多责任的人,应当是有更多智慧和勇气的人吧。在他们之中,自觉站在改革前面的人,也就应当多之又多了。在他们之中,忧国忧民的人应当更多,敢于担当的人应该更多,所以,这也是一种自然的期盼。

这几节,我们都喋喋不休地说着哲学及其对大学、对校长的意义。写到这里,我不禁想到已经发生过的一件事。中美两国之间曾经有过一次教育交流项目,双方各派十位大学校长在一起定期切磋,讨论大学理念和事务。后来,不知什么原因,这一交流项目中止了。但其中某一次的一个故事,令我难忘。美国的十位校长中,九文一理,中国的十位校长中,九理一文。然后大家议论:哪一种合理?中美双方的二十位校长,一致认为九文一理合理。

我记得,大约是 20 世纪 80 年代后期,许多大学校长是学数学出身的,例如,北大的丁石孙,南开的母国光,复旦的苏步青,武大的齐民友,吉大的李岳生,湖南也有几所大学是如此。这一状况,若用"数学是人文的近亲"的观念来看,也比较好理解。工科出身的,若拘泥于工科思维,要想办好大学是困难的。无论从逻辑,还是从历史事实上看,其结果都不出人们的所料。中外皆如此。

## 十二、"我们第二"

大学里的改革,很大程度上是还原它的本貌。什么是它的本貌呢?我们先从一些具体事情说起,后面将会有一般性讨论。

我在任校长和党委书记期间,曾向全校的行政干部做过一场报告,题目是:《我们第二》。我们当然是指行政干部了,包括我。我们第二,谁第一呢?

师生员工,"生"字第一,教职员工,"教"字第一;一切活动,教学第一。其他相对的人与活动就是第二了。"我们第二"是就教职员工群体讲的,"职"就是干部,"我们第二"就是"干部第二"。

教育厅有一届厅长是我特别尊重的,但这并不意味着我对他的观点不提出疑问。有一次,他做了一个报告,中心就是"德育第一"。报告后,我问他:"什么第二?"他听后多少觉得我有点挑剔,但仍面带悦色。于是,我又补了一句:"没有第二,怎么会有第一呢?"这一下,他好像有点不高兴了。于是,我也不再多言,不能伤和气啊。

我任公办大学校长18年,民办大学校长12年,我能不关注德育、不重视德育吗?然而,第一,德育与政治教育是两码事;第二,在学校里,并不存在教学以外的德育。学校里的一切文化都是教学资源,有离开了教学而孤立存在的德育吗?因而,所谓第一并不存在。要说最重要,那还是教学。有什么比它更重要?

如果将教学的内容做一些分辨,那么,其中的体育具有独特的地位。在古希腊人看来,在康德看来,体育都居于首位。当然,他们同时认为,灵魂与身体不可分割。因而,他们又是把体育与灵魂的净化和锤炼联系在一起的。

林彪说过"四个第一",可是,相应的"四个第二"在哪里呢?没有了。这种片面化、极端化的说法和做法,给我们民族带来的巨大灾难,人们记忆犹新。

我还穿插着说一个问题:如何观察一所大学?

如果你进到一所大学,看到它那里到处挂着横幅、标语、口号,那么,这必定是一所肤浅、浮躁的大学,无论它曾有过多大名气,都显露了它当下的浅薄。显然,这些标语口号不会出于那些潜心教学与研究的教授们,他们不需要这些东西。

北京大学一位学者陈洪捷在研究德国古典大学时,提炼出四个关键词或核心概念:科学、修养、自由和寂寞。其实,我们中国传统中也有类似的观念,比如,有所谓十年寒窗,坐冷板凳之说。做学问岂能靠什么标语、口号?

还有一个观察点,那就是看在这所大学里,哪一类人更受尊敬、更有地位。甚至还可俗一点说,谁更神气。如果更有地位的、更神气的是行政干部,这所大学的学本位可能正在丧失,从而学校也处在衰落之中。在这里，可能更吃香的是权势，并诱使一些青年学者不看重学术，而去追求与权势和功利有关的东西。

当年，我做《我们第二》的报告，正是为了防止这种衰落在我的大学产生，正是为了守护大学的精神家园，为了学校持久的健康的繁荣发展。

我从大学的历史说起。大学首先是为学生而创立的，有了学生，才聘请教师，师生人数增多，规模增大，这才需要行政管理人员。历史表明，干部是后生的，校长也是后生的。最初只有十几个学生的博洛尼亚大学，最初只有十几名学生的哈佛大学，需要校长干什么？

欧洲大学在传统上是典型的教授治校，绝非只是"治学"，治学是必然的，教授不治学还干什么？问题是欧洲在传统上是教授直接与政府打交道。至于校长，多是由教授们轮流担当，一两年就更换了，那远不是一个吃香的位子。诸如洪堡那样的人在大学（柏林大学）起过重大作用的例子，是罕见的。

美国传统不同。美国大学与政府无关，教授们受聘于校长，且受校长办学理念的影响。于是，一些著名的大学常常是与著名校长的名字联系在一起的。如埃利奥特之于哈佛大学，如康普顿之于麻省理工学院，如克拉克·克尔之于加州大学伯克利分校。这就形成了一个局面，许多著名的大学校长并同为教育家的现象大量出现在美国。

我们干部不忘记历史，这对我们自身的发展才真正有好处。当我们切实把自己摆在第二的位置而虔诚地为教学、科研服务的时候，我们的价值才充分显现出来了。教学、科研水平上不去，学校的学术水平上不去，我们于心何忍？我们工作的意义何在？我本人虽也是教授，从事教学、科研活动，但此刻我主要是以行政人员身份出现的。"双肩挑"不能哪边有利就往哪边靠。

记得，我当年任职湖南师大校长时，周边的大学都认可，"师大的中层干部队伍是最强的"。事实上，虽然干部在位置上排第二，其影响却是决定性的。然而，也正是在切实把自己放在第二的位置上的时候，其决定性影响才能从积极意义上显现出来。

我可能多次提到了跟我在学校管理层共事长达 13 年之久的刘志辉，他不声不响地工作着，忙碌着，卓有成效地料理着众多事务，而他将自己的位置又切实地摆在第二，摆在教师之后。这样几乎不计较任何名利的人，实在少见。

说到我的工作，许多人认为我的作用很大，但也有一些知情人明白，他们对我说：没有刘志辉，就没有我做出来的这许多事情。我欣然同意此说。

我曾对人说，在师大的 18 年中，我从不管钱，不管人。不少人不相信，但我的同事们相信。人事和财务这两桩，一直是刘志辉管着的，他是真正的当家人。在他离职后，又有一位与刘志辉具有同样品格的人接替，那就是龚维忠。人称刘志辉是一把铁算盘，龚维忠又是一把铁算盘。那个时段里，湖南大学、中南工大（后来的中南大学）在中上层都有人因手脚不干净进了班房的。师大的中上层一个也没有。虽然手脚干净并没有什么值得炫耀的，但它又是保证学校长期健康稳定发展所必需的。

干部第二，是回归到历史，又回归于逻辑，回归于大学的良知，并让学校持续发展。

## 十二、哲学与我

在说了"我们第二"之后，讨论哲学教学，并且更具体地涉及我在这方面的某些经历。

在我看来，所有正常的人，都会在不同意义、不同程度上与哲学打交道。我应当属于正常人，所以没有例外地与哲学交往。在我做了校长后，更提高了哲学教学的地位。

但我可能也有我的特殊性,每个人都是以自己的方式和途径去接触哲学的,又在不同背景下受哲学影响。我也回顾了一下自己在这方面的经历。

第一,我自幼喜欢思辨,习惯思辨,这相当于上天为我打开了通向哲学的天窗。

第二,大学修读数学,这就是一门思辨的学问。自古希腊以来,至少延续到了莱布尼茨、笛卡儿时代,甚至更后,很多学者都是数学家、哲学家兼于一身的。最靠近我们的典型例子是罗素、怀特海。或许,这主要是理性主义哲学占据主要地位的时期的一种现象。在这里,我仅以此历史背景来说明,我直通哲学有其专业渊源。我自认为,自己并不固守于理性主义哲学范畴,我对存在主义哲学也极有兴趣,十分热衷于阐释学,并且,我感到自己时刻在阐释之中。

第三,1991年上半年,我碰到了许多未曾碰到也未曾料到的问题,这些问题从另一个侧面让我提高了哲学自觉,甚至,还感到有必要投入更多的精力。

第四,当我转入教育学的教学与研究活动之后,我自然地与哲学更为靠近,把教育学与哲学糅合在一起。我写出了有关课程哲学、教育哲学、高等教育哲学的著作,其中有关高等教育哲学的著作共两部(这两部在内容上彼此完全不重复);即使对于教育基本原理,我也在哲学的框架下展开。所有的这些著作,又都作为我开设的课程而讲授过,主要是对研究生们讲授。又由于这些课程的重要性,都进入了必修课的行列。

第五,我阅读了大量哲学著作。我系统阅读过的著作,按大类来分,计有数学、教育学、心理学、哲学、文学、高等教育学,大约就是这六大类吧,其中,阅读最多的仍然是哲学著作,超过了我的专业出身——数学。并且,阅读这些著作时的用心程度,至少与数学相当。

第六,我的著述,以有专门著作为标准,共八大类,数学、教育学、心理学、体育学、管理学、哲学、高等教育学、文学。这就意味着,有六大类我是读过相关的书而又写了书的,有两大类是未读过相关书而写了书的,这就是体育学与管理学。这八大类著作中,又以哲学类著作最多。

为什么在这两大类上我未读过专门著作却写得出专著来呢?有两个基本原因,一是我接触得多,二是我在接触中有诸多感悟,再加上喜爱,专著就出来了。

稍为具体说明一下这两方面的原因。对于体育,我一直热衷于参与,至今我还打小球,年轻时打大球,现在我还每天打乒乓,只有生病和出差之时暂停。此外,我每天必看体育新闻,这样,除了极个别体育项目外,我都熟悉,不是一般的熟悉,还能讲出个道道来。我的著作《体育与人》就是在这样的经历下写成的。体育界的朋友认为,有两点是体育理论界的人士难以达到的,一是涉及面之广,二是文笔之多彩。

我未读过体育学方面的专著,却能写出体育学的著作来,这已经好理解了。当然不是只要喜爱体育,就能写出体育学的书来的,还需要有悟性,还需要写作能力。我写《体育与人》时,基本上不须查阅资料,全凭记忆;记住了的,不一定理解,理解了的,比较容易记住。显然,我是因为理解而记得很多的。

我未读过管理学的专著,却也写了管理学的著作,这也好理解。我在管理岗位上先后达 30 年之久,写出管理学、管理心理学的著作来也不足为怪了。管理学有多个分类,我当然主要是写学校管理学、教育管理学了。当然,写作并不是熬年头的结果,有的人可能经历了三年就能写出东西来,还可能有天才,未曾经历也写得出著作来。当然,有的人,在某个领域里活动了 40 年、50 年写不出什么来的情形,也是有的。不必讳言,我是属于勤思、勤于笔耕之列的,虽不是天才,但也是地才,所以,不写出一些东西来反而奇怪。

此外,对于把教育学与高等教育学分属两类的理由,我们还补充说明一下。教育学的诞生,公认为以夸美纽斯《大教学论》的出现为标志,那是 1632 年。高等教育学的产生,又公认以纽曼的《大学的理想》的出现为标志,那是 1852 年。在时间上就间隔了 220 年。且在内容上,两者确实叙述着不同的一些概念和命题。

在正式的学科分类目录上,教育学是一大类,其下,又分教育学、心理学、体育学三个一级学科;在教育学这个一级学科下,教育基本原理和高等教育学、课程与教学论等是平行的二级学科。因此,我说自己涉猎八类学问,其中教育学和高等教育学这两类也就是在二级学科意义上讲的。

第七,再回头来说哲学,我想我至少有 10 部著作是属于哲学类的,它们是:《课程与教学哲学》《教育哲学》《高等教育哲学》《高等教育哲学通论》(这两本高等教育哲学在内容上基本不同)、《哲学原理》《人哲学》《人是美的存在》《人论》《哲学是什么》和《论我》。尽管有些好友认为我的《教育基本原理》也是哲学,但我未将其计入。以 10 本计算,就可以说,我的著作中,最多的确实是哲学。未来,或许我还有哲学著作或与哲学密切相关的著作,那就不提前计入了。如果我不突然离去或成为痴呆,相信 10 部以上的哲学著作不会有问题。

第八,我有关哲学的论文也是各学科论文之中最多的,可能占到四分之一左右。

以有无著作为标准,我在 8 个领域里做了学术工作;若以论文为标准,除了这 8 类外,我还有经济学、史学、人类学、自然科学(数学以外的),那就至少在 12 个方面做过学术工作了。在这 12 个方面,哲学论文无疑仍然是最多的。

第九,我把自己跟哲学的这种缘分也转移到了我的校长工作上。这当然不只是把哲思、把辩证法运用于工作,这是一些有哲学修养的校长都会去做的。我做了什么多少特别一点的事呢?

记不清是哪一年了,大约在 20 世纪 90 年代初,我获得了一个奖项,也记不清是什么奖了,有奖金 15000 元。我说:"我不要这个钱。"刘志辉等同事说:"你不要我们要。"意思是,这不只是你个人的事。

于是，我念头一转，拿着吧，就设立了一个专项奖学金。钱不多，要在很多方面、很长时间设奖都困难。我立即想到，就奖那些哲学学得好的学生吧。这也足以体现了我对哲学的偏爱。

钱很多的话，靠利息来奖励就够了，那样就可设立一个永久性的奖项。15000元不可能永久，我想每年用1500元奖，10年也差不多了，我估计未来在校长岗位上待10年以上的可能性几乎不存在。500元一人，400元一人，300元两人，正好。

说到这里，我又不得不对大学里过多的评估表示异议，尤其对非学术性因素介入评审十分反感。大约就从这一哲学奖项起，我就开始实行"只奖不评"的办法。凭什么呢？就凭分数。仅凭分数也不是没有问题，但正如高考一样，在尚无新的办法之前，就实行分数面前人人平等。以后改革了再说。

这样，我就又采取了一项措施，把哲学课列入如计算机、体育、英语一样的全校学生必修课。这样，我就也实行了全校哲学统一考试。考分最高的4名学生受奖，若有并列再加试其他。于是，哲学奖设立之后的"只奖不评"就开始了。

我在湖南涉外经济学院任校长时，将"只奖不评"又进一步推行开来。一是减少评比项目，二是对主要奖项都实行"只奖不评"。例如"三好学生"，我认为只要一好就够了。如果说思想觉悟，对于读书的学生而言，有什么比努力读书更能体现觉悟的？成绩好、分数高，不能肯定觉悟很高；但是，不好好读书就肯定觉悟不太高。至于品德，我觉得，在基本的方面没有问题就够了；更好的品德修养，在学校就是打基础，充分的显现在未来，不必把要看未来的事早早列入尚在为未来而学习和读书的学生身上。

这样一说，我又联想起在多次政治运动中，尤其是"文革"中批判我走"白专道路"的经历。我确实是热爱专业，也属于用心读书的，可是总被批判为"不红"，于是就"白"了。

1978年之后，这个当年走"白专道路"的人，竟被委任为党委书记了。我想,其条件之一就包括我一路走来,都努力做学问,学好专业。我不认为离开了这一点的学校教员会是品德更高的。1978年之后,这一类事很少发生了,但相关的影响依然存在,乃至于我做了校长以后还做了一些工作。

只奖不评,命运就掌握在学生自己手里了。比如说,谁考了全校第一名,奖学金就必然有了,用不着讨了,用不着"找关系","关系"介入不进来了。

只奖不评用于教师,也能让教师掌握自己的命运。我认定,教师表现优秀的主要指标是学生学得好,学生喜爱其所学,并可将此具体化,适当量化。

我觉得,只奖不评就是一项改革。评不是不存在的,教师给学生打分,就是评,但谁都不觉得这是额外的评比。又比如,一定时段内学生评论教师,也是正常的。不超出正常,不使之功利化,评的合理性、必要性就存在着。

由哲学说到哲学奖,又扯到了"只奖不评"。

看来,我会与哲学相伴到永远。这只是我个人的"永远",即到我停止了思考的时候,那就是到达了永远。并且,我会更自觉地与之同行,它恩惠于我,我投身于它。

## 十四、谁管读书人

就接着开始讲更广泛的教学改革吧,这个问题牵涉面很广,可能要有多次的讨论,这不仅仅是哲学教学的改革了,其实对于哲学教学改革,还有许多问题没有论及,例如内容、方法等方面的改革。

首先讨论,教学由谁来管?

学生是读书人,教师是读书人同时还是教

书人,教学活动就是读书人的活动。教学管理在很大程度上是管读书,管读书人及其活动,谁来管?

应当是读书人来管吧,至少是由喜欢读书的人来管吧,还应当是曾读过书,目前还在读书,且爱读书的人来管吧。不一定是最会读书的人,但一定是知道读书意义的人、特别尊重和爱护读书人、对读书有感情的人来管教学吧。

"行万里路,读万卷书","书中自有黄金屋",我们民间就流传着对读书意义有深刻认识的说法。

培根说"知识就是力量",记得曾有过一份杂志,就叫作《知识就是力量》。然而,在那个史无前例的时期却有了"知识越多越反动"的可怕说法,同时,这也是我们民族经历大灾大难的时期。此后,邓小平在改革开放之初,就提出了"尊重知识,尊重人才"。我曾说,这是一个令人欣喜却又有几分悲壮的口号。令人欣喜的是我们社会终于扭转了藐视知识、不断打击知识分子的局面;悲壮的是,这个在全世界都不成问题的问题,竟在我们这里严重存在过。这就是20世纪下半叶以来我们亲历过的历史。

"知识就是力量",这个话虽然仔细看来有片面性,口号一般都难免有片面性,然而,从历史的角度看,弗朗西斯·培根的这一名言,对于近代科学的发展起了重大作用。人的力量来源于多方面,但知识是一个必要的基础。

关于创造力的问题有许多研究,创造心理学也就成为极重要的学科。这里,我们仅谈谈一个人的输入和输出的关系,这只是关于创造的问题之一。

读一百本书甚至更多书,却写不出一本书来,这大概就接近"书呆子"了,或者是可爱的"蛀书虫"。

读一百本书,能写出一本书来,至少是脱离了"书呆子""蛀书虫"的行列。这在很大程度上还要看书的质量。不过,质量如何,并不是任何书都可以立即看出来的;至少还有编书和著书的区别吧,关键在于,书中有多少真正属于自己的东西。

读一百本书能写出十本书来,且颇有见地,这就是很了不得的了,是真有学问的人了。

有没有那样的情况:几乎没读什么书,却写出了很好的书?我相信会有,至少那种被称为天才的人在此列。在我特别熟悉的领域,如数学和哲学,就有这样的天才人物。他们的贡献也是特别的。恩格斯就曾称古希腊一些哲学家为天才。

我想想自己,显然我不在天才之列,且距离遥远。我读过的书不少,也难准确地说出读了多少书。粗略地估算,算一千本吧。我自己著了多少本?这个数字很清楚,把编的也算在里面,大约 100 本;真正属于著的,70 本。也就是读一百本能够写出半本多一点来的情形。算是做了一点学问的人。

还有一个因素要考虑:你写出了几本是别人从未涉及的题目?又有几本是别人虽涉及,但你却有自己独到见解的?也就是:创造性究竟有多强?有没有属于原创的东西?我有可以称得上原创的东西吗?虽非原创却也独到的,有吗?

我的著作(不计论文),相信在独到这一点上没有问题;有没有称得上原创的呢?

我的课程哲学(即《课程与教学哲学》)由人民教育出版社出版,到现在 12 年了。在中国,至今尚未见同类著作;据我所知,并询问了另一些学者,好像国外也没有。这算不算具备原创性质的书呢?

我的《高等教育哲学》及《高等教育哲学通论》分别于 2004 年和 2010 年出版。至今,在国内尚未见同类著作。这算不算在中国范围内的原创著作呢?

由谁管读书人的问题扯到了创造力的问题。管的结果应当是,让读书人更富于创造。我专门讨论了一个小题目:"我们第二"。第二的我们应当怎样做呢?不能做读书的局外人,应当至少在尊重和爱护读书人的人的行列里;最好,第二的我们也很热爱读书,在行政岗位上也不忘读一些书。

如果这样,我们这些人的作用也会更大,我们的学校也可能更为兴旺,学术更为繁荣。乒乓球界有一个被称为"千年老二"的王皓,他就备受尊敬。竞技场上,许多冠军都明白,是因为有了亚军,冠军才存在的。在大学管理层的人会不明白类似的道理吗?我本人虽然也做了一些学问,但有两件事,我不会忽略:第一,作为校长,我优先考虑的是让全体教师的学问做得更好;第二,正是长期的校长工作,给了我更多的感悟,让我见到更广阔的世面,让我有了更多的机会和条件来做学问。

这两件事又证明,在切切实实把自己摆在第二的位置上的时候,不仅做好了本行,也十分有利于做学问。事实还证明,在校长岗位上的经历还为我直接或间接地提供了大量课题,有利于我在学术上持久地工作,那是一个重要的学术源泉。我1986年之前只任党委书记,从这一年开始兼做校长,亦曾单做校长,兼的时候比较多,尤其是1995年至2000年,都是两职兼于一身的。这让我有了更多的学校工作感悟。

1994年,我写了一本《校长学概论》(北京师范大学出版社出版),八年的校长经历就让我写出了一本校长学。如果说我在做管理和做学问上都有所长进的话,那或许可以叫作双丰收。最好的结果算不算双丰收了呢?这只有让事实去说话了。

我不仅自己在行政岗位上坚持做学问,而且希望所有的干部也能这样。不能在管理工作上干了多少年之后,只能说出一些经验而说不出一些道道来,这对工作本身的提高也不是好事。所以我还专门办了一个内部刊物,就是供行政干部发表工作研究心得的,把经验提升到理论。

当初,我拒绝了去省府工作,这种拒绝所依据的想法,还是希望把学问与管理结合起来。我在学校做校长,没有什么能妨碍我实现这种结合,除非我自己;而我自己恰好自觉地实现了这种结合。现在,似乎学界的朋友们普遍认为,我的校长工作做得还不错,同时,认为我的学问做得也还可以。

## 十五、百名博士

在我走上管理岗位之初,就提出了两个"千方百计":千方百计改善办学条件,千方百计建立一支高水平的师资队伍。我应当明明白白做校长,这就要有自己的想法,我当初想到的,也是最先想到的,就是这两条。

不料,立即有人质疑:怎么没有千方百计坚持正确的办学方向?应是三个"千方百计"吧?

我没有理睬这种质疑,只在心里反驳它。有离开了具体目的的追求和实际行动的方向吗?哪里有一个纯粹的无内容的方向?提高办学水平,培养好学生,为国家输送人才,并由此而奉献社会,这不是方向吗?否则,方向在哪里?

1978年之后,针对长期的"假大空"提出过一个口号:"空谈误国,实干兴邦。"不知是谁提出的,但这个口号我记得很清楚,并且作为一个条幅用玻璃框框着挂在学校的二楼会议室里。

其实,谈还是要谈的,不能空谈,不能只说不做;实还是要实的,但虚也不可少。虚怀若谷,又脚踏实地。即使有这样的口号,也大可不必写出来挂在墙上。

在我任校长期间,一直把师资建设工作摆在头等重要的位置上,这相比于改善办学条件更为重要。师资本就是最重要的办学条件,没有好的师资,谁愿意为你投资?没有好的师资,优秀学生怎么会报考你这所学校?

师资建设不只是调进调出的问题,再提升的培训工作,师风师德的建设工作,繁荣学术的工作,有关的晋升及劳资工作,对外学术交流工作,都在其列。工作内容多,我的相关思考与活动也就多。在所有学校工作项目之中,这自然也是我和我的同事们投入最多的。当今,一切竞争中优先的,都是人才竞争。办大学也如此,看谁能吸引优秀的人才。

大约是在1984年前后,我在办公室设立了一个信息科,就是搞情报的,三人组成。哪个学科在哪些大学最强?哪个大学在哪些学科上较强?各个相关学科有哪些优秀的教师?具体到有名有姓的人及相关的资料,都尽可能掌握。事实证明,这些情报极大地帮助了我采取对策和相关行动。

例如,当年,全国267所师范院校,在师资队伍中,具有博士学位的共200人,其中100人集中在北京师范大学。其他院校平均不到两人。我所在的学校教师中,无一位年轻教师具有博士学位,只有一位年已古稀的教授是在国外取得博士学位的。

那时,我就下决心,花五年左右时间让教师中有博士学位的达到100人,即达到五年前北师大的那个数量级。即使在领导层,也对我的这一目标将信将疑。那时,对我的信任度也还很有限,你办成了几件事?凭什么相信你?

大约在我任校长十年后,情况又走到了另一端,我所确定的目标,无论理解不理解,大家都相信了,即使有很大困难和疑惑,他们都相信了。其实,这种状况比当初的将信将疑、不太信任更危险,危险的是我的盲目性增加。但我明白这一点,因而时刻警惕自己头脑发热,因而更注意民主决策,更注意决策过程,更注意增加必要的尝试阶段。想要零风险,那是庸人;冒过大的风险,那是莽撞。我把激情与理智一起融入学校的管理和发展中。

后来,不到五年时间,我的目标达到了。

其实,就在1984年,我在北大、北师大都看到博士毕业生愁就业的情形,那时看重博士的学校并不多,博士行情并不紧俏,甚至有点冷落。我记得当时有一位中国语言文学专业的博士正在与北京的一张小报联系谋职之事。

我的判断是,北京冷落的行情,对我来说却是难得的机会。等到行情上涨,困难就大得多了。

当时,我向校长办公会提出了一项政策:凡来校的博士,每人1万元安家费,老婆随调,两室一厅的住房一套(只是租用)。学校管理层最大的疑惑是1万元,百名博士100万元,财政拮据的学校从哪里来100万元?我的回答是,借钱欠债也要干,并且,在我看来,没有人才就来不了钱财,不能等到有了钱以后再说。

我曾写过一篇文章,叫做《财从才来》,主要不是才从财来,而是财从才来。我的思路被后来的事实证明是对的,当然也是积极的、有活力的。优先看重人。

只要我们不乱花钱,节省行政开支,100万元问题不大。问题还在于这三项措施加起来究竟会起多大作用?真有吸引力吗?对此,我有必要稍做解释。

当年,农村有一个"万元户"的说法,就是说,有1万元的家就是有钱人了。若有博士来师大,一来就成了"万元户",这多少还是说得过去的了。

那时读博士的人很多来自农村,有的曾是"知青",因此,许多人讨的老婆就在农村,有些就是农民。她们能跟着博士丈夫随调,这当然也是适时的一条。

还有两室一厅的房子,他们何曾住过?所以,也是可以让人动心的一条。

不过,当时也有一说:宁要北京一张床,不要长沙一套房。不过,百分之八十的博士这么想,也还有百分之二十的想法不一样吧。何况,我们不只是一套房,还有配套的措施,三方面一起发挥作用,还是有效的。

欠了100万元债,如果进了100名博士,学校面貌就会发生极大变化。这笔欠债合算吗?并且,由此,我的财源确实大大开通了。一时的困难,大家自然能够忍受了。没有一点未来眼光,能在大学站稳吗？能混得下去吗？

有了100名博士，我就有底气了，想做的许多事情，能出手的就可以出手了。

还有一点要稍加说明。20世纪80年代，是中国历史上首次自己培养博士，各方面都高度重视，谁敢懈怠。甚至，世界上许多人也看着呢。此外，我们一批资深的教授还在，并且这些博士是一批整体实力很强的大学培养的，所以当时的培养质量是有保障的。也可以说，我大量引进博士是可靠之举。100人中有没有一个不合格的，我不能保证，但是八九成没问题。后来一二十年的历史证明，这些人确实为学校写下了灿烂的篇章。

有许多人是从结果上看的，例如，一所条件比较差的大学竟然进入到了"211工程"的行列。大多数人不太注意这个过程，而我们的努力就在这个过程中。在这个过程中，我们几乎是只问耕耘、不问收获的，收获又自然在季后。

如今博士培养的状况如何了？我没有详细的资料，并且也不想去搜集资料。也就是说，我不打算去评论。现在，我自己在指导博士生，凭着自己的学术良知，努力把博士培养好，这就是我今天要做的。并且，我相信，我不会因为已有了很多培养的经验而放松自己，何况，仅凭经验是不够的。

## 十六、来去自由

在人才政策上，我采取了一项叫作"来去自由"的人事政策。也即刻遇到一些议论，你能来去自由吗？

为什么常有议论或质疑呢？一则，人多议论多，何况，大学里都是一些爱想爱说的人；二则，我所采取的一些措施或对策，多少也出乎一些人的预料；三则，人们大都知道，我喜欢议论，也非常欢迎那些议论的人，他们于我特别有助。

议论的焦点在哪里呢？有些人认为，北大、清华一类的大学的师资来去自由没有关系，不愁没有优秀的人员进入；湖南师范大学能吗？即使优秀的人来了不也会跑掉吗？水平低的走不了，水平高的进来了也可能自由地跑掉。说得更明白一点，就是认为水平低的学校不能来去自由，只能用卡人的办法；只有水平高的、财大气粗的大学才能来去自由。但是，我真的不这样认为。我对那种用不放档案卡人的办法尤其反感，对于这种档案制度，我也肯定是不赞成的。

我谈谈对来去自由的理性分析。

第一，人员调动涉及调出单位、调入单位和当事人三方。我认为，权利最大者是当事人，而不在单位，当事人不是两个单位之间的交易或筹码；当事人拥有最大的自由，如果两个单位都不很理想，还可选择第三、第四个单位。

第二，越是条件相对较差的学校，越应当实行来去自由的政策。一来到你这里就被卡死了，别人想来试一试的可能性也更小了。来去自由，别人就可能来尝试一下，觉得不行就拜拜了；觉得还行就留下，留下后还是发觉不合适，仍可离开。

第三，实行卡人、卡档案等限制措施，人事处的工作人员就容易工作作风简单，甚至粗暴。一旦来去自由，命运握在别人手里，人事处就不敢这样了；如果校长还要求人事处不断改善和提高师资队伍水平，又实行来去自由的政策，人事处就会改善作风，原来是别人求它，现在是它求别人了。用不着做什么思想工作，制度一变，人事处的作风立即好起来了。我们的人事处后来还兴出一个"一条龙"服务的办法，从新职工一入校起，把报到证一交，其他均由人事处帮他办理了，不必一个一个部门跑，盖章啦，排队啦，求爹爹告奶奶，最后住在哪里、落脚在何部门或学院，全安排好了。

事实证明，来去自由引起了机关工作作风的深刻变革。人事制度的改革当然还不止于此。

我讲几个实例吧,也以此回答:我真的是实行来去自由的政策了吗?自由真属于当事人吗?

周定之教授,是我们学校资深的英语教授,由于年事渐高,想到距离女儿近一点的单位去。她的一个女儿距中南工业大学(今中南大学)较近,于是她想调入工大。当时工大的校长王淀佐深知他们英语缺少带头人,于是也急切盼望周老师能到工大任教。

我毫不犹豫地表示同意她去工大。但我有一个预测,周老师去了工大之后会回来的,不过,我也不会挑明这一点,只是做了一些预案。例如,我对周定之教授说,工大给你什么待遇,这是他们的事;至于师大,你的一切都不变,档案也将留在师大。我的理由很简单:"你为师大工作了几十年,贡献多多,因而,你在师大的待遇一点也不会变。"

但周老师有很大疑惑,她说:"我相信你,但是,下一任校长还会像你这样对我吗?"所以,她坚持档案要放到工大去。为此,我力劝她,并保证,我在任时就做好备忘,用制度的方式确定今后也不变。这样,她接受了,虽然多少还有点勉强。

不到半年的时间,周定之老师就要求回师大。理由也很简单,在工大,是可敬不可亲,没人聊天,没人相互探望。因而,工大有的是尊敬,没有的是亲近。

在师大,则是可亲可敬,她的同事,她同事中的学生,她在读的学生,都不只是尊敬她,而且亲近她。于是,她觉得必须回师大。而这一切均在我预料之中。因为档案、工资都没动,所以,回来也非常简单,无须再办任何手续。

周定之教授如今已90高龄有余,依然健康愉快,而且,总是不忘让她的学生转告:"感谢张校长。"实际上,是我深深地感谢这些为学校做出了重要贡献的教授们。让我感到欣慰的是,在这个过程中,我把理想与情感,连同可能的智慧,一起献给了学校,献给了这些可亲可敬的教职工们。

黄轲教授是位油画家。我深知在诸画种中油画的地位。美术的基本功在素描与色彩,在画种中,国画、水彩画等的地位也很重要,但均莫过于油画。

然而,黄轲每到初冬耳朵就疼坏了,很早就套上护耳套,也解决不了多大问题。于是,他想往南走,正好,海南大学要人,于是他决定去海大。我虽深知黄轲的重要影响,但我也未犹豫,在他提出要去海南时,我虽表示真诚的挽留,但也未坚决阻止,仍然还是那个思想,来去自由,决定权在当事人黄轲自己。

在黄轲举家南迁时,我派了一辆大卡车,把他家的行李一直送到去海口的海岸边。黄轲念念不忘他工作过的湖南师大,也一直与我保持着交往。我还觉得,他不忘师大是一方面,更重要的是,我作为学校的代表不应忘记他。

还说说张京浩老师吧。他是湖南人,他夫人是上海人,夫人想回上海,上海很发达,但也需要人才,包括内地人才,像张京浩这样优秀的教授自然也会要。常说夫唱妇随,现在也有妇唱夫随了,张京浩要随夫人去上海了。

我也安排了车辆为他送行。在送他的小车将要开动时,一个人站在了车旁,那就是我。他十分惊讶:"张校长还来为我送行啊。"我绝不是那种只对来受聘的人表示欢迎,而对离开学校去其他单位的人不理不睬的人,那不是我。

邹寿长为了去深圳谋职,半个月未请假离校,人事处按有关规定,15日旷工便要除名,即开除,且在档案里要留下一笔。开除的事,需经过我,我得知后,对人事处长文端开说:"送他走吧,档案里不做任何记载,更不要开除了。"本有规章,人事处除名也是照章办事,可是,我却"人治"了一回。奇怪的是,从此以后,再没有发生类似的事情了。

多年来,邹寿长一直担任师大深圳校友会会长,为他的母校做了很多事。

关于人事政策,上方有一个"合理流动"的说法,在这里,我把它

改为"流动合理",即流动本身就是合理的。为什么呢?理由有:

1. 前已指出,当事人是流动的第一权利人。

2. 人才只有能自由流动,才能达到合理配置,才更可能做到人尽其才。

3. 社会越发达,人的选择余地越大。

4. 不同工种的兴起和衰落更为频繁,人的一生中在七八个行当里工作过的情形,早在发达国家可以看到了。我为什么不先走一步呢?

## 十七、流动合理

进一步谈谈流动合理及我的相关变革实践。

我的人事工作基点是建立在流动合理的理念之上的。但我的工作目标显然是发展和繁荣学校,因而,我虽很淡定,但对人才绝不会任其流失。我的工作不是强行卡人,而是创造好的环境和条件,让优秀人才愿意来且不愿意走。

我迎来过不少教授、博士,也送走过不少人。清华大学要调我校的卢风,教务会上都不赞成。我认为,来去自由,清华要人,其他学校要人,一律放,决不能卡。

我曾多次说过凌宇教授的故事,这里我还是想将这个故事拿来一说。

凌宇教授师从北大王瑶先生,从事当代文学研究,主要研究沈从文。据说,当时凌宇的地位,在中青年学者中排行第二。南京师范大学动了心,想把凌宇"挖"去,一旦去了南京师大,他们的当代文学研究水平就可上一个台阶。

为了调入凌宇教授,南京师大有气魄,开出了不菲的条件。消息传到了我们学校领导层,也惊动了领导层。凌宇能走吗?来去自由还实行吗?校长办公室开会了,怎么办?我等大家发言,却迟迟不见人说话,于是,"还是张校长想个办法吧"。有很多传说,我在学校里是铁腕人物,一言九鼎,说一不二;然而,跟我同事的主要负责人,无一不认为我非一般的民主,十分尊重他人意见,尤其尊重与自己不同观点的意见。不过,我也绝不会向人去解释,去说明我并非铁腕。我确实是很淡定的,凭着良心与理智去做就是了。独断专行,与我不可能有缘,无论从理论上、习惯上、性格上,它都与我格格不入。

所谓铁腕,大概就是铁腕很有力吧,难道不需要有力吗?问题在于:真正强大的力量从哪里来?我在学校行政岗位上,在两所大学先后工作共30年,靠独断专行混得下来吗?服理而不服力,绝大多数的人如此,你比这个绝大多数更有力吗?

理解和信任固然是重要的,怀疑和质询更重要,经得起敲打更重要,同时,那些经过质疑的意见、观念和具体政策,也才立足更稳,才能得到更有效的实施。

在等待了足够的时间后,我开始分析一些情况。凌宇时下的年薪是4万元,与南京师大开出的10万年薪差距太大。从各方面的因素考虑,又不可能一下子把凌宇的年薪提到10万元,于是,我建议,将凌宇的年薪提到7万元。

疑问还是来了:7万元打得住吗?一旦打不住,即使再加,效果也不好了。

我不能有绝对把握,但觉得有相当把握。接着又须确定,谁就此与凌宇商谈?大家又推我,"还是张校长去谈吧,张校长跟凌宇也最熟悉。"

凌宇是个抬着头走路的人,人们说他的眼睛长在眉毛上,似乎有道不尽的傲气。其实,这是表面现象。

我观察过,从北大毕业来的教师,几乎个个傲气。不仅如此,我看到每个学科、每个专业里,对那些学术水平最高的,有一个共同的评价："水平是高，就是太高傲了。"这种普遍的现象，让我思考一个问题：他们是因为水平高而骄傲，还是因骄傲而水平高？北大是因为水平高而培养了一些很傲气的人，还是因为培养了许多傲气的人而水平高？并且，我确实不太相信骄傲使人落后的说法。

由此，我还生出了一种大学理念：让我们的教师能为自己而骄傲，为自己的大学而骄傲，为自己的民族而骄傲，并且培养出大批骄傲的学生来。

我十分高兴，我们学校有凌宇这样的一些出身于名校的、很有傲气的教师。出身于一般大学的，也有这样的人，只是少一些而已。我要让我的大学也能培养出这样的人，大批这样的人，这是真正的成功，也是最不易获得的成功。

在我跟凌宇谈论相关事宜时，我单刀直入，说："我们打算把你的年薪提到7万元。"他事先并不知道这一决定，却似乎心中早就有底："张校长，你不必说了，我会不满意吗？"这个议题就戛然而止了，聊另外的一些事去了。

后来凌宇谈到相关的事情时说，我到张校长的办公室可以破门而入，可以谈天说地，无话不说。到南京师大后，能有张校长这样的校长吗？即使有，达到可以破门而入、无所不谈的地步，可能也要个三五年吧，到那时，我也老了。

这个故事，当然进一步说明我们的来去自由政策是实实在在的，同时，这项政策更重要的方面是它的积极意义，是由此而使学校的管理更有活力，使师资水平更好地得到提升。这一切，相信都是那些僵硬的做法所难以企及的。曾经是僵硬的，就需要变革，人事工作上的改革是学校改革中极其重要的一环。我从不相信，靠简单的、缺乏人性的做法能办好一所大学。

凌宇的年薪提到7万元之后的连锁反应，我是必须预计到的，这一类的预判是管理者起码的能力。顾此失彼是一大忌，这会让自己经常处在被动之中。

刘筠院士碰到我了，他说："张校长，你把凌宇的年薪提到了7万元，这个我理解，但你知道我的年薪是多少吗？"我预判之中最可能出现的问题出现了，我说："我当然知道你现在只有5万元，然而，当凌宇已到了7万元的水平时，你5万元年薪的变化不是会加快吗？"其实，我心中有愧，财力不够，院士的年薪竟然如此之低。我要加紧改善学校财政，开辟财源，像武训那样去讨钱也是必需的，甚至要比武训做得更好。

我知道，武训问题在1957年之前就成为江青注意的一个典型，江青、武训都是山东人。而武训则被作为地主的奴才、向知识分子献媚的典型予以批判，遭到鞭挞，江青把她的同乡，已故的同乡，还拿出来批判，以便为日后旷日持久地整治知识分子做好准备。这已是历史，但历史早已翻开了新的一页，如我这类的人，不必再担心成为受批判的武训了。

刘筠院士学问甚高，又通情达理，在听到我的说明之后，他就说："我听你的。"这句话是他常对我说的，几乎是一句口头禅了。师大的老中青教职工都相信我，青年教师中还流传一个说法："张校长所做的事，我们往往要过三五年后才看出其意义来。"这种信任，对于做好工作是十分重要的。可是，这种信任并不是我任校长之初就立即出现的，至少是在任职五六年之后了吧。

刘志辉虽然言语不多，但是思想很敏锐。他曾对我说："不宜轻易地做出承诺，承诺了的事必须兑现。"我后来还加了一句，一旦因为出现了一些未能料到的困难而没有兑现，需迅速做出说明。日积月累，我们才在教职工中得到了宝贵的信任，这种信任有利于我们克服困难、推进工作。

事情又可能走到另一面，由于受到信任，自己很少被怀疑、被质问，又可能陷入一种盲目，在决策上粗心大意起来，忽视创造必要的条件和做好预先的工作。长期保持决策不失误或只有小的失误又能及时矫正，这是我能持续18年执掌学校并使学校走向稳定发展和学术繁荣的必要且重要的因素。

记得当年湖南省的财政,在全国排名第 24 或第 25 位,算是财政穷省了。但我们作为一个单位,需要造成局部的富有,办学不能只靠钱,但钱太少了肯定也不行。作为校长,筹钱的工作不是第一却也是优先的工作。

那时,省财政还是保证教育厅的基本需要的。当年,省属高等院校约 80 所。除了事业费和专项经费外,教育厅的"抽屉"里还有一点,这是由厅里自由支配的。显然,他们会选择一些最值得投资的单位。哪些单位或高校最值得去投入呢?最值得花"抽屉"里的钱呢?这就取决于他们的判断了。

北京来人,在考察或参观了中南工大和湖南大学之后,对于湖南省省属的学校就愿意看看湖南师大了;不过,这已是 20 世纪 90 年代初之后的事了,这时候,师大真有点东西可看了。前面提到的教育部副部长韦钰两次考察就是典型一例。

这种状况,这样的事实,当然就使得教育厅更愿意把"抽屉"里的钱投给师大了。

我还想用事实说明"财从才来"而非"才从财来"的道理。当杨正午就任省长时,他首先考察的大学就是湖南师大。"新官上任三把火",我希望他有一把火能烧到师大来。在他来考察之前,我们行政管理层曾商量让他来时主要看什么。

看看破旧的学生宿舍?看看"贫民窟"?这叫作讨米,最多得到一点施舍而已。

我们确定,集中 100 名中青年教授、博士,分五排站在图书馆大厅,让杨省长一进门就看到这支"威武之师",我作为校长向他一一介绍,这是广州来的博士,这是上海来的教授……他听得津津有味,便对陪同的省府秘书长翁辉说:"都说湖南省不能吸引人才,这不也吸引了不少吗?"

翁辉是个直性子人,当场就批评教育厅管高校的官员,你们连大学的院长、校长的名字都喊不出,人家张校长如数家珍,一个一个博士和教授都喊得出名来,还说得出从哪个地方、哪所大学来。

随后,我们进一步提出了学校用钱的问题。有了才(人才),才有底气去谋财。公办学校主要靠政府投资,有少量捐赠,这也不容易,但不易、量少也得去谋。

## 十八、学武训

除了争取政府的投资外,只要有机会,我也努力争取私人资金的赞助。在美国,大学校长的一项优先的使命就是为学校筹钱。美国社会有捐赠的传统,它良好的制度设计,也有力地促进了捐赠事业的发展。例如,马克思、恩格斯在《共产党宣言》中对未来社会的设计中提出的"高额累进税""高额遗产继承税",美国基本上都采纳了。而那些富翁们捐赠的走向,一个是慈善事业,一个就是教育。美国大学校长们有所作为,也与这个环境有关。

我所争取到的两笔较大的捐赠均来自香港。香港为什么有热衷于捐赠的人?这一点,我说不大清楚,因而,就只说说有关的事实,就事论事。

第一笔捐赠来自香港的邵逸夫先生。我们获得的是500万港元,而厦门大学获得的是300万。厦门大学比我们学校名气大多了,教育部直属,为什么比我们所获还少呢?他们有人曾提出疑问:是不是我们跟邵先生有什么亲戚关系?

厦大有疑问也比较自然,但是,我们与邵先生及其家属无任何特殊关系。我想,很可能是我们的一些做法给他留下了良好印象,甚至感动了他。

这个项目,邵先生的总捐赠是1亿港元,捐给内地20所大学,北大、清华各占了 2000 万元，其余 6000 万元就由另 18 所大学分得了，大多数也就是 100 万港元。

这个项目由教育部港澳办主持，启动时已是过小年的前一天了。谁都不打算年前去港澳办了，我们却例外，就在小年那天我和陈元魁（省教育厅计财处处长）、王大年（师大图书馆馆长）一同到了北京，次日上午就跑教育部。那时，整个办公楼都已关门大吉，很巧，港澳办的王忠烈主任在，管此项目的王副部长也在，我们是在部办公楼里见到的，恰是我们想见的。

无巧不成书。这给他们两人留下的印象极深，这个消息也传到了邵先生那里。我们有理由猜测，我们的这一举动，是邵先生决定给我们较多捐赠的主要原因。

还有一个事实可以支持我的上述猜测，那就是邵先生从香港直接抵达长沙，参加了我们新图书馆（亦称逸夫图书馆）的竣工典礼，这是罕见的。

邵先生的这 1 亿港元，主要是用于支持内地相关大学的图书馆建设。得到港资捐助后，省政府立即配套给予经费，使工程所需的经费迅速落实。

为进一步落实，教育部在次年开春后的 3 月开了有关学校负责人的会议。会后，教育部发展规划司的王司长（也姓王）曾询问我："你们每平方米造价打算是多少？"我立即答道："800 元。"他非常满意，为什么呢？少了不行，高了不必，那不是修酒店、建宾馆。这样，总造价也就是 1100 万元到 1200 万元。

再说到田家炳先生，这是香港的另一位实业家。他也大量捐赠给内地，项目集中在教师培养上，对于大学，则主要支持教育科学学院的建设。

首次见到田家炳先生是在长沙，那是一个晚上，我到了他落脚的住所。他来长沙就是为了落实已确定的一些项目的，而我们则还只是与他初步接触。他已有意支持我们教育科学学院的建设，但是，他对我直言:"张校长,眼下我已没有钱了,但我即将出售一栋房子,我一定从出售的资金中给你们一笔经费。"他说得是如此真切,如此诚恳。后来,一笔300万港元的资助很快落实下来了,相关工程也就于2000年开春后不久启动。

主持这栋大楼选址的是田先生的一位顾问卢先生(卢乃桂),是他到现场来选定的,我曾提供了三个选址方案,其中一个是建在外国语大楼的南端。最后确定的是建在湘江边,有直通江海、直通世界之意。

为了落实这个项目,我先飞广州,接着又飞梅州,从梅州驱车两个多小时,到大埔,再从大埔经一个多小时的行程,到达田先生的家乡。这一次,陪同我的是周俊武,他很熟悉我的生活习惯,照顾我颇多,且十分贴切。

毫无疑问,在我的这一趟行程之后,此项目就完全确定下来了。很巧,这个项目开工典礼后不久,大约一两个月吧,我就卸任校长职务了。这也算我最后一次为学校讨钱,像武训那样讨钱办校的事情,我也就做到这里了。

前已说到,因为转入学校行政工作,我研究的方向不得不由数学转到了教育学。在我卸去学校行政职务后,至今已15年了,我没有再踏进校办公楼一步,我全部的学术工作都落在了教育科学学院,我所踏进的,不再是办公楼,而是教学楼了,我的脚印也就深深地留在了这座后来叫作田家炳书院的楼内。

有一点还可补充说明的是,后来,我和我的同事们为教科院争取到了多项课题经费、重点学科经费以及学位点建设的经费,总数亦已大几百万了,有可能在若干年后超过1000万元。用这些钱,我大力支持改善了教科院的实验设备、办公条件和其他办学条件。当然,我自己也有了充足的学术活动经费。

这不也是弄来的钱吗?但这与讨钱的性质不一样,与争取邵先生、田先生的捐赠不一样。在很大程度上,学科经费是我们从学科建设工作中所得,而投资者不是支持你修房子、建大楼,是支持你从事教学和研究、培养人才和发展学术。邵先生、田先生的捐赠是不需要回报的;学科经费则是活钱,是要拿出成果来才能交账的,否则,研究经费的财源就可能中断或枯竭。

事实上,我和我的团队,这些年来,不仅担当着千名以上学生的教学,发表了大量论文,也出版了很多著作。也可以说,这些成果的绝大部分就产生在这栋楼内。宽裕的教学用房,相当先进的教学设备以及良好的办公条件,支持了学院的发展。

我在数学领域里,只为本科生、硕士生教过课,指导博士生的工作,则始于教育学。我在教育原理、课程与教学论、高等教育学三个领域里开展了教学与研究,并在课程与教学论和高等教育学学科上了培养了博士生。我培养出来的博士已近60人,硕士更多一点。我一直坚持给博士生讲课,并且主要的课程都是用我写的著作。

由于上方有规定,一个人只能在一个二级学科上指导研究生,这样,近几年我就只在高等教育学上指导了。我们首开的博士点是课程与教学论,其后才是高等教育学,再后,整个教育学的一级学科我们都有了博士学位授予权。

我所指导的博士、硕士共百多人,然而,培养他们的,仍然是团队的力量。

人们常讨论,是先有鸡,还是先有蛋?如果把被培养的博士比喻为蛋,培养他们导师就好比鸡了;此刻,似乎类似的问题没有了。有导师,才有被指导的博士,而导师并非学生们孵化出来的。我本人就算一只鸡了,却不是从蛋里钻出来的。

是先有学生,还是先有先生?博洛尼亚大学的历史可以告诉你:先有学生。那时的大学叫作"学生的大学",这种状况持续了一二百年才发生变化。

博士的培养,最早起源于欧洲。这可能是欧洲近代以来学术繁荣的一根重要支柱。美国人从多方面学习了欧洲,并且真正算得上是创造性的学习。这种学习,与政府无关,都只存在于民间,存在于学校,且主要在学术领域。美国大学内的管理体制则与欧洲有很大区别,那不是从欧洲学来的,而是美国的独创。

## 十九、遇挑剔

本想把本节标题定为《遇挑战》,仔细想来,觉得还不必这样下笔,叫作《遇挑剔》足够了。

变革,改革,遭到怀疑、非议、挑剔、讥讽、嘲笑,这都不足为奇,我们早有准备。没有想到的是,一位教育厅的副厅级干部的态度很特别。恕我不点出其名字,甚至不必挑明其性别,权且以"他"相称了吧。这个名字的价值,我们也不必多听议论了,只说说某些相关的事情吧。

那位副厅(谨以此相称了)在我们引进大批人才之初就提出疑问:"你们引进的都是二流三流的吧?"偏见比无知走得更远。那梁宋平是生物学界在蛋白质序列研究中名列前茅的;那凌宇在当代文学研究领域是当时中国的第二号人物;那肖建斌是毕业于复旦大学的高才生:这都是二流三流的吗?面对这些事实,他哑口无言了,但偏见依旧,知之也无法消除。

接着,他又说:"啊,都是湖南出去,又回湖南了的。"有一句话可能他未说出口:不回湖南就没地方去了。就这三位而言,这位副厅说得也还不错,梁宋平家在常德,凌宇来自湘西,肖建斌是永州人,不都是湖南人吗?

可是,我们有来自云南的郭晋云,被北京誉为南方在代数领域里的代表人物;我们有来自安徽的卢风、邓安庆这样拔尖的哲学教授;我们有来自江西的在哲学和英语领域都十分优秀的黄振定(后来他任教于我们的外国语学院)。

"啊,都来自贫困的省份。"这位副厅的偏见可以走这么远,连来自穷地方这一点也看出来了。可是,做学问与贫富有什么关系吗?沈从文、黄永玉等大家不来自贫困的湘西吗?就算湖南属于穷地方,不是也出现过王船山、谭嗣同等许多思想家吗?怎么出生在穷地方的人就不能算人才了呢?优秀的也不优了?

好,再看看,我们从上海引来了上海生、上海长、上海念完博士、上海评上了教授的徐麟到湖南师范大学,尽管有别的一些原因,但总不至于是因为上海穷而湖南富的缘故吧?

还有东北人,广州外国语大学的宁春岩,我国对乔姆斯基语言学最有研究的人,也来到了我们学校,那也是因为广州穷吗?实际上从武汉等一些较之长沙发达的地方也来了一些人才。见到这许多事实,那位副厅沉默了,但很可能是暂时的沉默。

令我们不解的是,怎么一位主管高教的副厅不愿意看到高校的发展?我们还怀疑,是什么不寻常的原因让他走上了这个岗位?据说上面有位领导很欣赏他的口才。但是,口齿伶俐与管理高校怎么能直接挂钩呢?民间能说会道的人多的是,都能弄个副厅当一当吗?这选人的标准也太难理解了吧?

他来自另一所大学,那可能是他"自己的大学",对待那所大学的态度就完全不一样了。但他是副厅了,不能亲疏差别这么大吧,可是,这也许正是他为人的必然表现。

在1996年秋我们进入"211工程"的专家预审大会上,主席台的前排坐的全是专家组成员。这位参加大会但迟到了一点点的副厅,他进会场不问人,就在前排找自己的位置,见势不妙,我赶忙请工作人员告诉他,他的位置在后排,我本人当然也在后排。在这种会议上,谁是主角,谁是配角,很容易掂量的事,他也不掂一掂。

我和我的同事们,对于他的挑剔、非议,乃至于刁难,早就习以为常了,不仅不觉得有什么难以对付,也没有什么看不顺眼的感觉,只是感到有趣,真的有趣,一些稀奇古怪的事在我们淡然处之的时候,就觉得很有趣。

他不是管我们的吗？没有给我们带来麻烦吗？其实，管我们的人多得很，除了副厅，还有正厅，还有省政府的文教部门，还有更上面的人。实际上，对于这些"管"，我们都能泰然处之，善意的、有效的管，我们全力配合；否则，我们迂回曲折走自己的路；关键都在于，我们自己做好自己的事，自己管好自己。

长期以来，在我的同事中，主管"内政"的是刘志辉、龚维忠等；主管"外交"的是陈钧、罗维治。为什么我们不畏困难？为什么我们处变不惊？就因为我们有一个坚强的、全心全意为学校谋发展的团队，并建立起了一个相当有活力的中层干部队伍。

陈钧办"外交"洒脱自如，跟各方面打交道，游刃有余，智慧型的"外交家"。对于那位副厅，他几乎不必费什么力，用陈钧的话说就是："只要绕过他，我们就能办成事。"而绕开他则是轻而易举的事。事实上，很多实际需要解决的问题，都有其他负责人或其他部门可找，可以帮助解决。

在我们为"211工程"去向教育部汇报时，不料，这位副厅也随同去了。但是，当我们向教育部周远清副部长做完了我们的陈述之后，周副部长也评述完毕之后，他才到。因而，什么曲折和干扰也不可能出现了。

我在湖南师大校行政岗位上18年，碰到的厅级及主管副厅长共有十多人，这位副厅真是一个例外。其他人无一不对我们多方支持，并充分理解我们，甚至是十分尊重我们。所以，这位副厅必然让我们有意外的感觉，但没有奇怪的感觉。一二十人之中碰到个别例外，这太正常不过了。

一般情况下，完全没有必要再提到他，这里提到他，并多说了几句，唯一的目的是想说明：发展变革之中不可能完全一帆风顺。

我们在省委、省政府那里，也受到高度信任，但也曾碰到过一个例外。这也在正常之列，还有必要再去叙说吗？以上一例已足以说明问题了,我们的心胸不会让我们耿耿于怀的。世界够辽阔的了,可走的道路有千万条。

可以先在这里提几个问题:省委、省政府为什么那样信任我?我不是常常也唱点反调吗?能放心吗?信任我,是因为我坚持改革吗?是因为我在改革中也绝不会乱来吗?18年中,我从没有往省府领导人家中跑过,除了办公场所,除了谈论工作,还需要做别的什么吗?我从不觉得"关系"有那么重要,难道信任可以靠"关系"而获得吗?

## 二十、大学是什么?

我们讨论的是大学改革,如果我们连"大学是什么"都不十分清楚,那么,你改革什么?改到哪里去?现在的大学不就是大学吗?谁不清楚大学是什么?如果真的很清楚了,真把大学办得已经很像大学了,还要改革干什么?

湖南省作协主席谭谈,副主席水运宪,是我的好朋友,他们在长沙河西北端办了一个以某人名字命名的文学院,还修了很漂亮的一群建筑物。想必是因为得到了财政的支持或某些领导人的特别关注,不然作协哪有这种财力?

因为跟谭谈、水运宪都比较熟,所以在听过之后,我立即说:"你们能办什么文学院?"初听之时,他们颇为不解,却没有反感,直言直语,反而不会引起误会。

我不得不进一步说,如果作家可以办文学院,那么,商人、实业家就可以办商学院,企业家们可以办工学院,军人可以办军事学院了,然而,这可能吗?再说,教师一定都懂教育学吗?工程师一定都懂拓扑学吗?厨师都懂得营养学吗?

我对谭谈、水运宪说,你们可以办个写作培训班,但你们办不了文学院,文学院是罗成淡、谭桂林、吴龙辉、陈戍国、蒋冀骋等人才能办起来的,是文学教授、语言学教授们办起来的,或者说,文学院是由懂得文学理论、语言学理论乃至语言哲学的人才能办起来的。其中,有些人也许还能写出点小说,但这只能是他们的副业,只会副业的人,怎么能办文学院呢?

果不其然,这个"×××文学院"不久就夭折了。

还有一位杨老先生,他手上有一个叫作《诗刊》的杂志,有一次他对我说:"张校长,这份杂志就由学校来办,好吗?"我即刻对老先生说:"大学不办诗刊,不办小说月报之类的杂志。"后来,我真办了一些杂志,除了学报增加教育科学版之外,还办了一个文学评论杂志,是由马积高教授等负责的;办了一个生命科学杂志,由刘筠、梁宋平等负责学术把关。总之,大学只办学术性杂志。

大学是什么?几位作家能办属于大学的文学院吗?在我的任职期间,师大文学院成为最为强大的文学院,可以与北京师大媲美。在20余年前,我们文学院的教授20多人,具有博士学位的教师19人。从那时起再往前推10年,我们全校的教授只有24人,而具有博士学位的,只有一位留学归来的老教授。我们的文学院,从当代文学,到现代文学,到古典文学(又分先秦、唐宋以及元明清时代的文学),语言学从现代汉语到古代汉语,一应俱全,还有一支文学评论队伍,即文艺学的教授们。这才是大学,这才是文学院。

没有一流的文,就没有一流的理;没有一流的理,就没有一流的工。这已经是高等教育的常识了。我作为大学校长,能不明白这种常识吗?能不努力建设起一流的文学院吗?当然,这也是我们湖南师大当年可以特别引以为骄傲的地方。

自博洛尼亚大学以来,就有古典四院,而文学院居于首位。到了柏林大学的时候,文学院就叫作哲学院了。文学院的地位至今没有发生变化,它必然居于首位。而且,它更为丰富了,文史哲都在其中了。没有强大文学院的大学,能称为一流大学吗?当然,强大的理学也不可少了。

我曾坚定地认为,哲学应设在文学院,且为文学院中最为重要的门类。可惜,当时迫于意识形态的原因,无奈地将其归于法学院,而法学院里的主流学科法律学十分薄弱。

我们学校曾经是没有法学院的。在我要办法学专业的时候,又是那一位负责人出来阻挠,说:"师范大学要办什么法学专业?"我质疑道:"教育法、教师法等一系列法律,师范院校不要学习和研究吗?况且,宪法、民法、商法能不学吗?"当然,这些阻挠无济于事。事实上,无论什么专业,只要有条件,我想办,就都没有办不成的。省府、省厅的其他领导都支持我,这些人认为:"只要张校长想办的事,我们都支持。"

正因为这样,后来,商学院、医学院、工学院等众多学院,我都一一办起来了。只要有强大的文学院、理学院支撑,什么都可办。我把文学院、理学院称为大学的两翼。只要这两翼充分展开,大学就可鹏程万里,展翅高飞。

没有理论,没有哲学,大学怎么飞得起来?大学何以为大学?这是一般从事工匠似工作的人所难以回答的。

实际上,作为学校深层改革的一部分,就是学科设置上的改革,学科结构上的改革。没有一个合理的结构以及相应的高水平师资队伍,大学怎么飞得起来?

我记得非常清楚,在我任学校负责人岗位之初,学校的专业数仅16个,在我和我的同事们的努力下,专业很快增至100个以上了。

我们师大所操心的,已不是学生就业问题。

有一个问题并不难回答,是学习语言文学专业的学生,还是只学了新闻专业的学生,未来的路子可以走得更宽?是学习物理学专业的学生,还是那些只学过电工的学生未来的道路更为宽阔?我们这样的大学,更不必说北京大学了,学生们不是为求职和谋生来学习的。为了什么呢?

为了更富有知识，为了获得更好的教养，为了通向更广阔的世界……也可不可以是为了成名成家呢？为什么不可以？中国的名人太多了吗？中国的学问家、科学家、哲学家多了吗？

我们知道了大学该做些什么，大学能做些什么，大学可以发挥怎样的作用，大学在社会发展中扮演什么样的角色，知道了这么多，然而也不一定知道大学是什么。正好比，知道了怎么写小说、写诗歌之后，还不一定知道文学是什么。

有点奇怪吗？大学诞生约900年了，有多少人明白大学是什么？对于什么是大学的问题，或许多多少少能答上几句，哈佛不就是大学吗？清华不就是大学吗？但你能说大学就是耶鲁、哈佛吗？大学就是北大、清华吗？

人已诞生了380多万年，但有几位能说清楚"人是什么"？有位德国哲学家卡西尔，他写了一本书，名为《人论》。这大概是回答"人是什么"的著作了。这是一位哲学家对人的思考。很可能，在最一般意义下思考人，就必定是科学家或哲学家了；实际上，艺术家、文学家也会思考这种最值得思考的问题。

读过卡西尔的《人论》之后，我觉得自己也可以写一本。也有人读过卡西尔的这部著作，甚为赞赏，在其知道了我也要写一本《人论》之后，说道："你不可能写得比卡西尔好。"熟人眼里无英雄，他很自然地这样认为。

我写这本书之初，想把书名确定为《论人》。跟我同事十多年的曾力平说："就叫《人论》，不怕跟卡西尔的书同名。"这让我下决心写，并确定了书名也为《人论》。

我在回答认为我不可能写得比卡西尔更好的说法时，曾表示："我不一定写得比卡西尔更好，但一定会写得与卡西尔不同。"后来，在我写作的过程中，我越来越感到，我不仅写得与卡西尔不同，而且，我还有相当大的把握认定：我的《人论》比卡西尔写得更好。我不但有不少的补充性阐述，而且不得不指出卡西尔著作中的许多（不是一两处)的毛病。

然而,在认定这一点的同时,我清醒地意识到,没有卡西尔的《人论》在先,就很可能没有我后来的《人论》;其次,后来者也应当不同于过来人,甚至还应当有所超越。这很平常,冷静的学者不会忘乎所以的,我对我的冷静十分有信心。

我不知道中国是否还有学者写《人论》,关于人的其他问题,写的人必定多,但专写人,以哲学的视角专写人的,有多少?中国有几本《人论》?世界上有几本《人论》?但我想,即使中国有10部《人论》,世界上有100部《人论》,可能也不算多。"人是什么"的问题比"大学是什么"的问题更难回答。或许,这个问题永远都会有人去探索,去回答,却永远也不会有人能终结这一永恒的问题。"大学是什么"的问题可能也将成为永恒。

## 二十一、慎提"大学现代化"

人们期待变化、变革、改革。所谓现代化,大概就是向现代的方向变化。也很可能觉得中国的大学实在是需要改革了,"大学现代化"的说法是不是就反映了这种愿望或企求呢?但是,大学的改革就是现代化吗?大学必须现代化吗?

古老的中国长期停滞于封建社会,好不容易迎来一个新时期,那就是始于20世纪50年代的时期,然而,在这之后的20多年里,中国仍处在剧烈的动荡之中,老百姓没有多少喘息的机会。

其实,50年代初,曾经提出过现代化口号,叫作工业现代化、农业现代化、科学技术现代化、国防现代化,简称为"四个现代化"。这"四个现代化"代表了当代中国人的民族复兴愿望。为了实现"四个现代化",开始实施了若干个"五年计划",然而,除了第一个五年计划算是比较顺利地执行了之外,其后的都受到了极大的冲击,直至1976年之后,才开始恢复正常,"七五""八五""九五"都一步步走过来了。1976年10月"四人帮"倒台,人们欢呼、歌唱,包括天才音乐家施光南在内的一些人,写了许多歌颂现代化的歌曲。古老中国的土地上,再次吹响了向现代化进军的号角。

改革开放后的中国,更多的有识之士认识到,我们距离现代化还很远;最高领导层也十分清醒,认为我们还处在社会主义的初级阶段,真正达到中等发达国家水平,我们至少还需半个世纪,需要几代人的努力。20世纪的50年代至70年代,搞了20多年的"假大空",极严重地耽误了中国经济的现代化进程。

在工业、农业、科学技术、国防等领域提出现代化是必要的、重要的。然而,基本上是物质领域里的现代化,精神领域能这样提吗?附带指出,工业化还不一定意味着现代化;没有工业化,就一定没有现代化。在半个世纪之前,一般认为,当工业生产总值能占到国民生产总值的百分七十以上时,就叫作工业化了。可是,现今还出来了一个信息经济、知识经济时代,工业化就与现代化相距更远了,还需要有信息化。

这些现代化难道不需要大学也现代化与之相应吗?为讨论此问题,我们先讨论:能不能提人的现代化?能不能提教育现代化?它们是否需要现代化?

当然,我们首先还要问:人的现代化指的是什么,我们不需要再茹毛饮血了吧?我们也不必再住茅草棚了吧?衣不蔽体亦已过去了吧?但是,西装革履就代表现代化吗?高楼大厦就代表现代化吗?飞机、汽车才是现代化象征吗?

殊不知,我们现在还纪念孔子,连今天的西方也还说要从孔子那里去寻找智慧。殊不知,在一些大学里,亚里士多德的著作仍然列在必读书目录上,苏格拉底、柏拉图仍然令今人念念不忘;《离骚》《荷马史诗》还是香喷喷的。

所有这些都表明,我们并没有超过古人的智慧,同时,也表明我们需要守护人类的精神家园。

人要学会做人,这是古往今来未曾变更过的信条。人有人格,需要修炼,需要磨砺,因而,有高尚、修养、坚毅、刻苦、情操、信念、深邃、智慧等一系列美好词语与我们相随,有真善美与我们相随,还有我们对天地日月的虔诚。

经济生活中出现的许多现代化景象,是如此的耀眼,令人目不暇接,也给我们带来了无数的诱惑。在很大程度上,这意味着做人有了更大的困难。于是,我们不能忘乎所以,不能一往直前,而常常需要回望,看看我们原本是个什么样子。

如今的黄赌毒、假丑恶以及种种功利的引诱都是可以见到的,有时,有的地方还泛滥成灾,较之洪水猛兽,有过之而无不及。这都成了"现代"课题摆在人们面前,摆在社会面前;要与这些东西格斗,不正是为了保护我们人类自己吗?不正是需要对现代化保持某种警觉吗?

至少,近70年来,已没有大规模战争了。但人类又不得不进入到另一些战场,不仅与贫穷落后和愚昧斗争着,还与大量可能使人变得不像人的社会顽疾斗争着,以保护我们自己。有时,这种"战争"的激烈程度也相当可观,硝烟弥漫。用人类正面临一场"人类保卫战"来形容,想必并不为过。

物质生活的丰富,如果伴随着精神生活的贫乏,那的确会是灾难性的。无数的事实证明了这一点,一个人,一个团体,一个社会都面临这样严重的问题。

可以说,"教育现代化""人的现代化"是错误的口号。

一个人,有自己的修养问题,这个修养几乎是一辈子的事。有的人修炼成仙,有的人黯然坠落。半辈子都走得很好,却还有可能失足,还有可能经不起某种诱惑而发生蜕变。从这个意义上来看,人要始终像人,绝非易事。我们的古人有训:修身,齐家,治国,一切都从修身养性开始,再言其他。

一生都不经历错误几乎是做不到的,一辈子不做缺德的事,不做亏心事,也不容易。于是,我们还有古人之训:吾日三省吾身。我们还需要学会忏悔。对着先祖,对着民族,对着这片土地,常扪心自问:做了什么见不得人的事吗?愧对了上天吗?因为曲折、坎坷、犯错难免,所以也需要有检点与忏悔相陪伴。

宇宙历史已有137亿年,太阳历史50多亿年,地球历史也有40多亿年,地球上最早的生命也有30亿年以上。然而,人的出现很晚,比鱼类出现还晚,比鸟的出现也晚。人的历史不到1亿年,也不到1000万年,而只有300多万年。有两个相应的事实或观点:宇宙天地(太阳、地球等)千辛万苦才孕育出了人类;同时,宇宙也把所有的神奇、神秘安置在了人的身上。因而,人也应当有更大的责任,而首先是让自己永远像个人。

并且,人因神奇、神秘而神圣。人必须对自己的神秘保有足够的尊敬和虔诚。"人的现代化"是一个不恰当的口号,也是一个有损人自己的口号。

"教育现代化"的口号是恰当的吗?教育技术、教育手段可能体现了某种现代化,然而,其作用也是有限的,电子技术很难传递人的情感、意念,而且PPT仍然是人去制作的,在何种程度上纳入了更多的信息,还是取决于教师的本领和理念。

教学方法的顶端是教学艺术,这种艺术是基于对教学内容的深刻理解,基于对心理特征的充分把握、对学生的熟悉和真切感情的。否则,哪来的艺术?

苏格拉底的产婆术,对话,辩论;孔夫子的因材施教,不愤不启,不悱不发,仍然是我们今日做教师的人所不可不知、不可不践行的方法。其原因就在于,这些方法里所包含的思想之深刻。唯有沿此走下去，才可能到达艺术，才是可以赏心悦目的，令学生流连忘返的。艺术是深刻思想的一件漂亮的外衣。

再说教学内容吧。如果就自然科学而言，我们只学牛顿是不够了，还必须学爱因斯坦的学说；学欧氏几何已经不够了，还必须学非欧几何；学刚体几何不够了，还必须学软体几何；会拨算盘远远不够了，还须会电脑，一代一代更新的电脑。科学不回头，一往直前，推陈出新，甚至是摧枯拉朽的。

但是，黑格尔的辩证法，今天的你能不学吗？亚里士多德的《形而上学》，你能不读吗？还有那些不朽的经典，它们一直熏陶着一代一代的后人。就拿欧氏几何来说，大学也许不必再学了；但是，哪一位中学生能不学？它就是活的形式逻辑的经典教本；它告诉你的，不只是几条定理，而是告诉你怎样思维，怎样保持思维的健康。古希腊神话贡献给了人类许多许多，那《几何原本》亦为其一，亦惠及全世界。

难道在教学内容上就完全可以提现代化了吗？不完全。前面已说过，在自然科学领域是十分需要现代化的，工程技术领域尤其要现代化。但是，在人文科学领域就不一样了，在这里，有一些是具有永恒意义的，不能在现代化的名义下"化"掉了。

我曾经说过，没有"三古"，就没有高水平大学可言。对于中国的大学，就是要有中国古代史、古代文化史、古代思想史。这是我们大学最珍贵的东西。我常以自己学校有高水平的"三古"而感到欣慰，以我们有4万多册线装书而自豪。

自然科学领域的发明创造是可以爆发的，但是，人文领域的是靠积淀的，是要厚重的，想爆发也爆发不了。最古老的大学不一定是最高水平的大学，但最年轻的大学，除非采取特别的措施，否则，是难以有高水平的。这些特别的措施，可能包括巨额的投入，聘请大批高水平的教授，也就是把别人已有的"古老"和"积淀"搬来，再加一位杰出的校长能使这一切充分展现出来。

哈佛、耶鲁是美国的常青藤大学,北大、清华是中国高水平大学的代表,都是由历史积淀来说明的。

关于教育目的,我们尤其应当提到杜威的一系列观点。他说:"教育的过程,在它自身以外没有目的;它就是它自己的目的。"①杜威是从19世纪后半叶一直生活和活动到了20世纪50年代的人物,他的身世不能代表古典,但他的教育思想,包括在教育目的上的观点,与古典直接相连。

他对于哲学与教育的关系的论述,是极为深刻的。他认为:"哲学甚至可以解释为教育的一般理论。"②"哲学乃是作为审慎进行的实践的教育理论。"③这样,杜威亦必想到了古希腊,"欧洲哲学是在教育问题的直接压力下(在雅典人中)起源的,这一点使我们有所启发。"④

教学的、教育的目的究竟是什么呢?"既然学习就是即将知道,它便包含从无知到智慧的过渡,从缺乏到充足的过渡,从缺陷到完善的过渡,用古希腊人的表达方法,就是从无生命到有生命的过渡。"⑤

古希腊人把办教育与哲学研究紧密联系在一起;在东方,在古代中国,孔孟也是把办教育与哲学研究联系在一起的。杜威注意到了西方,未能注意到东方,否则,他的论说会更有力量,更令人信服。杜威本人既是哲学家又是教育家,这让他能够看到古希腊人之所为的精神之所在;如果他注意到了古代中国,相信还会添上精彩的一笔。

为什么哲学可以解释为"教育的一般理论"呢?为什么说"教育乃是使哲学上的分歧具体化并受到检验的实验室"⑥呢?在近代欧洲开始培养博士的时候,他们的博士叫作 Ph.D,即哲学博士,想必欧洲人非常清楚教育与哲学的关系。

---

① [美]杜威:《民主主义与教育》,王承绪译,人民教育出版社,1990年版,第54页。
② [美]杜威:《民主主义与教育》,王承绪译,人民教育出版社,1990年版,第344页。
③ [美]杜威:《民主主义与教育》,王承绪译,人民教育出版社,1990年版,第346页。
④ [美]杜威:《民主主义与教育》,王承绪译,人民教育出版社,1990年版,第346页。
⑤ [美]杜威:《民主主义与教育》,王承绪译,人民教育出版社,1990年版,第346页。
⑥ [美]杜威:《民主主义与教育》,王承绪译,人民教育出版社,1990年版,第346页。

我写过一本名为《教育基本原理》的书，在一些学者看来，这也是哲学著作，似乎教育的一般理论自然地就成了哲学，或哲学就是教育的一般理论。教育的第一问是："教育是什么？"而对这一问题的回答会立即引出"人是什么"的问题，这就包含：人为什么能教？人为什么需要教？能给人教些什么？教他如何思维，教他如何看待生活、看待人生，这不都是哲学问题吗？

只要我们认真教书，认真培养人，对所有以上这些问题都必然要深入思考，或者说，自找压力，要求自己去思考，我们也就会在这种压力下与哲学深深结缘。科学、哲学、艺术，这三者，在山脚下各自一家，在山顶上，三者一家，它们必将在顶端融为一体。

我们比较多地讨论了"人的现代化""教育现代化"这种口号的毛病，现在可以回过来简单地评论一下"大学现代化"的说法了，这是没有毛病的吗？

人们不会认为大学有了先进的现代化水平的实验设施就是现代化了吧？不会认为我们网络化、信息化就意味着大学现代化了吧？不会在仪器先进与现代化之间划一个等号吧？更不会把古老与落后等量齐观吧？大学不至于那样肤浅吧？

大约16年前，我曾到过中山大学，得知该校的哲学课程达数十门，史学更多。我想，北京大学、复旦大学、南京大学、武汉大学也会很多，北大可能更多。我相信，他们重视史学和哲学，与重视现代化是两码事，或许，对文史哲的看重正引领了他们在自然科学方面的作为。不是说有一流的文才能有一流的理吗？

自然科学家与哲学的关系能够且应当从两方面看，一方面，哲学是智慧之学，他们在科学领域里所需要的智慧，可以从哲学那里来；另一方面，当他们在自然科学领域里走到高端时，在那里也会与哲学行见面礼的。因而，在他们为科学的现代化而奋发工作的时候，也不会忘了自己的根在哪里。

就整个大学而言，古老的传统和厚重的文化，正是大学之根。尽管必定有许多科学家为真理而真理、为科学而科学,然而,这正是人对真理的一种虔诚,一种无功利的境界,也是精神境界、人文境界。当他们都是一些真人的时候,重大的科学成就在等待着他们。

因而,"人的现代化""教育现代化"的不当,可以充分启示作为教育机构的大学,作为培养人的大学,应当慎提大学现代化。

经济及相应的体制改革,科研管理体制的改革,可能都需要追求现代化。然而,对于人、对于教育,就不宜套用了。哪里会什么都只有现代化才好的呢?

何况,今日的现代化,在100年以后叫什么?现代化含有明显的时间性,它再长,也是短暂的,只有人及文化才是永恒的。又正是人文学者的提醒,还有一个后现代化问题。

对于大学,其自然科学技术部分,可提现代化;但对其人文科学部分,就不宜提现代化了,也就是大学更为重要的部分不宜提现代化。总之,笼统地提大学现代化是不恰当的。

## 二十二、关于"与时俱进"

若干年前,我所在大学的新闻与传播学院邀我去做一场报告。就在门口外,我看到赫然四个大字:与时俱进。我顿时对院长田中阳说:"你挂上这四个字干什么?"他一下不知所以然,因为报告即将开始,就没有深谈了。

北京某个人说了一个与时俱进,于是,到处有人跟着说,尤其,不少的大学也跟着说。

邓小平搞改革开放,因为他明白,中国落后了,跟不上时代了,所以,他作为改革开放的总设计师,是需要并实际上具有与时俱进思想的,事实上,我们还掉到时间后面去了,需要急起直追,否则,要在地球上被开除球籍了。

但是,"与时俱进"对于教育、对于大学是完全不合适的。在某些领域里的改革,在另一些领域不一定是需要的,某些观念甚至是应当加以拒绝的。因为大学里的不少人跟着喊,所以我感到有必要写一篇相关的论文。

为此,我查阅了相关的资料,考查"与时俱进"最初从何而来。在我国汉唐时期就出现了这一成语,1911年,孙中山先生也使用过,因而并非今天某人之首用。

为什么说"与时俱进"完全不适合于教育呢?很明显,教育是面向未来的,它要走在时间前面,不能只是时间走我也走;同时,教育是有继承性的,老祖宗留下的许多智慧,也不能因为已是过去时了,就把它们丢掉了。换言之,教育既是保守的,又是超越的,也就是说,从两头看,教育都不是跟着时间跑的。

更早一些,教育界曾经有一场关于教育的超越性与保守性的争论。南京师范大学的鲁洁教授曾就教育的超越性发表了一篇文章;后来,山东有位学者杨昌勇发文,认为教育是保守的。鲁洁似乎更为积极,而杨先生似乎比较保守。但可能不宜这样简单地做出判断。让我们稍做具体分析吧。

实际上,比这一场争论更早的,还有适应论与超越论之争,并且,这场争论在今天再度出现,战火重又燃起。我倒觉得,这正是教育科学还保有自己活力的一种表现。争鸣与学术批判是学术繁荣的一条生命线。

"教育现代化"是不恰当的说法,这是否就意味着"教育不能超越"呢?这就要看教育超越性与教育现代化是否存在着必然的联系。由此,也就需要明确一下,教育超越是指什么?教育需要超越什么?教育又能够超越什么?

总的来讲,今天的人类,并不比数千年前的人类更聪明。孔子可以作证，苏格拉底、亚里士多德可以作证。但是，人类今天所拥有的知识，则大大超过了前人，获取知识的手段也大大超过了前人。知识拥有量的多少，与智慧高低不是一回事。毕竟，在知识量上已有了一个超越（由超过而体现）。

教育的眼光应当是看着未来的吧，它在时空上应当是超越的吧。教育都不只是为当下的，除了一些短期的培训之外，都会着眼于未来。为此，就必然要思考未来，想象未来，预测未来。商店里，每天要盘算利润；工厂里，每天要记载生产了多少件产品；农民从播种之后，就盼望着数月后收获的季节。

学生今天认识了十个字，未来还不知道能否用上七八个；认识一两千个字后，阅读渐渐没有问题了，但也不只是为了阅读。在这个过程中，有一种看不见的东西在生长，那就是教养，就是眼光，就是人生在超越，不断地超越自己。

今天的艺术种类已有千种万种，今天的文学创作已千姿百态，今天教育的规模已是空前，全世界人口中，最大的集散地就是大、中、小学校。教育向两头延伸，一头延伸至幼儿园、托儿所，一头延伸到继续教育，以至终身教育。

人类开展的活动种类亦已成千上万，但自始至终伴随人类的是吃饭穿衣之类的经济，另一个就是教育了，再穷再苦的父母，节衣缩食也不想让孩子做睁眼瞎；一个偏僻小村的村主任，自觉到的第一使命就是办一所村小学。这种自觉性是天生的，没有谁来提醒，也无须谁的指示或命令。

人类的早期，只能发单音节，这个时期持续了百万年以上，这是人类的童年。

后来，由于口腔的进化，逐渐地发出多音节了。这可谓人类的少年期。

最后，也就是近几千年来的事，人类超越口头语言而有了文字语言。这是人类的成人期。

人类的上述三大发展阶段：童年、少年、成人，是与语言发展的三大阶段相对应的。

教育与语言亦平行发展，亦可划分三个阶段：朦胧的教育，正式的教育，成熟的教育。

这是人类发展史上的几大划时代事件，也是人类不断超越自己的最重要的表现。语言的超越、教育的超越一直陪伴着人类自身的超越，人类在实现生理上的进化（亦超越）、语言上的超越的同时，也实现了对自己的超越。

历史表明，人类确曾有过且还在超越，超越时空、超越时代、超越人类自己，也超越人生，生理上和心理上实现了种种的超越，在超越中从远古走到现今。

为什么人类能超越？就因为它具有保守性，不保守，你超越什么？保守的内容不丰富，超越的内容怎么会丰富？在一片空白上，你超越什么？不立在地上，能知道什么叫飞翔吗？

为什么人类能想着未来？就因为他知道有过去。不知道有昨天，怎么知道有今天和明天？没有传统，你继承什么？没有今天的成就，你怎么开创未来？

为什么人间有孝道？就因为世间唯有人知道自己有父母、有先祖，有各自的民族。

一切的超越都基于保守，一切的发展都基于继承，一切的飞跃都立于大地。历史虚无主义大约不明白这一点，而理想主义是真正教育的必然产物。

在我看来，超越是对保守的超越，又是基于保守的超越，没有保守就没有超越；保守之所守，也是因为更前方已有超越，保守是对超越的保守，同时，保守又为未来的超越创造必要的条件。

没有保守，就没有教育；只有保守，就没有理想的教育。在教育之母那里，保守与超越必是孪生姐妹，它们一起连接着明天和昨天，连接着世世代代。

适应与超越之争与保守和超越之争在性质上有所不同,这一争论今天仍然存在。

适应论者认为,教育(包括大学教育)是要适应经济、文化、政治,要适应社会,并同时认为,教育是受社会经济、政治制约的,你制约我,我适应你。适应论与制约论同在,亦可谓孪生。

为什么对适应论的反驳又重新燃起了呢?适应论的提出至少有二三十年了,为什么今日又有了相应的争论?是什么诱发出来的?我不太清楚。但我明白,这种争论是有益的,必要的;只要我们的学术在发展,它也是必然的。不断的繁荣,需要不断的争论,唯有如此,我们的教育科学才能真正有所作为。

要说适应,教育唯一要适应的就是人,人的发展,人的幸福,人的未来。教育并不需要看着经济的脸色行事,如今,经济更加依赖教育了。教育依托经济,经济依赖教育,这是一种非对称关系;经济在相对的意义下不可缺少,教育在绝对的意义下不可或缺,穷人和富人都需要教育;物质财富是人的身外之物,教育使人获得的,是身内之物。

如今,发达国家和地区,已进入知识经济时代,同时,这也意味着,经济更加离不开教育了。硅谷必须建在加州大学、斯坦福大学的附近;中国的中关村经济必须紧靠在北大、清华附近。

职业教育可能是最需要考虑适应的一个类别。当某些职业社会已不太需要的时候,职业院校就要做相应的调整。美国的社区学院就是属于这种类型的院校。

北京大学的学生是为了适应什么?复旦大学、南开大学的学生是为了适应什么?即使他们为了光宗耀祖,为了成名成家,也不具有适应的性质。

学习中国语言文学是为了适应什么?学习考古学又是为了适应什么?学习和研究古代史的学生和教授们是为了适应什么?还有那些研习着中国哲学、西方哲学的师生群体,研究康德和黑格尔的人们，又是为了适应什么？

在美国，有一位60岁的妇女去念博士（这在中国是不可能的，至少年龄上就有限制），这位如此高龄的女性念博士会是为了适应什么吗？适应论无法去理解她，适应论说明不了人类现象，说明不了大学，说明不了教育，当然也说明不了各种哲学为何出现，说明不了先进的社会为什么不能缺了哲学家。

我每天伏案写作，好像从未想到过要去适应什么，更没有人指示我这样做，而我完全不需要去按照外界的什么指令去写作。不停地写，就是为写作而写作。我写的东西有人读更好，但有没有人读也不在我的追寻之中。唯一的，就是舒展自己，就是与人类的心寻相通，与古今中外的人士对话，唯独所需的是虔诚。可能还有一种情感起了决定性作用，先祖和父母给我的这副脑袋，在火化之前，要充分运转，不然，就对不起父母，对不起自己的民族，对不起上天让我在人间走了一趟。于是，我如此这般地伏案工作着。眼睛高度近视了，甚至有可能在某一天瞎了，我会觉得我终于用尽了上天给我的这双眼睛，就像一支蜡烛熄灭了一样。

我每天打60分钟左右的乒乓球，这倒是有点适应的味道，让久坐的身体舒展一下，让大脑思考的内容变一下。打球时，也用脑，但据说运用的部位不一样。让大脑各部位比较均匀地活动，也让一整天没发声的喉头在球场上放声震动一下，让一天都十分严肃的脸也能随着笑声蠕动一下，有时还唱一唱，即便如此，我也还不认为打球一定必不可少，康德打球吗？康德唱歌吗？

从政从商的人是需要与时俱进的，他们是必须察视当下的，这没有什么不好。

但是，与时俱进跟学人没有什么关系，他们是必须回望过去，又遥望未来的。

## 二十三、关于"三个面向"

关于"与时俱进",我们已经知道是汉唐时期早已有之的,它并非今天某个人首先提出来的。关于教育要"三个面向"(面向未来、面向世界、面向现代化)却是邓小平先生提出的观念。

邓小平是杰出的政治家、外交家、军事家,他在教育上所提出的三个面向也是贴切的、适宜的,他所具有的改革开放思维,可能必然导致他提出这一观点,他深邃的战略眼光,也让他能做出这样的战略判断并产生重大影响。

可以想得到,邓小平经常忙碌的是政治、经济、外交和国防等众多方面的事情,他思考的主要对象可能就在这些方面。在如此忙碌的情况下,还能为教育做出这样深刻的思考,提出这样具有战略意义的构想,实属不易。

我们作为专业的教育工作者,整天思考的是教育问题,如果在教育问题上比邓小平想得更多、更宽并在某些事项上想得更深,是很正常的。否则,反而是不好理解的。虽然我们不太可能像邓小平那样高屋建瓴,那样气势恢宏地提出"三个面向",但我们可能而且应当做更细、更精的思考。

比如说,我们不只要面向未来,还要面向传统;不只是面向世界,还要立足中国;不只要面向现代,还必须面向我们的历史。

"三个面向"是很精练的说法,然而,它也缺了一个极重要的面向:面向人的发展。没有人的发展,怎么会有经济发展、文化发展、科学发展及其他社会事业的发展?没有人的发展,谁去面向未来、面向世界?没有人的充分发展,工业、农业、国防和科学的现代化从哪里来？或许，邓小平不会不注意到人的发展，但"三个面向"中确实没有面向"人的发展"，这不能不说是一个缺陷。缺点与错误是不一样的。最重要的，首先是对不对；对了，还要看够不够。邓小平说的，是对的，没错的；却还是不够的，有缺点的。

邓小平日理万机，能够提出"三个面向"也是他的战略思想在教育领域里的显现。然而，我们教育领域里的专业工作者，应当有进一步的阐述。前面已提到了"三个面向"的不足之一，事实上，其不足还不是这些方面。

"三个面向"再加一个"面向"：面向人的发展。必须加进去的，最重要的，还是面向人的发展。一切未来的发展都有赖于人的发展，而今，教育之首要使命、直接的使命，即求得人的发展；没有教育，没有有效的教育，就很难有人的普遍而有效的发展。

无论是"三个面向""四个面向"或是更多的面向，都是说教育面向别的什么，俗一点说，就是教育总要看着别的什么，眼睛盯着那些东西。然而，应不应当有别的什么也面向教育呢？有没有别的什么的眼睛盯着教育呢？谁来面向教育？教育只能扮演面向者的角色，而不能是被面向者吗？教育的地位就这样吗？

教育是人类千百种活动中最早出现的，它是老资格的，只有经济活动可与之并列第一。然而，老大的地位为何只是一个面向者呢？老资格就处在这个位置吗？

谁来面向教育？在民间，对这个问题有更朴实、更贴切也更有力的回答。村民们、村干部们，他们就是面向教育的，他们眼中的教育，不是面向别的什么，就是面向村里的小孩，面向人。问题不在于他们说出了面向人的发展，而在于他们做了。

乡长们、县长们若不重视教育，下一任他们能否还保住自己的位置，就是大问题了。那些面向村民、乡民、县民的好官，全是面向教育的人。如果他们知民心、顺民意，就不可能不面向教育，而且他们会把办好教育视为造福于一方。

在那些偏僻的小村里，知道三个面向的人可能很少很少，但是，企盼教育、面向教育的人会很多很多。在山村，把教育只视为"面向者"的人可能难找到一个，但自觉或不自觉地视教育为"被面向者"的，几乎人人皆是也。

归纳起来说，"三个面向"有三点不足：第一，没有面向人的发展；第二，没有兼顾历史与未来、传统与现代、中国和世界；第三，只视教育为"面向者"，忽视了教育应为"被面向者"的那一方面，可能这三点更值得注意的是第一和第三这两点。

相比而言，"与时俱进"比较适合从商的、从政的，但"与时俱进"是根本不适合教育的，教育天然地保守，又天然地向着未来。而"三个面向"是适合的、适当的，只是存在某些不足。

无论是面向，还是被面向，在现实教育活动中，还是要看一个个的教师是怎样看待、怎样理解的；他们也许并不直接表白，但事实上的相关观点是存在的。

我热爱教书，是因为我热爱书，更因为我热爱学生。我一直追求着把书教好，在教学内容上尽量讲解透彻，尽量不重复过去，讲鲜活的东西，尽量故事化，只要有可能，也力求趣味化；方法上当然也随时讲究让教学艺术化。这样，我也有了一个"四化"：鲜活化、故事化、趣味化、艺术化。

这个"四化"不为了别的什么，就为了学生，为了让他们更好地获得知识，为此，需要有兴趣的引入，需要让他们透过知识看到一个新奇的世界，充满故事的世界；更好地获得知识，除了是为着学生有宽阔的视野之外，还要为了扩展志趣、陶冶情操，把自己与更广阔的世界联系起来，与历史和艺术联系起来，与自己的民族未来的事业联系起来，与美好人生联系起来。

我就是真真切切地为了学生，面向学生。这是我教学的根，是我作为教师和校长追寻的基本目标，学校里的一切活动都围绕着学生及其发展而展开。

我面向了未来吗？我面向的是学生，通过面向学生而自然地面向未来；是先想到了面向学生而导致面向未来，而不是先想到了面向未来才想到面向学生的。根在学生那里，本在学生那里，其余为末，或为由根出发而生长出来的枝和叶。

由此，我认为，一个虔诚的教育工作者，必然是面向未来的，即使他不这样说，也一定是这样做的，而且是实实在在面向学生的未来。那个未来是属于谁的？没有人比教师更清楚，没有人像父母和教师那样以自己的辛苦耕耘来面向学生的未来。教师们知道，未来属于自己，更属于年轻、青春的学生。

我面向世界了吗？"面向世界"是一句很有气魄的话，弄得不好，就成了大话，我不容易说出这种大话来，我作为教师，切切实实地面向学生，面向听我课的学生，我所指导的研究生；我作为校长之时，就切切实实地面向全校学生。

我是从面向学生而面向我的大学的；再跨进一步，我能面向我的民族，面向大江南北的这片土地。这跟面向世界或许还有一大段距离，不过，我并没有强烈的愿望去缩短或消除这个距离。我也自然地有了自己的"三个面向"，面向学生，面向我的大学，面向我的民族。由此还可以加一个面向：面向我们可爱的中华大地。我的"面向"是归纳式的，而不是逻辑演绎出来的。

我的"三个面向"或"四个面向"，是我作为教师的良知并使之得到提升的必然结果，不是他人提醒的，不是被要求的，所以我才能说自己是真真切切、切切实实、实实在在的面向，并且，我也决不会提醒别人要像我一样三个或四个"面向"。大家还是听邓小平说的"三个面向"吧，并且通过自己的教育践行去化为自己的面向；或者，从自己的实际体会去确立自己的面向吧。

说到面向世界，我倒是有另一种体会，我特别关注人的心灵世界，关注学生的精神世界。这是一个更奇妙的世界，它没有那个物质世界宏大，却远比物质世界更为神奇，更为深邃，因而，也更为神秘且神圣。"面向心灵世界"与"面向世界"应当是有所不同的。

学生的这个心灵世界,可以因为良好的教育而变得更加辽阔。人的胸怀是可以拓宽的,谁来拓宽?人自己。然而,教育的神奇作用之一,是帮助、辅助人去拓宽胸怀。而拓宽了胸怀的人,能看到一个更为壮阔、更为灿烂的世界。"宰相肚里能撑船",学者脑里可翻江倒海,他的心胸更为广阔。教育的伟大表现之一,就是在物质世界与精神世界之间,架起一座便捷的桥梁。

我面向了现代化吗?我不知道自己应当感到惭愧,还是感到自豪。我跟现代化保持着相当大的距离,我主张慎提"大学现代化",并将为此展开更充分的论述。

有许多现代化的设施,但我尽量不靠近它们,夏天再热,我不想吹冷空调;冬天再冷,我也不想开热空调。说一句大一点的话:我尽量靠近大自然,它让我热,我就热着吧;它让我冷,我就要学着耐寒。一年是四季,为什么你只喜欢春秋两季呢?严冬与炎夏,不都是上天赐给我们的吗?我们来自大自然,活在大自然,又终将回归大自然,活着时就不要离大自然太远了,死的时候就可更加从容,到自己应当去的天国。

至今,我还是在稿纸上写作,这一本本的格子纸就摆在面前,我也就在它上面爬着格子。似乎是轻松异常,然而,这与登山无异,爬格子亦如爬山。

许多年以前,我发表的论文和著作,编辑们收下的是我手写的稿纸,而今不行了,要求交电子稿。有人送给我电脑,我又转送给他人了,我的书桌上没有电脑。这太不合时宜了吧?我只好把我写好的稿子,请人帮我输入。帮我输入最多的,是柏才丽,她在认认真真做好公务的同时,也帮助我整理文稿。

当然,我也不上网。不上网,在今天这个信息量剧增的年代,你过得下去吗?你不会变得日益孤陋寡闻吗?如今的时代,秀才不出门还能知天下事吗?

天下所有的事你都能知道？这不可能吧，我之所求在于，我想知道的事就能够知道。做到这一点似乎也不容易，但我想，我可能大体上做到了。有什么保证，有什么条件？我也列述几点如下。

第一，我相信人的想象力，不一定都靠见闻，看不到、听不到的，可以想得到。黑格尔的辩证法，还有许多许多的人，教授们、博士们在研读，这能不知道吗？

第二，康德时代无电脑，他也不出门，不是也能知天下事吗？比很多很多人知晓得更多。他的脑比电脑强一万倍还不止。人有灵巧的四肢，人有明亮的眼睛，但人更有一副脑袋，没有人脑，这明亮，这灵巧，从哪里来？人最伟大的，是他有思想，这是什么现代工具也替代不了的；因而，人最珍贵的是上天赐予的大脑。

我不会因为我不使用电脑而否认电脑在现代生活中的巨大作用。如今的世界还能没有电脑吗？任何一个家庭，你的电视机、洗衣机、电冰箱里，都有一个"脑"，一个小小的电脑，家庭如此，学校、企业、办公大楼里，哪里没有电脑？

有人做过比较，用手写较之用电脑写作互有优缺点。电脑写作的优点是便捷、快速，容易修改、编辑。用手写作的优点，是更容易产生灵感。电脑写作的那些优点，就是手写的缺点了。但我不太缺，比如说，我的写作速度也很快，并且我是顺水而下不回头的，不需要修改，亦无需有大幅调整的那种编辑，因而电脑的优点，我并不需要，而我的优点，电脑没有。当然，如果都用更好，但我偏好用手写作，并且，可以断言，我会一直手写下去，直到手颤动不已，写不下去了。

人各有志，我不可能要求别人都要像我这样。如果真这样，电脑的销量也将大打折扣。

第三，有许多朋友明白我想知道什么，他们常把在网上得知的信息告诉我。有些朋友、有些学生，如刘孟春、涂丽华，也投我所好，他们常为我买一些认为我会喜欢的书，有时还从网上下载一些东西给我看；我只看纸质的。这些学生和朋友在某种意义上也成了我的耳目,帮我通向世界。

第四,我知晓世界的另一个窗口,恐怕就是报纸、杂志了,还有影视新闻之类,以及与朋友的聊天。每天我都或多或少与这一类的东西打交道。

大概是近五六年来,晚上我不再写作,就看看电视。对新闻只花一分钟左右听一个提要,有兴趣的地方,在晚间九点的《中国新闻》中再听听,选择性地听听,花时间在几分钟之内,其余主要看体育节目和音乐节目,有时看看小品和魔术之类。这样,除天气预报看看湖南台外,基本上就锁定在央视第三、五、十五频道,偶尔看一下电视剧,还是彭英看了后认为我可能比较喜欢而推荐给我的,但极少极少。

人的知识是既有输入又有输出的。有些人主要通过口述输出,很少甚至没有以文字形式输出,即很少出版或发表。我出版了100部以上著作了,其中70多部为独著,写了一千余首诗,发表了一千二百多篇论文,一千多首诗收集在七本诗集之中。这都是输出吧。

至今,我仍有输入,却进入了一个输出的高峰期。讲课大约也主要是输出性的,我讲过26门不同的课程。至今我仍站在讲坛上,依然每周有课。如果30年前我选择了仕途,就绝不可能一直站在课堂上,大概也不可能一直写作、发表或出版。

我面向了书本,面向了学生,面向了教学,面向了我的大学,面向了我的民族,面向了我们中华大地,从而,也面向了我的家人,我自己,以及我的一生。

# 第二章

# 大学教学改革

## 一、教学改革

我们的课堂太沉闷了,我们的教学也太死板了,我们的教学内容有许多已显陈旧。为什么我们的教育、我们的大学培养不出杰出人才?60多年前,是曾培养过大量杰出人才的,以北大、清华、南开的教授为班底的西南联大是一个典型。为何现今没有了?中国人今天也有杰出者,但大多不成就于大陆了。

人才不一定是诺贝尔奖获得者,但诺奖获得者应当是杰出人才。我曾做过两次演讲,就讨论自杨振宁、李政道之后,我们为什么没有获得诺贝尔科学奖?我列举了至少七个方面的原因。

在台湾,有个人,名李远哲,他获得诺贝尔化学奖,但他不承认自己是中国人。

在香港,有个名叫高锟的人获得了诺贝尔物理学奖,但他是华裔的英国人。

在香港,还有一位丘成桐,他获得过相当于诺奖的菲尔兹奖,他才是中国籍的中国人。数学领域里没有诺奖,但有两个奖相当于诺奖,一个是菲尔兹奖(加拿大人设置),一个是沃尔夫奖(以色列人设置)。陈省身获得过沃尔夫奖,但那时的陈省身也是美籍华人。他认自己是中国人,中国是他的祖国,但国籍是另一个问题了。

莫言获得过诺贝尔奖,但那是文学奖,非科学奖。

在海外,还有一些华裔获得过诺贝尔奖。一切都表明,中国人有不亚于任何民族的智慧。问题在于,为什么这种智慧在近60多年里,没有在中国大陆充分显现出来?

根本原因在体制。我们的教育体制如果不改革,大批杰出人才能涌现出来吗?

我们作为教师,作为个体的教育工作者,想必不应去等待体制的变革了,就从自己脚下开始吧,在一切可能的地方,从我做起吧,从现在做起吧。

例如,课堂改革,课程改革,教学改革,从目的、内容到方法的改革,都是可以作为的。

什么是最好的学生?我曾说,常问的学生是好学生,爱问、好问的学生是更好的学生,能把教师问倒的学生,是最好的学生。这一标准是对学生而言的,这个标准太单一了吗?学生就是求学的,就是学习做学问的,学问、学问,就是学着问,这就是衡量学生的主要标准,虽非唯一标准。

什么是最好的教师呢?这可以说是从属于以上问题的一个问题,衡量教师的标准基于学生发展。

能引导学生常问、多问的老师是好老师,能引导学生爱问、会问的老师是更好的老师,能引导学生把自己问倒而挂在黑板上的老师是最好的老师。

没有培养出最好的学生,就很难说是最好的老师。有些学生能把老师问倒,却不一定全归于老师的引导,学生也有自我成长的因素。不同学生有不同表现,有些学生很少问,连问问自己也很少,这就更需要教师的指引了。

学问的过程即学着问的过程,学习从问题开始,或自己或别人发现问题、提出问题,而后去分析问题、解答问题,最好在终结时又有了新的问题。问得越多,学习得越多;问得越好、越深,提高得越快,认识也越深刻、独到。

14年前,我写过一本书,由华中科技大学出版社出版,书名即《素质:中国教育的沉思》,其中101个标题,就是101个问题,对每个问题作答,就构成了一本书。

可以说,我几乎所有的论著都离不开两个字:人和问。合起来就是人在问着,问着的人。

当我领导一所大学时,我也就着眼于这两个字,人和问。人问着,常常问着的人,如此培养学生。

聪明的人常问,智慧的人善问,天才的人能够石破天惊,一问惊天下。数学史上,黎曼、高斯就属于这种天才,物理学史上,爱因斯坦也是这类天才。世间的秘密,是靠人去叩问而揭开的;人间也有无数秘密,亦需我们去叩问,这个"叩"字用得十分恰当,我们就在天地日月面前叩拜着询问,这个"叩"字表达了我们的虔诚;同时,它也让我们虚怀若谷,知晓得更多更多。

这些事实,这些历史,应当能深深地启示我们,在我们的课堂里,也应当关注两个关键字眼:人与问。此刻,是教师引导下的学生,学生问着,问着的学生。大学的课堂里,尤其应当如此,否则,怎么能称得上大学?怎么能做大学问?

所谓沉闷的课堂,就是没有询问、追问的课堂,就是万马齐喑,就是问题荡然无存。尽管我作为校长,曾和我的同事们,尤其是主管教学的陈钧副校长,都千呼万唤,但传统的力量太强大了。真有唤天天不灵、唤地地不应的感觉。然而,我们还是起了一些推动作用的。

有人说,榜样的力量是无穷的。但是,事实告诉我们,榜样的力量是有限的。

我在面对这种局面时,也是从自己做起的。希望有一个改革的局面出现,就必须从现在开始,从自己开始。实际上,我自己早就开始了,甚至,我已有的56年教学生涯都是这样做的,只是自觉性变得更高了,很可能也更会问、爱问了。我作为校长而未停止过教学,并且在教学中就是这样做的,然而,所产生的影响并不足够大。

我从教数学起就是问着过来的,后来教教育学、教哲学,更是如此了。我的每次课都或多或少留有时间让同学们发问,讨论问题。若开始时不太习惯,就耐心地启发和等待。善于把学生引到问题上来,既是愿望,又有技巧。例如,你本人就用问题去启示,又尽量使问题靠近学生已知事项的边沿;如果学生问得很肤浅,决不可有丝毫的轻慢;在学生提出问题后,最好以问话相答而不宜以断然的口气说话;整个课堂最好也终结于问题,余味无穷。且听下回分解,下回又从问题开始。这样,久而久之,学生就有可能走在通向大学问的路上了。我想,这才是教师的成功,也是他之可欣慰之处。

问题得到解答时,思维就暂停了;问题又来了,思维重启。不断地问着,脑子才不停地转动着,这就是做学问。谁的脑子转得快,转得多,转得有效,谁就最可能做出学问来。能这样引导学生的人,才可能是一位优秀的教师。

我备课,主要就是准备好问题,有足够的问题,就有足够的把握顺利而有效地完成讲授。备课就是备问题,因而,我总是带着一荷包问题走进课堂的。

一门课,我无论教过多少遍都重新写教案,决不翻阅过去用了的教案,也不去翻教本。附带说明,我教的教育学和高等教育学、心理学、哲学、管理学,都是用自己写的著作或教材。在我看来,教授一级的人,都应当讲自己的东西,别人的最多只作为辅助、参考。

有的国家,有"不出版则死亡"的说法。对于教授,此话一点也不恐怖。他们普遍的观念是:副教授应是国家水平,正教授应是世界水平。何止是出版?

中国历史上,博士的培养始于20世纪80年代初,刚开始的那些年,非常认真,非常严格。现在怎么样了?变味了吗?或者部分地在某些方面变味了没有?

我们这里的教授或许还是有出版著作的,但是,贬值了没有?不用说世界水平,国家水平还有吗?许多人,只要"长"字号在身,摇身一变就成了教授,还成了博导,真才实学在哪里?就在我周围,这种现象已屡见不鲜了。

当官不发财,发财不当官。资产阶级革命所要解决的基本问题之一,就是权力不得介入经济。我们完成了这种革命吗?权钱交易是万万不可的,但还有交易,不是吗?

如今,权学混淆、权学交易的现象在我们这里也不罕见了。不改革,就只有死路一条,邓小平的声音有多少人听进去了?学界的人,也听进去了吗?如果真听进去了,为什么还这样?蔡元培大学思想的核心,"学术自由,大学自治",如今安在?

教授不杰出,怎么能培养杰出人才?如果我们认可"青出于蓝而胜于蓝",那么,不杰出的教授应当也可以培养出杰出人才来,可是,平庸的教授也能培养杰出人才吗?能不误人子弟吗?至少,应当是优秀的教授才可能培养更杰出的人才来吧?

还是回到教学改革的问题之一的课堂改革上来。

一个有趣的现象是,我还未见到过我所言之"最好的学生",也未见过我们说的"最好的老师";我本人没有成为"最好的老师",因为我还没有培养出"最好的学生"。这都是按我拟订的标准来说,标准变了,结论也可能不一样了。

我不仅写书是一直问着的,而且许多论文的开头就是由一系列问题开始的,并且论述中还贯穿着问题。当然,我原本就觉得,这才是做学问。

我不仅在学术工作中是问着的,而且跟人交往或聊天时,也是问着的,在行政工作中也是时刻问着的,行政工作在很大程度上也如做学问一样。

不仅备课时是在备着问题,我在准备学术演讲或报告时,也是在准备问题。我活着,所以我思考着;我思考着,所以我询问着,同时也去释疑解问。笛卡儿说:"我思故我在。"我还想再说一句:"我在故我思。"说的都是"在"与"思"的关系。

我说我还不是一位最好的老师,就因为我至今还未被问倒过。当然,如果有一位最好的学生出现,我也就"倒"了,因而,也就成了最好的教师。由此,还产生了一些误会,学生误以为我无所不知、无所不晓,怎么可能问倒啊?这个误会,也成了一种障碍。该如何去排除它呢?这个误会不利于学生成长,也让我难以成为最好的教师;并且,如果我麻木,还会有危险。

## 二、最好的学生

在不少的人看来,我是一个成功者。在我们看到的许多著作中,作者们大都是在叙述自己的成功,取得的成就。那学术著作之中,更是一个个著名的命题和颠扑不破的论断,以及数理之中的一个个公式和定理。他们的笔下生辉,阳光灿烂,似乎是一串串的成就铺出了一条康庄大道。我的著作也大体如此,也给人以一种错觉。如果学生有这种错觉,对他们确实十分不利。

我想,也该写写我的失败之路,不是说"失败乃成功之母"吗?为什么不写写"母亲"呢?

还有一种情况,使得这种误会有所加深。

1998年,与我长期合作共事的陈钧,在《湖南日报》上发表一篇文章,说我们湖南就有教育家。这可能是首次有人称我为教育家。不过,事发湖南,且只是湖南的媒体,所以,波及的范围不太宽。

1999年,在北京召开的一次全国高校教学研究会上,与会人员在

400人以上。那次会议上，北京大学高教研究所所长喻岳青教授在发言中说（原意如此）：北大自蔡元培之后，有好校长，却再也没有教育家了。但当今中国有。他点出了四个人的名字：匡亚明、朱九思、曲钦岳、张楚廷。我坐在会场的最后排（这是我习惯的座位选择），当听到我的名字时，我不太相信自己的耳朵。

　　2001年，在华东师范大学攻博，不久后任职于浙江师范大学校长的眭依凡教授在他的博士论文中称，当今中国有三位教育家，在喻岳青教授提出的四位中，因为时限，没有提到匡亚明。眭教授独到之处还在于，他认为1949年前也是三位，并且平行地做了比较。他的论文被十位教授评审，十人全给出了"优"的评价。后来，以此论文为基础，在人民教育出版社出版了一部32万字的著作。我被眭教授称为学问家式的校长教育家。继喻岳青教授之后不久，这些论述产生的影响就比较大了。

　　2005年，我在上海交大做学术报告，主持人是上海高教学会会长杨德广教授。他在我报告开始前的介绍中说：我今天给大家请来一位哲学家。这更让我大吃一惊，报告过程中，还一直忐忑不安啊：我怎么一下子成了哲学家？不是都说1949年之后没有哲学家了吗？虽然快过去十年了，我至今总共已有了10部哲学著作，但这就能够称得上哲学家吗？这些著作或许能够证明我对哲学持久的执着，但能说明我是哲学家吗？古希腊人把"数学充当哲学"的情况也能说明点什么吗？在哲学上真到了"家"吗？泼出去的水，嫁出去的女，那就随别人喊吧。

　　2007年，华中科技大学教育科学学院院长张应强教授在一次学术演讲中称我为思想家。

　　2010年前后，有一些人称我为理论家、实践家。称实践家可能是因为在办学上做得还可以。

　　2014年6月，即不久前，在北京的一次学术会上，喻岳青教授在会上重申他15年前得出的结论。

就在前不久,黎利云博士给我一个特别的称呼,称我为演说家,也说我是批判家。

在我写了一千多首诗之后,更多的人说:"你又成了诗人。"但没人说我是文学家。

还有一些人问我:"在这么多'家'里,你最喜欢哪个'家'?"犹豫了很久之后,我答道:"我最喜欢'张家'"。进一步的解释是,我是张家的后代,炎黄的子孙。

我不知道,当人们给我这样一些称号的时候,是不是认可了我是一位改革者?但是,迄今尚无一人称我为改革家。如果有,我可能会对改革家之称比其他那些"家"的称呼的认可度稍高一点。纵然我在改革方面也还没做到"家"。

不过,在我看来,这些称呼都只是一些符号,也属于身外之物。真正称得上身内之物的,是你究竟有多少真才实学?你的品格如何?你的思维品质如何?你的操守如何?你是否认真对待你面前的学生?你是否孝敬父母?是否对得起自己的民族?

并且,我确实是冷静的。刘献君、张文祥、朱业宏、蒋冀骋、张国骥等教授分别都曾是大学领导人,他们曾先后彼此独立地称我为"天才"。当听到这种评价(其中一些评价是他们当着别人的面说的)时,我仍然是冷静的。我戏称自己是"地才",不是天上掉下来的,是地上长出来的,是我们中华这片肥沃的土地养育了我。中华民族是勤劳智慧的民族,作为这个民族的一分子,我敢不勤奋吗?我能不努力让自己智慧起来吗?我能愧对自己的民族吗?我怕的不正是自己枉对了这片土地吗?我所念兹在兹的,不正是这些吗?

确实有一些现象造成了不少误会,误以为我什么都懂,甚至误以为我什么都能,想做什么事就能做好。这样,我就很难培养出最好的学生。有些学生甚至还用"高山仰止"这样的词语来叙述,这对他们就更为不利了。

刘献君教授曾说"湖北有山无峰,湖南有峰无山"。其中多有所指,其指之一是,在教育领域里,湖南的山不多,却有一座峰。也是把我抬得很高了。当他说这句话的时候,可能他忘记了我是湖北人。湖南是我的第二故乡,却毕竟是第二。我如果算一座山,也是从湖北移过来的,湖南肥沃的土地滋养了我,让我长高了许多,但我不会盲目到那样的地步,以为自己真是一座峰了。

没有培养出最好的学生,就不能说是最好的老师,但我还在继续努力着,让学生真的相信"青出于蓝而胜于蓝",让他们敢于挑战,向权威挑战,向山峰挑战,向自己的老师和书本挑战。如此这般,才可能人才辈出,一代胜过一代。

我决不能担当那样的角色,遮住别人、盖住别人,更不可压着别人。应当倍加小心啊,在很多看似成功的时候,也是危险在增加的时候。如果我从各方面注意,并从多方面创造条件,也许有朝一日就成了最好的老师。朝着这个方向走吧,但很可能做一名"更好的老师"的目标比较现实一些。

我想,我将会专门来谈论我的缺陷与不足、谈论我的失误与失败的。这样,我可能会更清醒,也让他人看到我的另一面。这可能是朝着"最好的老师"那个方向走出的必要的一步。

我漫谈式地讨论了大学教学改革,虽然这是一个沉重的话题,但也得扛起来去深入讨论。

## 三、缺陷与失败

这里就专门来谈谈我的不足,我经历过的失败、尴尬、挫折、坎坷。至于我还未能培养出最好的学生这一不足是已经提到过了的。当然,我的学生已有一批十分优秀的,但距"最好"还差那么一点点,未来会更好,却也无足够的把握说能达到"最好"。

首先，我要说我最无知的一块是历史学。以有无著作为标准，我虽已涉猎八个门类的学问，但我未涉猎的更多，无知的更多。先说历史学吧。

对于历史，当然也不是一无所知，我之所知者，主要是通过数学史、教育史、哲学史去知晓了一些的。我读过冯友兰先生的《中国哲学简史》，读过克莱因所著《古今数学思想》（四卷本），这还是思想史的著作，至于教育史，中外的都读过一些，知道教育史上的不少人物和事件，以及教育的一些演变。

然而，中国通史未读过，世界通史未读过，一本也没读过。思想史、文化史、经济史、民族史等等都未读过。一切都在历史中，我对历史和历史学家怀有深深的敬意，这还与我在史学上的匮乏有关，他们懂的东西，我不懂。当然，即使我懂了一些，只会更加增强我的历史感，把我放在历史中，因为我本在历史中。

除了人物史、文化史、社会史外，还有自然史、宇宙史、地球史、海洋史、冰川史、动物史、植物史，所有这些，都有人研究，而我，则知之甚少，有的方面还完全无知。

经济学领域的知识，也是我十分贫乏的。读过一点教育经济学。一般的经济学理论就知之甚微了。这是一个有众多分支的领域，但我对任何一个分支都不十分熟悉，只对教育经济稍有了解。

工农商学兵，对军事学一无所知，商学在经济之列，这是我不熟悉的。工学、农学，这是我更为缺乏相关知识的方面。工农商学兵，五大类别之中，只有"学"界的事了解一些。我懂一些数学，却从未用于工程技术领域。对于农学、气象学、天文学、天体学、地质学，我基本上处在无知状态。

我基本上属于那种眼高手低的人。眼高并没有什么不好，看得高远一些是必要的，问题在于动手能力不强。最好两方面都比较强，但我缺了一个方面。

论动手，我在用手写字上不差，但一般所言之动手与动笔可能还不是一回事。我常称我的大儿子是我家的工程师，很多事是他做，但他的理论思维也很强；我想，他可能就是眼高手不低的那种手脑并用的全能型人物了。

在我们弟兄中，我的老弟张楚纯应当是手脑并用、什么都做得好的类型了。

这样一比较，就更可看清我的缺陷与不足。还有必要说说我曾经历的失败。

在武昌养真小学毕业后，我考武昌中学，结果是名落孙山，榜上无名。父亲带我回家了，路上，他自言自语："我这小孩不可能考不上的呀。"反复念着，不是安慰我，而纯粹是自言自语。但无论怎样不相信，没考上已是事实。这不就是失败吗？

在沔阳中学读了不到一个学期，又在天门乾驿中学读了不到一学期，后转入汉阳中学，不知哪一年改名为武汉三中。我进武汉三中是未经过入学考试的，因而进入武汉三中不算成功。若要入学考试，结果就难说了。

在三中读书时，有一次历史考试得了57分，不及格。这次不及格可能不是我对历史一直学得不好的原因，这只能说明，对于历史学，我确实一直学得不好。

考大学时，我第一志愿报的是华南师范大学，当时不叫大学，叫学院；第二志愿是湖南师范大学，结果，我的分数没上华南师大的线，考得不好啊。当然，这可能算不上失败，却也不是成功。不过，从后来的事实看，我上湖南师大，最大的幸运是遇上了一位杰出的学者、当年北大的高才生李盛华教授。除了父母，他是对我一生影响最大的人。

在武汉三中，最令我念念不忘的是国文老师张国魂，数学老师赵孝恭；连同大学时期的李盛华老师，这三位是对我人生影响最大的师长。这也是我的幸运。

不过，曲折仍不少。在做青年教师时，有一次，李老师考我们复变函数，我就没及格。这是我又一次不及格。那时，在李盛华老师看来，我是青年教师中很不起眼的一个。

至此，基本上可以证明，我是不善应试的。有一段时期，教育界批判应试教育，我就一声不吭，我本不会应试，有什么资格去批判应试教育？自己不是瓜子脸，就说瓜子脸不好看，怎么说得出口啊？不批判也不一定绝对认可，但是，由我来做批判，不恰当吧？没说服力吧？

微积分是不容易教好的一门课，尤其是高等微积分。关于无穷小的语言表述就十分不易。李盛华老师在一些青年教师讲完课之后，去看他们在黑板上的书写，特别是看看他们把语言说清楚了没有。当然，他也很注意看我写的。他发觉，我的表达十分清晰，十分准确，这就有点放心了。

在华罗庚推广优先法的时候，并未给出最优证明，他无须理论证明，否则也不好推广。李盛华老师给出了一个最优证明，非常简捷。几乎所有的青年教师都看不懂，我看懂了，并且把他的证明初等化，这样就都看得懂了。初等化不是一流的工作，但亦有不易之处。这样，李老师对我的好感逐渐增加了。在我后来开出了多门数学课程的时候，他甚至觉得我在数学上已成熟起来了。

1981年，李老师68岁，此刻，他向学校建议，由我来接替他的数学系系主任职务，这是基于，他认为我已经在数学领域里站稳了，知识面比较宽了。

人们所看到的，往往是结果，是我担任系主任了，却不知道那个过程，充满了失败、错误和挫折。我接替李老师的时候不到45岁，是当时最年轻的系主任。人们更容易因此而只看到结果，却不知我曾是很不起眼的青年教师。

这里，我还想说我作为校长的一次失败，当然这还不是我唯一的一次失败。

我观察过、思考过、研究过，学校主校区，即与教学区相比邻的住房是不能出卖的,只能租赁。原因是多方面的,每年都会有不同数量的新教师进来,他们买房有困难,只能租借廉价用房,学校有房就可让他们租用。等到有一定资金买房,那是若干年之后的事了,到时,他们到市面上去买房,或学校在校外不太远处(例如几公里之外)修建一些住房出卖给他们。

更严重的是,若把主教学区内的房子卖掉了,一二十年,最多二三十年之后,这些房子的房主就大都不是学校的职工了,而是现在职工的第二代、第三代,甚至是其他外来居民,他们仍是学校职工的可能性很小。我卸任15年了,这种局面已经显露无遗。从此,校园里的鸡鸭狗,你都管不上,终将使校园不再像校园,鸡犬不宁就等着你了。

所以,我专门写了文章,论证上述观点,并请当时的副校长刘华安在距学校三公里外的地方购地300亩,在那里边修房子边卖给职工。但是,我的工作做得不深不细,也不及时,并且没有采取一些办法让后继者无法改变这一思路和做法。结果,我的继任者上任后,立即一股脑把主校区的房子都卖掉了。他的动机,我能够想到八九不离十。他将承担什么样的历史责任,可能他也不会去想的。我在此也不宜多议论他了,历史会去议论的。

对我而言,还是痛感没有及早行动,我没能让后继者无法出卖学校主校区的房子,这是我的失败。从这一点来看,我也对不起学校。虽然可以预料的未来的严重后果,责任并不在我,但我未采取强有力的措施和策略来保证不让那种不当行为发生。让上天去保佑我投入了全部情感的大学吧。

一个人只可能写下自己任职的那一段历史,不可能对全部历史负责。可是,一个更有远见的人,对历史的影响可能更长远一点。我在某些方面做得还可以,但远不是在一切方面都做好了。

## 四、"五I"阐释

教学改革,课程改革,是一个大范围内的事,世界上不少的学者关注着。

德国很多人主要研究教学论,美国很多人主要研究课程论。留德归来的李秉德先生研究教学论,留美归来的张敷荣先生主要研究课程论;两位先生的学生也就分别在这两方面工作,而课程论与教学论的关系继续被讨论着。

我曾提出一个观点,在教学论与课程论之间虽然在使用的术语上有差别,但可以互译。比如说,课程即教学的内容;教学即课程的展开,其他便以此继续释明。我在两者间做了一个调和。我2003年写的一本书就叫《课程与教学哲学》,就是做这种调和的。不过,我觉得用课程论来表述更好,课程的内涵已变得极为丰富了。如果我再写有关著作,很可能就命名为"课程哲学"。

2002年,我招收了首届课程与教学论方向的博士生,我认为,博士应当在哲学的水平上培养,故而,在当年为他们讲授了"课程与教学哲学"。次年,人民教育出版社为我出版了与此同名的著作。当然,在我招收高等教育学博士生之前,我就有了一本《高等教育哲学》,后来又写了一本十分不同的《高等教育哲学通论》。基本上,我都讲授自己写的书,教什么,写什么;写什么,不一定教什么,有一些著作是难以作为教材的,作参考书目或阅读书目没有问题。

1918年,美国人博比特写了一本书,即《课程》,至今将近100年。此书影响不是很大,但属开山之作。

1949年,另一美国学者泰勒,出版了《课程与教学的基本原理》一书。他提出了课程展开的四个步骤,我将其简称为四环套:①确定教育目标;②选择学习经验;③组织学习经验;④评价学习经验。第四环实际上就是评估或反馈。

又有一位美国学者多尔,他把泰勒的理论称为是现代主义的,而他认为自己是后现代主义的,他的代表作《后现代课程观》反映了这一点。他针对泰勒的"四环套"理论,提出了"四 R",即 richness(丰富性)、relation(关联性)、recursion(回归性)、rigor(严密性)。自然,多尔很欣赏自己的后现代主义。

不过,在我看来,多尔对于泰勒理论缺乏中肯的分析,乃至于他本人并没有比泰勒走得远多少。后现代主义不只是一个时间上的差别,应当有内容和观念上的不同,但恰在这样一些实质的方面,多尔之所言,新意鲜见。

比如说,所谓丰富性,不外是把学习经验多选择一些,而关联性、回归性,说的正是如何组织学习经验,至于严密性,可能就与反馈、评价有关了。多尔并没有从泰勒的"四环套"中跳出来,似乎只是变换了一下术语。仅用"现代"与"后现代"来与泰勒理论相区分,不一定取得了实质性进展。

用我们的口头语讲,泰勒的叙述是中规中矩的,或者说,很传统,一般的教学与课程不就这样吗?于是,与其说这个理论是现代的,不如说它是传统的。

对于多尔所缺乏的分析,我们稍做说明,以便更好地了解,多尔相对于泰勒究竟做了些什么。

首先,关于"确定教育目标",在我看来,其具有明显的先验性。并且,还忽略了教育主体的多样性。有关的教育行政部门可以提出目标;学校也可以有自己的教育目标,未必跟行政部门完全一样;作为课程执行者的前线人物的教师,也可以有自己的目标;那些学习着的学生未必不可以有各自不同的目标。

在许多情况下,目标并非在教育或课程展开之前就能明晰地确定下来,确定了,还可能变更;越在上层,可能越少变,越到下层,变化的可能性越大。目标确定的主体多元性、后生性、多样性、变异性,都未被充分注意到。

此外,教学的发展过程也不是笔直的,不是线性的。这种非线性状况,一般有经验的教师都是很有体会的。泰勒本人在中学、大学都教过书,想必也是经验丰富的,很可能是他在做归纳的时候,因条理化而简单化了。

我在分析研究了泰勒、多尔及其他一些课程专家的理论之后,提出了我的"五 I"课程观,一个中国学者的课程理论。碰巧,我的这个体系中的五个核心概念,在用英语表达时,第一个字母都可以是 I。因而,也得到某种简便的表示方法。现在,先列出这五个词,然后分别做一点简要的说明,再后还与泰勒和多尔的理论做一番比较。

"五 I"指的是信息(information)、兴趣(interest)、直觉(intuition)、质疑(inquiry)、智慧(intelligence)。不只是五个概念,还有五个范畴,五句话:信息宽于知识,兴趣先于意志,直觉重于逻辑,质疑贵于聆听,智慧高于聪明。

第一,在教学和课程的实施中,传递的不只是知识,还有教师的态度、事业心、责任心和他的信念等,这些东西连同知识一起传递给学生,它们就可以叫作信息。一堂课下来,一门课完毕,学生多少会获得一些知识,但最难遗忘的,还是学生对教师的信赖、情感,那些把自己的精力奉献给了学生的教师,常常是学生终生难忘的。因而,优秀的教师不仅注意让自己有足够的知识,而且还会修养自己、锤炼自己。做学问与做人是很难截然分开的,它们一起影响着学生,其影响胜过父母,而在学生眼中,教师则是活生生的榜样。

第二,人们往往说兴趣是最好的老师,它能引人入门。兴趣能否持久,取决于所感兴趣的对象包含的因素是否有更强的吸引力,让人难舍难分;另一方面就取决于毅力了,当兴趣正在消退的时候,意志就出来发挥作用了。在坚持的过程中,可能会有困惑、徘徊、犹豫,这就要通过意志去克服和消除。在此过程中,还需要生长出兴趣,更浓、更深的兴趣,长期的索然无味是可能带来危险的。这样,教师不仅要使自己的教学生动有趣,还要注意培养学生的兴趣。有兴趣,才会喜欢,才会热爱,碰到困难以后才愿意坚守。故而,教师不只是教书,还需让学生的心理品质得以发展、提升。

第三,直觉的意义是重大的。逻辑是小买卖,直觉才是大功夫,直觉思维更具有创造性。为什么说逻辑是小买卖呢?基本的形式逻辑,通过平面几何的学习就可以掌握;再花一番功夫,就可以掌握辩证逻辑。直觉不是沿着逻辑的线路走的,它可以捕捉到新的东西。在形式逻辑中,结论已经潜藏在前提里面;而直觉是没有前提的,它的触角可以伸展到难以想象的地方。直觉之所获往往还需要再加工,此时,逻辑起作用了,它起梳理、整修的作用。

就创造性价值而言,归纳比演绎更可贵,发散性思维比收敛性思维更可贵。

教师一般都会注意培养学生的逻辑能力,但能自觉地培养学生直觉能力的,比较少见。培养直觉能力也更困难,更需要耐心和教学智慧。特别值得注意的是,教师若过分对待逻辑的意义,还可能扼杀学生的思维能力,使得学生严谨有余,活泼不足;记忆力、推理力不错,想象力、联想力欠缺。

没有什么特别有效的办法来发展直觉,但是,自觉运用举一反三、触类旁通是有益的,刻意放飞自己的思想,任其去想象、幻想,多运用隐喻,学会幽默和诙谐,学会说别人之未说,想别人之未想,不忌讳说俏皮话,这都是有益于直觉发展的。通常,还需要把易逝的直觉记载下来,以便随后再去打磨。

第四,质疑或询问或疑惑比聆听更宝贵。

用心倾听是必要的,教师在说些什么,不论是否听得懂听不懂,也得听,把太不懂的、有疑问的内容及时记下。发出疑问更重要,即使似乎懂了的,也问几个"什么""为什么"。有时候是问自己,有时候是问老师,问书本。

中国人把知识、见识等叫作学问,这是特别恰当的表达。学问,学问,学着去问,在问的过程中获得学问。问得越多的人学得越多,问得越深的学得也越深。学问从问题开始,又贯穿始终,最好还终结于新的问题,开启又一轮学问进程。

前面,我们已经对教师引导学生问的意义做了讨论,现在只是在倾听与疑问的关系上做了进一步阐述。

第五,关于智慧高于聪明,这只是我个人的一种约定。在我看来,一般人都是聪明的,但达到智慧则需要借助哲学,需要有一些关于智慧的学问并践行之。

这样看来,教师的哲学修养就是必要的,首先让自己从聪明走向智慧,让自己获得教学智慧,并给学生以智慧。教育的真谛可能与此密不可分。

现在来做一些比较。我的"五 I"所具有的改革意义,从下面的比较中可以看得更清楚。

第一,无论是泰勒的"四环套",还是多尔的"四 R",都只限于知识的传授,然而,这只是教学的一面,应当传递的很多内容,并不是可有可无的。

第二,他们的理论最大的缺陷是目中无人,都没有论及教学活动中最重要的主体——学生、人,都没有对人的发展与课程和教学的关系进行一些基本的讨论。这种很不应当发生的事,毕竟是发生了。根据什么来确立目标、选择和组织经验?根据什么来谈论丰富性、关联性?可以旁若无人吗?

第三,无论泰勒和多尔,都缺乏辩证的方法与精神,都只说事物的一方面,这一缺点与以上问题有一定的联系。

哲学的基本内容,一是形而上的思考,二是对范畴的分析,他们在这两方面都存在问题,都只说单面。然而,当我把"五 I"展开说成五句话时,都是在讲范畴,兴趣与意志、直觉与逻辑、质疑与聆听的关系,可算是比较典型的范畴问题。基于这两方面的问题,不能不遗憾地指出,他们的论述缺乏哲思。

## 五、批判是使命

很愿意听到有人说我是改革家,但未听到;想来,我在改革上也并未做到家。我进行了多方面的改革,但有些还未做,有些是力所不及的,有些力所能及的也不一定做得很好了。继续努力吧,在改革路上坚持走下去。

有人称我为批判家,这个称呼很切实际,但在批判方面我也还未做到家。在勇气和勤劳方面没有问题,在广度和深度上,尚需继续努力,一直走下去。我想,如果真正成了一位批判家,应当跟改革家相差不很远了。

由于我喜欢哲学,必然就喜欢追问;喜欢追问,就必然喜欢质疑;到了质疑那里,也就到了批判那里。这样,我便自然而然走向了批判,好像并非刻意去做的;当有人称我为批判家时,一回首,看看过往,也大体上是在向这个"家"走着。

后来听人说,知识分子就是社会的清洁工,其使命就是批判。我并不是先听到了这种说法,而后才进入批判的。这是不是又可证明我是一个真正的知识分子呢?有没有假知识分子?如果没有,"真正的"这个形容词还有必要吗?

曾任湖南省委书记的毛致用,对别人,也当着我的面说过:"张校长是一位真正的知识分子。"毛致用虽然农民出身,常穿着一件军大衣,生活朴实,但我认为他十分智慧。这一点,远不是他的外表所能说明的。至于他为什么说我是真正的知识分子,在他眼里,"真正的"三个字的含义是什么?我并不清楚。不只是毛致用,几乎所有当时的省委领导都这样认为。

这使我想到一个观念,即好的知识分子是批判的,好的政府是喜欢知识分子批判的。由此观念,由此标准,当年的省政府是好政府,我也算好知识分子。

我不止一次地被问:"你常批判政府,你的日子好过吗?"另一种问法是:"你常批判政府,政府还会支持你吗?"公办学校没有政府的支持是不行的,所以,人们的担心、人们的问题也是自然的。

但我的日子过得还好,政府一直很支持我,而我的批判之声未停过。我想,这取决于三个条件。

第一,批评或批判者是真诚的,中肯的。

第二,当局是愿意听取意见的,而不是一味爱听赞美和歌颂的。

第三,政府与知识分子的正常关系也经历了时间的考验。

校长不是官,我曾就此观点专门发表过文章。世界上公认,官只存在于两个地方,一个是政府机构,一个是军队。

很不幸,校长被当成官了,学校被当成政府机构了。世界上公认,我们中国出版的大百科全书都明确的观念没能实现。恐怕在如今世界上这已是极为罕见的了。我们的教育问题在哪里?我们为什么培养不出真正的大学问家?体制负有怎样的责任?应当思考这个问题的人,都思考了吗?将来会思考吗?不思考行吗?

历史已经表明,省政府和教育部对我是高度信任的。这当然包含了我的真诚,我的善意,但若没有他们同样的真诚和善意,情况也会很不妙。我改革的环境会有那么好吗?我批判所得到的回应会有那样的作用和效应吗?

实在说,不仅省政府,国家教育行政部门也是很愿意听取不同意见的。我也深深感到环境在日益改善,更何况,无论是顺境还是逆境,都应当是同一颗心;当然,在环境比较好的时候,心境会更好,我亦盼望有一个更好的局面。

举几个具体的例子吧。有官员说:"评估是天大的事。"我说:"这充其量是地大的事。"此后,他们就不再这样说了,这不就是听取了并改正了吗?如果评估是天大的了,那么,被评估的东西在地底下吗?教学本身为大,还是对其之评估更大?评估只是教学的一个环节,一个环节就比整体还大了？我们站在教学这片大地上，会认为评估"天大"吗？不误人子弟、努力教好书，这才是天大的事。

还有一个关于评估的20字方针："以评促教，以评促管，以评促建，评建结合，重在建设。"这个20字方针概念都搞错了。评估对于教学、对于学校管理、对于整个建设，都只是一个局部。这不好比是拿山川来促地球吗？不好比拿手脚来促包括大脑在内的整个生命体吗？这个评估有那么神奇吗？

这让人们想起当年的那个"抓革命，促生产"的口号。好像农民是被革命而促着来生产的，工人也是被促着而生产的。知识分子的精神生产就不被认为是生产，还促它干什么？很可能，你抓革命还是不抓革命，都被认为与知识分子无关了；而知识分子会认为自己是因革命而从事精神生产的吗？

农业经济的出现有几万年了，农民生产都是靠革命来促的吗？近代工业的出现也有三四百年了，工人生产也需要革命来促吗？知识分子都是因想着革命而教书、而做学问的吗？商人也为各种生产做出了贡献，他们想过革命、想过为革命而经商吗？军人把保卫国家作为最高使命，与其他因素有关吗？

具有讽刺意味的是，在那些革命口号叫得最响亮的地方，往往是生产十分不景气的地方，是经济十分萧条的地方，接着而来的会是什么？人们可想而知。

连省一级的政府要想对体制有个大的变革，其困难都是难以想象的，我们个人能有多大作为？不过，我觉得，在一定范围内，在一定程度上，还是可以有所作为的。我在本书的第一章第三节"去行政化"中就谈到过一些。至于对体制的批判就更加自由，更可能做些事情了，至少应当本着一种良知去发声吧。

我对体制的批判似乎也有一些人在听，但改起来却真不是容易的事，不过局部做一做是可以的。我不只说说而已，而且真的还做了一些事，历史已写在那里。

许多人知道我对体制经常有批判。有一次，一位可能想成为"最好的学生"的学生，问一个估计可以把我问倒的问题，她（一位女生）的问题是："你不也在体制内吗？"意思是，这样，你难道能理直气壮地批判体制吗？

我几乎未加停顿地回答："我身在体制内，心在体制外。"这是一个全国性的学术会议，会场上至少400人，我回答后，全场一片掌声。我想，他们也是在为自己鼓掌。

实际上，凡不认可这种体制的，心都在外。从这一点来看，我跟大家一样，也没有很特别的。只不过，受制于这种体制而不能超越的情形更令人担心。

## 六、事关重大

还曾经有过一个"百篇优秀博士论文"的评选工作，我对此举措真难以理解，不久就写了一篇文章批判，认为这太荒唐了。幸好，这种评选没过多久也取消了。

评选百篇优秀博士论文，不外乎是在说明我们还有一百篇优秀的。每年数千篇博士论文，仅有一百篇优秀，这也可以拿来炫耀吗？谁需要这种炫耀？博士们吗？社会吗？还有不合格的，谁去负责？谁来说明？谁去理会？

美国人是从不断地淘汰入手，几度淘汰之后，留下来的可能就比较好了，并且，究竟好不好，还由日后再检验。对比一下，我们这里是掐头，美国人则是去尾。谁真正对社会负责了？

有些大学还以有一两篇"优秀博士论文"来表现自己的政绩。为获此荣誉，不惜"集中优势兵力打歼灭战"，汇集一群博士生指导教师共同策划，来谋求本校有一篇"优秀论文"，其他的，就顾不了那么多了。功利化到了这种程度,谁为之叹息?这些可怜的教授们也被迫走到了这种地步!

与二三十年前相比,谁都看得到博士培养的质量在下降。不是没有过优秀的导师、优秀的学生、优秀的论文,但是,谁能否认整体质量的下降?不从根本上、体制上寻找原因,寻找出路,进行改革,却做一些如此不恰当的事,我们能心安吗?

我们再回到批判这件事本身来进行一些讨论吧。批判可能是知识分子的使命,他们用自己的头脑思考,用自己的眼睛观察;为了社会的健康与进步,他们几乎天然地更注意有什么细菌在传播,有什么障碍在路上横着;为此,他们显得很挑剔,很清高,当然也很独立,甚至有些固执己见。

故而,知识分子似是社会的清洁工,社会能不需要清洁工吗?能没有人来扫地吗?那些能代表社会良知的政府会不喜欢清洁工吗?会不希望有人常挑剔吗?事实上,唯有当知识分子与政府之间存在这种互动时,社会才真正处在健康发展中,也才真正有和谐。可是,谁来赐给我们这样一个局面?

当知识分子只有歌颂和赞美时,知识分子已经不再是知识分子,而政府很有可能处于不利的境况,甚或是麻木的境况,这不也是很危险的局面吗?

当一个人只想听到正面的、赞扬的话语时,当一个团体只能听到赞美的、颂扬的声音时,都正处于停滞甚至危险之中。对于社会,不也是同样的道理吗?如果已经看不到问题之所在,还需要改革干什么?还会想到改革吗?

所以,我觉得,改革者必是一位批判者。

批判不是不要继承,而且是为了更好地继承与发展。批判也不是否定一切,对于批判,也可分分类,有些是继承性批判,有些是否定性批判,一般都会有部分的否定,因而,有继承性否定、发展性否定、建设性否定。否定并非简单的破坏,甚至不应当是破字当头,而应是立字当头,要前进,要发展。

哲学可能是最能代表人类智慧的学问,而哲学的基本品格之一正在于批判。有哲学,就有批判;有批判,再往前走一步,就到达哲学的彼岸了。实在说,我们太需要哲学了,现实却是,我们太缺哲学了,缺少哲学兴趣,缺少哲学自觉;与此同时,我们是不是也太缺批判了呢?否则,哲学为什么那样贫乏?

我们这里的哲学为什么太贫乏?是缺少批判吗?批判为什么又缺少呢?是因为我们的哲学不发达吗?这样,我们似乎就跳不出一个圈子了,但是,为什么不可以跳出呢?谁来赐给我们批判?谁来让我们有繁荣的哲学?

哲学的贫乏,其影响是巨大和深远的;因而,哲学的繁荣也是影响巨大而深远的。

古中国,古希腊,都有发达的哲学,这是有文字可考的;更早前,相信就有哲学,只是未能以文字的形式存在。历史表明,人是必然走向哲学的;事实是如此,逻辑上也可说明。人若是求智慧,就必然走到哲学那里去,哲学即智慧之学。

哲学产生和存在的唯一条件是自由,亚里士多德早已说过:"人本自由。"① 既然人本自由,哲学亦本会产生。如今,妨碍人的自由的东西多起来了,谁来给你自由?有人给,你也不一定知道谁在给,只能自我把握。充分把握了自己,由着自己,就自由了;如果充分享有了自由,哲学就在你身边了。如果能自觉跟哲学打交道,亲近它,你就会有更大的自由。

这样,我们似乎就把批判、哲学、自由都联系起来了。事实上,不只是我们联系着看,它们本就是联系着的,而我们只是看见,只是发现,并让我们思考。

在我看来,与其说我喜欢批判,不如说我喜欢哲学;与其说我喜

---

① [古希腊]亚里士多德:《形而上学》,吴寿彭译,商务印书馆,1959年版,第5页。

欢哲学，不如说我喜欢自由；与其说我喜欢自由，不如说我希望每个人都回到人本身。当这一切都有所欠缺的时候，我们自然想到改革，改到哪里去？改到人本有的一切那里去。

我已经写了1200多篇论文，其中绝大部分是批判性的，相信也是建设性的。因为我相信，我自然地以自己的良知做着一名扫地工，经常看见地上有灰尘，经常就扫扫，做清洁工。因为经常，所以扫地的次数多，文章也多。

常有人问我："你怎么写了那么多？"因为我想了那么多。"你又为什么想了那么多呢？"因为供我想的东西很多。"为什么供你想的事多呢？"因为地上常有灰尘，常需要批判。"为什么要去批判呢？"因为喜欢哲学。"为什么喜欢哲学呢？"只要认真做人，认真把祖宗给自己的头脑运用好，就不可能不喜欢。还有问题吗？"你都说到祖宗那里去了，还能再问什么？"

我觉得，我是把握了自由的，因而，我是批判的，并且，由此而更多一些思考，就必然走向哲学。我确实很喜爱哲学，已有10部哲学著作这一事实可以作证。

喜爱哲学，这既是人的天性，又是一种责任。责任就在于，不能辜负了上天的眷顾，不能辜负了祖宗的恩赐，也不能辜负了自己的民族，不能辜负了培养我的大中小学。或者说，天性与责任紧密相连，我有责任保有和发展这种天性。

因此，我喜欢批判，喜欢改革，这应当也可以作为人的一种天性来理解。天性削弱了，扭曲了，就会出问题，就会安于现状，就会故步自封。很可能，比较特别的一点是，我站在了清洁工的行列，又未丧失天性；可是，这也并不特殊，所有清洁工都有此天性。

## 七、偶然与必然

大学的产生是必然的,还是偶然的?

最早的博洛尼亚大学为何出现在罗马以北的、相对偏僻的博洛尼亚?为什么没出现在更为著名的、相距罗马仅100多公里的佛罗伦萨?为什么没有出现在神圣的大罗马?意大利文明为什么首先偏爱了那个小地方?这能用必然性来解释吗?

为什么首先想到要办博洛尼亚大学的竟是十几个学生而不是教师?为什么更不是当地政府?为什么教皇也没有想到?为什么不是更年长的人想到的?为什么出现在意大利而不是出现在法国、英国?为什么不是出现在巴黎或伦敦?为什么出现在欧洲而不是亚洲?为什么也不首先出在非洲和美洲?

是因为欧洲经济很发达吗?君不见,那时中国的经济远比欧洲发达,中国是当时的世界第一大经济体,但大学没有首先出现在中国,没有出现在亚洲。而且,更难以解释的是,大学在中国和印度的出现,比在欧洲的出现,晚了700年以上。

是因为文化的原因吗?古埃及、古巴比伦(今日之伊拉克)、古中国、古印度,大学在这些文明古国都是姗姗来迟,这是什么缘故呢?

还有许多的为什么难以用必然性来回答。

为什么宇宙产生在140亿年前,而不是产生在300亿年前,也不是在100亿年之后?为什么在宇宙出现后的80多亿年才有了太阳?为什么太阳只是在银河的边沿上?为什么太阳旁边有10颗行星绕着它转?为什么空间有边有际、时间有始有终?为什么太阳系里有一个很特殊的地球?

尤其,为什么地球上有了水?为什么又有了绿色?为什么还有一个月亮绕着它转？为什么地球上有了海洋和山川？为什么地球有了鱼、有了鸟语花香？为什么又有了雷霆万钧？更为神奇的是，为什么有了人？为什么人有了意识？为什么不只是说话，还要唱歌？为什么男的、女的一起来到了这里？为什么连同人，把喜怒哀乐悲都带到了这世间？为什么还有了鬼魂、有了天堂？

为什么人间还有了不同肤色？为什么有了那么多的民族？每个民族都有自己的祖先，为什么会有那么多的祖先？为什么各民族各自说着自己的语言？为什么这地球上有了五大洲、四大洋以及无数的海河湖泊、高山峻岭？为什么物种会有千千万万？为什么地球上有无数生机？为什么在其他星球上至今我们还不知道有没有生命？宇宙、太阳、地球的年龄都数以亿计，为什么人类历史不到 1 亿年，也不到 1000 万年而只有 382 万年（就今日所知而言）？为什么人类姗姗来迟？为什么上天把最多的神秘放在了人身上？为什么在一切美丽的事物中，人最美？是什么让人有了意识、有了语言、有了文字？

为什么德国在 19 世纪全面繁荣起来了呢？因为他们有了让人智慧的哲学。为什么德国有了那么好的哲学呢？因为他们有了康德。为什么德国有了一个康德呢？是因为什么而有了康德？因为需要吗？为什么别的民族也需要却不一定因需要而有了呢？为什么世界上只有一个康德而只出现在德国呢？

由果索因，找到了因，就说明了必然；可是，一直追索下去都会有因吗？康德为什么出现了且出现在德国，好像无人能说出个所以然来。连海涅都说，随着康德之后的一大批思想家也是突然出现的，像魔法呼唤出来的一样。

我们同样可以问：为什么美国在 20 世纪走上了全面繁荣？因为美国有了极具影响力的哲学。为什么出现了这种哲学呢？因为有了杜威。为什么美国能有一个杜威出现呢？所有的必然，到最后都是由偶然来结尾的吗？

世上有无数的因果，但并非一切皆有因果。

同样在德国,为什么出了黑格尔、费希特、谢林?为什么还在20世纪上半叶出了一个希特勒呢?

历史主义认为,社会发展亦是具有必然性的。原始社会之后,必是奴隶社会;奴隶社会之后,必是封建社会;封建社会之后,必是资本主义社会;资本主义社会之后,又必是社会主义社会。可是,历史常有跟历史学家开开玩笑的时候。

为什么还有些地方仍停留在奴隶社会?为什么有的国家停留在封建社会的时间长达数千年,有的国家却早早就进入了资本主义社会?至于资本主义社会之后似乎必然来到的社会主义社会,这种必然性好像也没有清晰地显现出来。至少,用同一个尺度、同一种必然性来解释不同国家的历史很困难。

为什么南非出了个曼德拉?为什么美国出了个华盛顿?为什么中国出了个孙中山?为什么北京大学出了个蔡元培?为什么蔡元培之后再没有蔡元培?

为什么苏联的后期出现了叶利钦?因为苏联的问题太严重了。可是,为什么是叶利钦出来改革,而不是叶利钦斯基?为什么中国出了个邓小平?因为中国的经济已经到了崩溃的边沿。可是,为什么出来改革的是邓小平而不是李小平、王小平?总有人出来似是必然的,却通过偶然的形式表现出来。

为什么叶利钦采用的是激进的休克疗法,而邓小平采用的是相对渐近的、摸着石头过河的办法?

在某个过程中,有时是从偶然开始的,又以必然收尾,可是,也有收尾于偶然的情形。

大学的出现是偶然的。博洛尼亚大学为什么出现?经济的、文化的、政治的原因都无法解释,它为什么出现在意大利的北部这样一个相对较小、较偏的城市?为什么竟是由几个学生办起来的?唯一的必然性,在于这些学生都是人,而必然会有人拥有更高精神追求、寻找更好的生活方式。

可是，人的出现本身又具有偶然性。大学的偶然出现，可以从人那里获得必然性解释，可是，人的出现的偶然性由什么样的必然性来解释呢？

我本人为什么生出在1937年元月而不是在1936年元月，也不在1938年元月呢？这就有偶然性。可是，我作为人似是必然会来到的，然而，整个人类的来到就具有偶然性，难道你不偶然吗？当人类偶然出现后，我和别的人出现又似是必然的了。但为什么出现的是你呢？这好像又很偶然，不过，"不是你就是别人"这一点本身又具有必然性。

我本喜欢文科，但因为那时号召向科学进军，我就在高考时报考工科；然而，高考前体检发现我色盲，于是不能学工，也不能学物理、化学、生物学，所以，必然地选择了数学。可是，我为什么色盲呢？我的兄弟姐妹都不色盲，为什么我色盲呢？这又偶然了。上天必然会安排某些人色盲吧，我被安排色盲就有必然性，但是为什么安排的是我而不是别的兄弟姐妹，这又偶然了。

"人生七十古来稀"，七十岁也就被称为古稀之年了。在100年前，这句话具有必然性。然而，在今天，活到80岁也不稀了，70岁就走了反而会觉得偶然了。这样看来，偶然与必然也还可以随着时间变化。

我们国家的西南一带常有地震，好像地球总是必然地发发脾气。然而，为什么老是在西南一带发脾气，在我们中南这一带却是那样温顺、安静而绝少发生地震呢？为什么在西南必然发生的，在中南一带偶然也难发生呢？

在哲学上，偶然与必然是一对范畴，诸如现象与特质、肯定与否定、矛与盾一样。关于偶然与必然的关系，哲学上也有一说：必然通过偶然来表现。这似乎有道理，可是，天必然要下雨，小鸟必然要歌唱，这是由什么偶然来表现的呢？

对偶然与必然的看法是与时代有一定联系的，实际上，是与人联系着的。100年前的人与100年后的人对某些事物出现的偶然性与必然性的看法不一定相同。就在同一时间，就在今天，有些事的发生，在某些人看来是偶然的，而在另一些人看来，却是必然的。哲学对这种情况都充分注意了吗？

## 八、关于"家"

我一直改革，好像必然地倾向于改革。但没有人称我为改革家。在改革上，我真的还不敢说自己做到了家。但有一位博士，他叫黎利云，正是他称我为批判家，而批判家跟改革家应当差不了多少。我听到这一称呼时，倒是觉得还有点谱，虽然在批判上我肯定也还没做到家。

大约在 1998 年，我的好友、同事陈钧，在《湖南日报》上发表了一篇文章，我至今未看过，意思是说：人们以为中国近几十年来没有教育家，我们湖南的张某不就是吗？这篇文章毕竟只发在湖南的报纸上，没有引起什么关注。

1999 年，在北京的一次全国高校教学研究会上，北大高教所的喻岳青教授在大会上发言，他在发言中提出，北大自蔡元培之后，有好校长，但再没有教育家了，然而，在北大之外有，他认为当代中国高校有四位教育家，其中第四位竟姓张。我有点不相信这是指我，中国同名同姓的人不是很多吗？

2001 年，眭依凡在他的博士论文中说中国当代有三位教育家，并且认为分别是政治家出身的、学问家出身的和科学家出身的，还与 1949 年前的三位做了平行的阐述。1949 年以来的这三位中又有姓张的，且列入学问家出身的教育家。此时，我仍觉得奇怪，但没有那么惊讶了；已经惊讶过一回了，再听就有点麻木了。

2005 年，上海的一位风趣且有思想的校长杨德广教授，当我在上海交大做一场学术报告时,他竟称我为哲学家。至少是第四次听人说我是"家"吧,但这个第四次还是令我惊讶了:"我怎么成了哲学家?"我一直没问过他为什么称我为哲学家,也不好意思去问啊,还真能把它当回事吗? 一听而过吧。

2003年我出了一本《课程哲学》,2004年我出了一本《高等教育哲学》,2005年杨德广校长就喊我哲学家了,他也够敏锐的了,但是,只有这两本书就可以称为哲学家了吗?哲学家的称呼有这么容易得来吗?比起称我为教育家、学问家来,我更感惊奇的是哲学家这个称呼,我与这个称呼的距离太远了吧?太不匹配了吧?

既然已是泼出去了的水,自己也不能心安理得、徒有虚名啊。截至现在为止,我已有了10部哲学著作,此刻,我肯定还不认为我的哲学已做到了"家",不过,杨德广教授如果耐心一点,等到今天再来称我为哲学家,也许稍好一点,也有稍多一点的材料来说明。很可能杨校长会为自己有预见而感到高兴。

当张应强教授在2007年称我为思想家的时候,我只有一点新鲜感而无惊奇感了,思想家跟哲学家可能都差不多吧。唯有一点,我确实还没有心安理得地以为自己真的是思想家了。我甚至觉得,所有这些"家"都只是一些符号,符号并非我自己。

至于后来还有称我为理论家、实践家、演说家、批判家的,就都无所谓了,太多了吧,哪有那么多"家"?我知道我是教育工作者、求学者、学问者、哲思者、思想者。后来,有人对我说,在英语表达里,"家"与"者"差不多。然而,我们常说的是汉语,汉语里,两者是差很远的。在汉语里,"家"字有到了家的意思,而到了家就意味着真的可以心安理得了,这是自己的家啊。

还有一个"家",从来没有人喊过,只有我自己喊过。我就叫张家,我还曾以"张家"为笔名发表过文章;文如其人,不少的人看到"张家"的文章就明白了,这不就是那个张某吗?后来,我也不再用笔名发文章了。但是,张家子弟的事实永远在那里。那是中华民族中的一个姓氏系列。

还是回到我们难舍难分的哲学上来。哲学偶然地出现在古中国和古希腊，却必然地存在于人间。我们该怎样理解这种必然性呢？怎样理解自己呢？

几乎所有的人是聪明的，又几乎所有聪明的人想让自己更聪明一些，如果更聪明一些，就接近智慧了。因而，几乎所有的人可能走近智慧，其中有一部分人真的走近智慧了。然而，关于智慧的学问正是哲学，因而可以说，人们会天然地走近哲学，有的会比较自觉地走近，有的也会不自觉地走近。

我们的教育，尤其是大学教育，应当是让更多的人走向哲学自觉的教育，大学在哲学传播上负有无可旁贷的责任或使命。如果大学还不能如此，还能指望谁呢？在民间、在乡间都可以看到的哲学，为什么大学还不识货，不能提炼一番呢？

实在说，我们的民族，我们的国家，太需要哲学了，因而，也太需要哲学家了。如果我真能成为哲学家，那也算是我尽忠于自己的民族、自己的祖国了。虽然有兴趣方面的原因让我一直喜欢哲学，然而，普遍的哲学兴趣本身，也是我们社会所急需的。因而，我个人的喜好，与我们民族的利益也天然吻合。

现在，我完全不必去想自己是不是哲学家，或有没有可能成为哲学家，只有一个必要，必须一直在哲思的道路上走下去。我感到自己有了这种自觉。

我在教师的岗位上 56 年了，自从教数学起，可能已经在教学中含有了哲学的意蕴；而当我开始指导研究生之后的这 20 多年里，我就一直传递着哲学，讲授着哲学，并且，也写出了 10 部哲学著作。这是一种哲学自觉，也是走向人的自觉。

我指导的一位优秀博士段慧兰，她把她的博士论文就命名为《走向人的自觉》。我欣喜地看到，她已达到了如此之高的境界，或许，她也感受到了我的哲学自觉。

我深切地盼望我们国家有繁荣的哲学,盼望哲学成为我们民族的事业。作为与之相应的行动,我觉得自己的使命就是深入地研究哲学,有效地讲授哲学,而在做校长期间,则没有忘记使整个学校的哲学兴趣进一步增长。

在1976年之后的中国,在百废待兴的时候,流行着一句口号:"从自己做起,从现在做起。"几乎对任何口号没有兴趣的我,对这句口号却不能无动于衷。这与其说是一句口号,不如说是那些忧民忧国的人的一种良心的呼唤,它从心灵的最深处发出,从而不可能不震撼良知尚在的人的心。

## 九、话语洗涤

观念改革实际上是最深刻的改革,也是最艰难的改革。因为它常常触及一些传统、一些理所应当、一些实在难以撼动的东西,可是又必须去撼动。在我的想象中,这可能是艰巨而漫长的一个过程,可是,我们又不能因艰难而回避,因漫长而慢慢悠悠。想起来,似乎多少有些沉重,但是,迈着沉重的步伐也得向前进。

由此,我深感,我们的国家需要像在康德之后出现的德国哲学革命那样,哲学上有个根本的变革,从而换来我们民族由哲学繁荣而带动起来的全面繁荣。观念的变革必然需要且首先需要哲学的变革。这种繁荣不只存在于学者之中,还需广泛存在于各阶层,存在于民间,成为我们民族的事业。

其实,在20世纪的上半叶,我们也有过自己杰出的哲学家,金岳霖、熊十力、冯友兰、贺麟,这都是世界顶级的哲学家。需要反思的是,为什么进入下半叶就没有这样优秀的哲学家了?原因确实是多方面的,我们仅从观念上做一些分析。

一些有思想的知识分子常被贬抑为"眼高手低"。其实,"眼高"是特别珍贵的,并且,当下我们"眼高"的人并不很多。称得上哲学家的人大约都在"眼高"之列了,我们有几位哲学家?他们或许也动手,用手写写字,于是"手低"也成为必然。可是,什么叫作"手高"呢?据说是善于实践的人,那什么又叫作实践呢?

庄严的《哲学大辞典》给我们提供了许多宝贵的信息、史料与解说,但亦可谓泥沙俱下,一些不当的注释亦不罕见。例如,什么是实践?辞典说:实践是"人类有目的地改造世界的感性物质活动"①。按此说法,我们看看有哪些人在实践着?又有哪些人没有实践?那些没有实践的人在做些什么呢?

小说家们在实践吗?他们从事的不是物质活动。一支笔、一些纸就够了。

物理学家、化学家们在实践吗?他们与物质打交道,但他们从事的是精神活动。

数学家们在实践吗?他们从事的更是理性的精神活动,按辞典的说法,他们也是一批不实践或没有实践的人。这些人都不实践,那他们在干什么呢?

哲学辞典把哲学家们也排斥在实践之外了,这些人基本上不与感性物质活动打交道,至少,他们的哲学灵感与物质活动没有关系,也不是感性的,他们所必须做的,反而是向更高的理性走去,否则,他们到不了哲学的高度。

金融家、银行家们在实践吗?他们连钞票都不必用手点,他们几乎不与物质活动有多少干系,他们也是一些不实践的人吗?一些游手好闲的人吗?

请问哲学辞典的编辑们:你们在实践吗?你们在实践之内,还是之外?那在实践之外做些什么?如果你们在实践,你们的感性物质

---

① 冯契主编:《哲学大辞典》,上海辞书出版社,1992年版,第1104页。

活动是些什么？

　　农民在实践吗？他们拿着锄头，耕种田地，这大约是物质活动了，可是，按辞典所说，这种物质活动还必须是"有目的地改造世界"的，然而，可以问问农民："你们是在改造世界吗？"农民可能瞪着眼睛望着你。我们世世代代在这里耕耘，也许改变了不少，但"有目的地改造世界"却真还没有想过。养家糊口必定想到了，这与"有目的地改造世界"能搭上边吗？

　　这样数下来，还有谁在实践着？

　　可是，我们有饭吃，有衣穿，有书读，有音乐，有绘画，人类生活五光十色，能把这些都排斥在实践之外吗？不过，把伸手穿衣也叫作实践，实在是用了太大的字眼。知道张口吃饭的，是所有的人，知道这是实践的，有谁？

　　在音乐家们脑子里，可以几个小时浮现出一支曲子来。《松花江上》的作曲家只用了两个小时，《在希望的田野上》也是几个小时就成曲了的。按哲学辞典的解释，这都够不上实践。音乐伴随人类几千年，古中国的"六艺"中，古希腊的"七艺"中，都有音乐，伴随着人类的如此美妙的东西，竟不在实践之列，那么，实践本身的意义何在？

　　如今的世界，在一些发达地区，七成以上的人是从事信息生产、知识生产的，形成了一个叫作第三产业的经济，概言之，他们从事的都是精神生产而非物质生产活动。这样的人会越来越多，按辞典之说，那岂不是脱离实践的人会越来越多吗？

　　"实践出真知"，这也是广为流传的话语。可是，思想家、哲学家、数学家、音乐家都不在实践之列，那些真知又怎么来呢？谁能有真知呢？

　　如果"实践出真知"这样的话语是正确的，我们还会有康德吗？还能有黑格尔吗？康德就在那个柯尼斯堡的小镇里，就在那书房里，想到了宇宙产生于大爆炸，后来的希格斯以及欧洲的科学家们证实了康德的猜想是正确的，是伟大的真知，却不出自"实践"，而是出自康德天才的头脑。

　　头脑不也是物质吗？可是，有如此神奇的物质吗？这种神奇竟可伸向遥远的他方,可以获得思想、理论、哲学、诗歌和音乐,而且当头脑被火化之后,这些思想,这些精神,这些神奇的东西还会在那里,永不消逝,成为永恒。

恩格斯说得好:"一个民族要想登上科学的高峰,究竟是不能离开理论思维的。"①如果我们只重感性而忽视理性,只重物质活动而看不到思维活动,我们能登上科学的高峰吗?如果只按辞典所言的那样实践下去,我们会达到高峰吗?

恩格斯所说的不只是一个人啊,而是"一个民族"啊!为什么《哲学大辞典》的撰写者们、编辑们不听一听作为哲学家的恩格斯的话呢?这样,我们对得起恩格斯吗?对得起哲学吗?对得起我们民族吗?对得起科学吗?

"实践出真知"这样的话语如此流行,语音是如此铿锵有力,不令人担忧吗?中国具有原创性的科学发现为何如此之少?哲人们能不细细思索吗?我们能心安吗?这些奇怪的话语能不洗涤一番吗?为了科学、为了民族、为了哲学也成为我们民族的事业,这一艰巨的洗涤任务也得担当起来了。

## 十、需要尝尝吗?

作为学人,作为教师,也曾作为校长,我自然地思考着、询问着,也担忧着。为什么我们的哲学没能繁荣起来?这是我们最值得忧虑的,为什么很少见到为此而忧思着的人?到处都可见到把经济搞上去的人,但这就够了吗?

经济需要技术支撑,技术需要科学支撑,按恩格斯的说法,科学还需要理论思维即哲学思维的支撑,没有这些支撑,我们的经济会有后

---

① 《马克思恩格斯选集》(第四卷),人民出版社,1995年版,第285页。

劲吗？我们的经济会更有活力吗？经济活动中的原创从哪里来？

我们的两弹一星不也搞上去了吗？搞上去是需要许多技术的，可是，更需要科学，更需要有钱学森这样杰出科学家的指导、指挥，仅靠技术能上去吗？

你要知道梨子的滋味就要亲口尝一尝。此言大约也是在强调感性物质活动的作用，你要亲自用舌头去感知那作为物质的梨子，才能知道它的滋味。确实，不尝尝就不知道梨子是甜还是苦，是清甜还是蜜一般甜。可是，你究竟知道了多少？

中国有19种梨子，你都尝过吗？世界上有33种梨子，都尝过吗？就算都尝过，那梨子中的化学成分你知道吗？那梨子中的维生素构成情况你尝出来了吗？

有些事是需要尝一尝的，但仅仅尝尝是远远不够的；有些事是不需要尝的，只需要用头脑。有些要有感知，有些事则只需要思索，只需要联想与想象。

比如说，梨子的化学成分、维生素构成，你是尝不出来的。又比如说，宇宙起源问题，你根本就不可能去尝什么，康德是靠猜测、靠想象的。实际上，人的感性这一块，是最靠近动物的，唯有理性这一块才属于人，才让人如此有力量。人的真正伟大，在于他有思想，有哲学，有瞭望，有追寻，有理想。

如果论感性，我们的嗅觉不如犬；如果论眼睛，我们不如天上的鹰，到了夜间，我们不如猫、不如鼠；论力气，我们不如牛；论奔跑，我们不如马，不如虎豹。

不少的东西我们确实是需要尝尝的。比如，你要懂得教学，肯定要教一教，要学着教，至于要使教学达到艺术水平，那就要"尝"得更多，"尝"得更久。教学如何才能成为艺术呢？想来，应当让自己具有如下一些条件、一些能力。

（1）有更广、更深的知识，更宽广的视野；

（2）对教学过程有更多的领悟和感受；

（3）对教学方法有过更多的尝试、更多的讲究；

（4）教学语言本身亦应成为艺术，语言中有情节，有故事，有幽默，有诙谐；

（5）还有一个兜底的东西，那就是对学生的热爱，对教育的事业心，一片丹心，一份执着。

这样看来，做一名好教师，还是很需要用心实践的，需要千锤百炼，但这里所言之实践与《哲学大辞典》上所言之实践不是一回事。按辞典的那种解释，几乎所有的人都不在实践中，我们必须另加解释，从而，使得除游手好闲者外的人都在实践中，言说者，研究者，设计者，都在实践中。

1978年之后，有一个重要的提法："实践是检验真理的唯一标准。"这句话的重大意义，在于它具有解放思想、破除迷信的性质，一句话是否真理，不在于这句话是谁说的，而在于它是否经得起实践的检验。但是，这句话主要是对社会生活、政治生活而言的。比如说，"应以阶级斗争为纲"，这句话在社会实践中检验的结果是，不停的动荡出现了，人整人的现象普遍出现了，经济也到了崩溃的边沿，这个结果说明"以阶级斗争为纲"是不正确的，社会实践证明了它、检验了它是不正确的，是危害我们国家的。于是，中国社会转向了一个"以经济建设为中心"的时期。人民要吃饭，这是亿万年以来的铁律，这不需要再检验，而此铁律可以检验其他社会政策或政治路线。

但是，哲学、数学并不是通过实践来检验的，也不是通过实证或实验来检验的，它们的真理性是自我完成的。这也是古希腊人"把数学充当哲学"[①]的原因之一。

如果我们再看看黑格尔的一些描述，就会更清楚地知道"实践出真知"是多么不适合于哲学，就会更明白《哲学大辞典》对实践的解说是多么不适合于哲学。当然，我们最好还是从数学说起，比起哲学

---

[①] ［古希腊］亚里士多德：《形而上学》，吴寿彭译，商务印书馆，1959年版，第29页。

来，可能还是稍为好理解一些。

作为数学支柱之一的几何是从哪里来的？曾有一种说法，说尼罗河经常泛滥，于是，经常需要测量，测量来，测量去，就把几何学弄出来了。但是，为什么我们的黄河也经常泛滥，也需要测量，却只见有几何而不见有几何学，不见有如欧几里得的那种几何学？欧氏几何的那些公理是测量出来的吗？

对于几何学的出现，有另一种解释。僧侣们获得了一种休闲的特权，在休闲中，他们弄出了几何学来。用我们现在的话来说，就是物质生产到了很丰富的时候，就可以有一些人专门从事精神生产了。有"休闲"特权并不是可以"闲"着了，而是利用"休闲"进行另一种性质的生产，这才有了几何学。这种解释更符合历史事实，当然也就更合理。思想的力量充分显示需要一定的物质条件，但仅有物质条件是不够的。为什么在古老的中国，在智慧的中华民族史上没能产生有严谨逻辑体系的几何学？对此，包括爱因斯坦在内的学者亦曾思考过，概言之，这与科学文化的传统有关。冯友兰先生在他的《中国哲学简史》也有精妙的论述。

以几何为代表的数学，以及以数为基础展开的理论研究（称之为数论），是从哪里来的呢？是从人的心灵那里来的，或者说，从人的智慧那里来的。

在数学那里，唯一要遵循的是逻辑，当它从人的智慧或心灵那里来到后，必须让自己建立在合乎逻辑的基础上，通俗点说，数学中不能有彼此冲突的说法。在这个基础上，数学是自我完成的，它的真理性不是借助他物体现和完成的。

现在再说到哲学，我们从引用黑格尔的话开始叙述。黑格尔说："只有思维才配称为哲学的仪器或工具。"[①]也就是说，检测哲学的，是思维本身。

---

[①] ［德］黑格尔：《小逻辑》，贺麟译，商务印书馆，1980年版，第47页。

黑格尔继续说道:"哲学是独立自为的,因而自己创造自己的对象,自己提供自己的对象。……当哲学达到这个终点时,也就是哲学重新达到其起点而回归到它自身之时。这样一来,哲学就俨然是一个自己返回到自己的圆圈,因而哲学便没有与别的科学同样意义的起点。""哲学本身却无所谓起点","简言之,达到概念的概念,自己返回自己,自己满足自己,就是哲学这一科学唯一的目的、工作和目标。"①我还可以说,哲学就是自圆其说的。

哲学的真理性是自我完成的,不是作为"感性物质活动"意义下的那种"实践"完成的,哲学不是尝出来的,哲学是思辨的,是由思维完成的,它那个"圆圈"里无须"实践"去说明,它自己说明自己,自己检验自己,自己完成自己。

现在我们可以看到,数学具有哲学的这些根本特点,它唯一要遵循的是自身没有矛盾。

## 十一、实际与理论

如今,我们的技术发展很不错了,航空航天技术都很先进了。一个经常忧思着的民族是能保持活力的民族,我们相信自己,首先就在于相信自己能有清醒的头脑。如今的中国,比40年前清醒多了,不再每天说"形势大好、不是小好"了,我们对自己发展中的不足看得清楚多了,我们只称自己还处在初级阶段,只是发展中国家,只是在奔小康而去。所以,我们常有对自己的检讨。40年前要做检讨,就可能是要大祸临头了,如今检讨是进步的表现、有活力的表现。

---

① [德]黑格尔:《小逻辑》,贺麟译,商务印书馆,1980年版,第59页。

在 19 世纪上半叶早期,中国的 GDP 占世界近四分之一,而当时的美国不到四十分之一。现在基本上倒过来了。这是为什么?历史本身可以做出回答。

近 30 多年来,我们发展很快,正在把被耽误了的时间追回来。我们现在的经济总量世界第二了,可是,一算除法,我们的人均就是世界的第 85 位左右了。我们的贫困人口若没有一亿,也会有好几千万人。我们能不从人均来思考自己吗?

我们有很多的发明,可是,我们有多少发现?据说,我们的原创成果只占世界的百分之一左右,原创能力不足,这说明什么呢?很多人都会明白这一点。

我们的设计能力可谓了不起,可是,我们建立了几条原理?有原则,不是更需要原理吗?

我们的总量已相当可观,但社会发展水平如何?人民的幸福指数怎样?

我们高等教育的绝对规模,堪与最发达国家相比,可是,我们高等教育水平如何?我们大学不必说世界一流,亚洲一流够得上吗?我们大陆的诺贝尔科学奖、经济学奖,近 60 年来只有 2015 年屠呦呦获得生理学或医学奖。

我们有特别流行的一句话,叫作"理论联系实际"。然而,如上所述,我们有多少理论?本没有多少理论,拿什么去联系?这跟《哲学大辞典》把"实践"看得很重一样,特别重视"实际"。可是,什么是实际?辞典是否说清楚了?

什么是"实际"呢?哲学辞典是这样说的:实际即"指客观存在的一切事物,客观事实"[1]。为什么客观事物、客观事实叫作实际?主观事物不是实际吗?有没有主观事实?如果没有,何必说客观事实呢?既然有,它怎么就不在实际之列呢?

---

[1] 冯契主编:《哲学大辞典》,第 1103 页。

进而可问:理论只联系客观事物和客观事实吗？谁去联系的？没有主观的东西,怎么去联系？谁在呼唤要联系实际？那个呼唤者是客观还是主观？没有主观,哪来的客观？

我们这里常批判的是主观主义,可是不也有一个客观主义吗？它就那么好吗？为什么厚此薄彼呢？辞典把"实际"都说成客观的,不也很像客观主义吗？

其实,有主观才有客观,另一方面,客观又必是相对主观而言的,只有主观的客观和客观存在的主观。两者能截然分离吗？主观的存在难道不也是客观事实吗？客观的存在难道不是以主观存在为前提的吗？客观主义一定比主观主义好吗？

我们要继续问:我们所缺的,更多的是理论,还是实际？实际一抓一大把,理论有多少；在做着实际工作的人一大堆,在做着理论工作的人有几位？

理论要联系实际,实际需不需要联系理论？联系是相互的事,为何只强调了一个方面？

如今,我们究竟有多大的理论兴趣？在实际中还研究理论的兴趣有多少？我们人群中理论修养的水平如何？理论兴趣不在,实践兴趣从哪里生？又如何能入木三分？如果没有思考得很好、想得很好,能够做得很好吗？至少应当边想边做吧？在实际中,如何不盲目？如何不肤浅？我们究竟还需要什么？

实际很多很多,我们联系哪些实际？我们为什么去联系这种实际而不联系那种实际？

实际都是好东西吗？实际中有精华,也有糟粕,我们联系糟粕还是精华？为什么？

当我们说联系的时候,是否包括对实际的解剖、分析和辨别呢？若不分析了解,就糊里糊涂去联系吗？不知实际为何物,就都去联系一番吗？而如果想要分析得好、辨别得清、剖析得深,没有一点理论水平和理论修养,能做到吗？

小孩子为什么要上学？不就是为了脱离某种实际而进入另一种实际吗？不是既有联系又有脱离吗？人们走出家门去闯荡，不就是既有脱离又有联系吗？

　　为什么上了小学，又上中学，有的人还要上大学呢？还不是某种意义上更加远离某种实际而又更深切地靠近另一些实际。远离也是联系吗？

　　我们的学生还要学数学，数学中的一门经典而古老的门类是数论，数论中的一大问题即素数研究。这素数是从什么实际那里来的？有一个德国人，叫哥德巴赫，他提出，一个充分大的偶数是否必定是两个素数之和，这就叫作著名的"一加一"猜想，引起了无数智者的思考和研究。一批智慧的中国人，如华罗庚、王元、陈景润、潘承洞等为解决此问题做出了重大贡献。素数的理论来自古希腊，来自人的心灵，又唤起许多人的共鸣，可是，这个问题或理论似乎特别脱离实际，而脱离实际被认为是资产阶级知识分子"三脱离"的表现之一。所以，有一段时间，这些人的日子很不好过，就因为他们"脱离"实际。

　　可是，不知为什么，人类这种脱离实际的兴趣从来没有衰减过？只在个别地方受贬过，而在一切正常的地区或国家，这种兴趣还特别受人青睐、受人尊敬。理论的东西普遍被认为更深刻，在更高的层次上，它也更实际。

　　并且，越是远离实际的理论，让人的视野越辽阔，越能看到更多的实际。这不就意味着，还不只是一般地脱离，而且还要脱离得越远越好吗？

　　说到数论，最近的一个例子特别引人注目。有个中国人，名张益唐，他初到美国时，颇为落寞，后来，他潜心研究了一个问题。两个相邻素数之间的距离有越拉越大的趋势。于是，人们就问：这个距离会有个限度吗？数学上说，有界吗？张益唐不仅证明了是有界的，而且给出了这个界。这一成就被认为是近500年来数论上最伟大的成就。可是，它实际吗？你几乎看不到实际，唯一可看到的是中国人的智慧,人类的智慧。

时下,有些人常被贬抑为眼高手低,张益唐就是眼很高的,手低一点又何妨?

张益唐毕业于北京大学。北京大学是什么学校?可以从许多方面去说。有一种说法:北京大学是最脱离实际的大学,是中国最有理论兴趣的大学。所以,它才能培养出像张益唐这样优秀的人才来。人们由此又可问:我们的理论兴趣究竟怎么样?那些理论兴趣不高的地方,能涌现杰出人才吗?

哲学如同数学,数学如同哲学,天然地对理论更感兴趣。北大是中国大学中对数学,同时又对哲学最感兴趣的大学,唯因如此,它才可能是中国最高水平的大学。我们赞美北大,是不是等于同时在赞美理论、赞美哲学呢?

在德国,为什么人们最赞美的是康德,是黑格尔?当然是因为他们为德国做出了巨大贡献,可是,他们主要贡献的是什么呢?是理论,是特别高深的理论,是形而上的伟大成就。并且,康德是个"脱离实际"的伟大榜样,他居住在一个小镇上,他经常待在那个小屋子里,可是,他就在这远离尘世的地方,给德国、给世界贡献了不朽的学说。无数的人赞扬康德,感谢黑格尔,因为他们为人类提供了永远的精神财富。有另一位德国哲学家伽达默尔,专门写了一本著作来赞美理论。盛产哲学家、数学家、科学家的德国被称赞,然而,赞美这些"家",也就是赞美理论。

在理论走在实际前面的无数事例中,近期经典的一例是:哈佛望远镜观测到了一颗被星系团扭曲的爆炸恒星的图像,从而证实了爱因斯坦在一个世纪前提出的广义相对论。

对于某些实际,人们已经注意到了,不仅需要剖析它,还需要反驳它、批判它,防止被它欺骗。

我们的民族多么需要有自己的理论,多么需要有自己的康德,多么需要有自己的爱因斯坦,有自己的黑格尔,有自己繁荣的哲学啊!

为此，许多错误的观念是多么需要我们去变革，有些观念的影响实在太严重了。

## 十二、公理方法

我们这里，有多少人赞美理论、赞美哲学？有多少人实际上崇尚哲学、崇尚理论？

在我们中国古代，也有孔孟这样的圣哲崇尚哲学，甚至七八十年前，我们也有一大批哲学家，甚至有世界顶级的哲学家，如金岳霖、熊十力、冯友兰、贺麟等人。那么，我们应当问的是，为什么近半个世纪来没有了这样的哲学家和他们的哲学？

近几十年来，曾有二十多年围绕着政治转，且要求学者们也这样转；后来，又绕着经济转，这算是一个重大的转变，但终究还是没有绕着人转，没有绕着哲学和理论转。于是，我们就可问问自己：这样下来，我们是否太功利了？是否只看着眼睛鼻子底下的事？这样，我们能走多远？

说实在的，一个人如果只看到当下，走不了多远；一所大学如果不能眺望远方，也走不了多远；一个民族，若不常常仰望天空，能够走得多远？

有人以贬抑的口气说某些人"言必称希腊"。可是，也有很多人"言必称孔孟"。实际上，这不单是一个称颂谁的问题。称希腊、称孔孟，实质上都是在称颂哲学，称颂理论，称颂他们的智慧，也意味着今天我们自己的一种期待。

不只是当代中国人言必称希腊，德国人、美国人，许许多多的人都称颂；不仅称颂，在他们的一些高水平的大学里，还把古希腊人，例如，柏拉图、亚里士多德的著作确定为大学生们的必修科目。

当今,世界上最有国际影响、最盛大的活动,应首推奥运会了吧,可是,它也起源于古希腊。古希腊为人类带来的最重大的贡献是,他们奉献了哲学,可是这并非唯一的贡献。不过,它确实是最重大的,因为提供哲学,就是提供了智慧之学;有了哲学,才可能更自觉地走向智慧,有什么比这一点更重大的?

我们来说说公理方法。这也是古希腊人提供的,是他们对人类的最大贡献之一。它的产生亦与哲学密切相关,因而,它产生于古希腊是很自然的事。

为什么公理方法不太可能在中国出现呢?许多人,包括爱因斯坦这样关注着宇宙与人类的智者的论说,大都是从文化的角度进行分析的,冯友兰先生做过极为深刻的论述。他说:"西方哲学从不证自明的'公设的概念'开始,而中国哲学则从'直觉的概念'开始。"[①]他又分别称之为正的方法和负的方法。这里所言之公设,在几何中,就是公理。这种方法也就被称为公理方法。

从不证自明的概念和命题出发,进行推导或演绎,这样,就有了系统的演绎逻辑。为何叫作公理呢?是公认之理吗?怎么能证明是公认的呢?投过票、举过手吗?为何是不证自明的呢?这跟为何是公认的问题是同样的。

后来的人,确实对欧几里得归纳的公理怀疑过,主要的怀疑是:平行公理是否独立?即它是否可由其他公理推导出来?这种怀疑持续了两千多年。

直到19世纪上半叶开始,有了新的进展。欧氏的平行公理是说,过已知直线外一点,可作且只能作一条平行线。后来,能做多条直线与已知直线平行,也能构成完整的几何学,这就不是欧氏几何,人们称其为非欧几何。德国数学家黎曼在做不出任何一条直线与已知直线平行的公设下,也构成了新的几何学,这样,就又有了另一种非欧

---

① 冯友兰:《中国哲学简史》,赵复三译,新世界出版社,2004年版,第300页。

几何。这两种非欧几何,并不是否定了欧氏几何,而是发展了几何学。这大大扩展了人们的眼界。

这一切,都让人们感受到了公理方法的巨大作用。近代以来,牛顿、爱因斯坦都运用了公理方法。公理方法的哲学精神就在于寻根究底。他们也就在寻根问底的精神感召下,建立了物理学、力学中的公理或基本命题。

19世纪下半叶以来,掀起了一个公理化运动。在数学中,不仅几何,而且微积分、数论等都纷纷建立了自己的公理体系。微积分的公理体现在实数理论上,实数理论经过多位数学家的努力,寻求到了表现形式不一样、而其实质一样的公理系统(即不同的表现形式彼此等价或彼此互推,互相包含)。

被认为不太可能建立公理系统的概率论,也于20世纪30年代建立起来了。这归功于苏联数学家柯尔莫果洛夫。

天才的德国数学家希尔伯特雄心壮志,想建立一个包罗万象的公理系统,把一切数学置于此形式系统之中。可是,有另一位数学家戈德尔,他竟然证明了,在任何形式系统之下,总存在一个不能证明其真伪的命题。这一被称"不完备性定理"的出现,让希尔伯特的雄心壮志必然地打消了。

数学如此严密,一旦说到某个对象,数学的第一问就是:它存在吗?戈德尔的定理就是一个经典的存在性定理。至于这个必定存在的东西在哪里,戈德尔并不关心。但这个定理如此有用,它告诉希尔伯特,别去想了吧,你想的那个东西并不存在。

数学很关注自己的基础,自己的根底。首先问:那个对象存在与否?存在的话(需证明其存在)再问:是否唯一?如果是唯一的,再问:它是否稳定地存在?这就是存在性问题、唯一性问题、稳定性问题。一个微分方程的定性理论,就讨论这些问题,以指导实际的方程求解。否则,就叫作盲目。数学会甘愿自己盲目吗?

轻视理论、轻视哲学的人,极可能具有很大的盲目性。有了理论,并不一定能保证实践的成功;然而,没有理论,危险性则会更大,失败的可能性也更大。

因而,也可以说,理论兴趣、哲学兴趣是一个人、一所大学、一个民族事业全面繁荣之所需。请看看德国,在19世纪后成为哲学之国的德意志民族创造了多少奇迹。我们该怎样看待自己的哲学兴趣?该怎样迎接中华民族的全面繁荣与复兴呢?

## 十三、我的人学公理

数学科目及其自然科学的方法是不宜直接搬用于人文科学和社会科学的。但它的研究精神是值得借鉴的,例如,它的寻根究底的精神、不断追问的精神。于是,我们便可问一问:关于人的学问的根底在哪里?关于教育的根底又在哪里?我想,如果把人学的根底弄明白了,教育的根基也就不难明白了。很可能,它们的出发点是相同的,从而,它们的根基也可能相同。

我对人学或教育学给出了五条公理,几何学也是五条,但我并不是模仿它弄出五条来的,而是自然形成的。这五条就是:潜在公理,能动公理,反身公理,美学公理,中介(或环境)公理。由此亦构成人学的一个公理体系。

数学追根寻底的精神,正是哲学的精神。其实,这种精神应当是其他学问也不可缺少的精神,教育学能没有吗?人学能没有吗?尤其,教育哲学能没有吗?现在,有必要简单地分别介绍一下这五条公理的具体内容。

潜在公理说的是,人有一种潜能,或者说,人本是一颗种子。人在娘胎之中就拥有了发展成人的一切奇妙的因素,生命的一切前特征均已存在。

能动公理说的是,这颗种子是会发芽的,是会萌发的,或者说,人是可发展的。当然,这里所说的是人的生命的特征,但也表明了人的教育何以可能。

反身公理所包含的意思可能需要稍为详细一点叙述。如果说前两条公理说的是教育何以可能的话,这一条说的是教育将如何实际地展开。所谓反身,包括了两个方面,一方面是人的自我对象化,另一方面则是对象自我化。

所谓自我对象化,指的是,人能把自己作为自己的对象,自己意识的对象,人可以自己认识自己,自己鼓励自己,自己相信自己,自己鞭策自己,自己发展和充实自己,自己约束自己;另一面则是自己怀疑自己,自己吓唬自己,自己贬抑自己,自己放纵自己,还有自己毁灭自己的极端情形。所有哲学,都是人的自我对象化的表现。当然,这也是人与动物的根本区别之一。

另一方面的对象自我化指的是,自己把自己放在了自己的作品之中。最具典型性的说法是:文如其人。你写的文章就是你的思想、风格、个性的表现,那些独具个性的文章,他人一看就知道这是你写的;你就在作为你的对象之中了,那个对象、那个作品就是你,因而,由作品就看到了你。

我们有时不必看到是什么人在唱,而只要听到,一听就知这是杨洪基唱的,一听就知这是霍尊唱的,或者是戴玉强唱的、云飞唱的等等;当然,只要听到那种美妙的女中音,就可以知晓,这是降央卓玛唱的,或德德玛唱的,或楼兰唱的,或关牧村唱的,……这也是文如其人,歌如其人,也是对象自我化。

越是个性化的人,越能体现对象自我化。艺术是代表,有个性不一定有艺术,但是,无个性一定没有艺术。当个性得以充分展现时,就有了艺术。你的艺术作品中已把你的精神面貌展现出来,从而充分地对象自我化了。由此,便可以说,你就是你自己,独一无二的自己。

我们有必要与教育、与大学联系起来说,大学教育就在于培养有个性的人。50个学生成了一个样子,取其中一个就行了;50个学生培养成了50位各具个性的人才,就能更充分地适合于社会发展的需要。于是,教育家们大都喜欢个性教育。

曾有一位美国的大学校长在北京说,他的教育理念是把学生培养成他想成为的自己。这个理念我的学生(研究生)也普遍知晓了,为此,他们常常问我一些相关的问题。例如,有人问:"如果他想成为流氓呢?"其实,这是一个伪问题,进北大的、进哈佛的以及其他大学的,有想让这些大学来把他们培养成流氓的吗?如果中途有人异变了,那是另一回事,哪有一上学就是为了做流氓的?

另有人问:都只能成为自己想成为的人,社会的需要谁去考虑?这也是不会存在的问题,当各个人自己思考自己,并根据自己的个性发展时,反而能充分地适合社会需要。当社会对某一种行业的需要已降温时,学生大多也能调整自己。

可以反过来问:如果学生想成为那样的人,你就偏不把他培养成那样的人吗?

学校所操心的,可能应当是尽量培养和发展学生的反身意识和能力,让他们能更好地认识自己、评估自己。心理学家们大都认为,一般的人几乎都低估了自己,因而,自信无论如何强调也不为过。最令人遗憾的是因低估自己而没有充分发掘自己的潜能;对于教育而言,那就是耽误了学生最远大的前程。

自卑、自抑、自欺等是最有害学生成长的。实际上,这意味着需要发展学生积极的反身心理,不仅真诚地对待他人,也真诚地对待自己。苏格拉底的名言"认识你自己",是如此深深地影响着一代一代川流不息的人群。

再来议论一下美学公理。

我写了一本书:《人是美的存在》。上天把最美的东西放在了人身上,人也就为美而生,为美而在,为美而逝,在衣食住行的万千活动中与美同在。

天才的古希腊人发现了一个美丽的中间比,其值近似地等于0.618。他们是从几何的观点发现美,又由此去观察自然界的美。然而,在人身上,竟然有众多的0.618,例如美丽的瓜子脸正是这个比值,人的躯干部分的宽与长之比亦如是。

人用美的尺度去观察世界,观察生活,人也用美的标准来看待自己,审视自己,并由此而不断美化自己,美化生活,也尽其所能去美化和变革环境。

人有主观美,如情人眼里出西施,又如子不嫌母丑。也有客观美,张家界、九寨沟,谁看都美,0.618是几乎所有人的美学尺度之一。但是,主观美客观地存在着,客观美主观地被审视着。人在美的面前,依然表现为主客观的某种统一。这种统一,往往由和谐、匀称、简洁、奇异等要素组成,却又是整体把握的。

美学作为一门学问,产生在哲学的国度——德国,与德国人鲍姆加登的名字联系在一起;关于美学的教育,简称美育,又与另一位德国人席勒的名字联系在一起。德国成了美学与美育的故乡,然而,美学的故乡也在全人类,美学的故乡就在人心间;只是德国人更好地揭示了它,研究了它。

人的反身是如何进行的呢?人是依据什么来思索自己、认识自己、看待自己的呢?基本的标准就是美学。有人自觉地运用这一标准,有人不自觉地下意识地遵循着这一标准。自觉的人,在更为健康地发展和成长着。只要有可能,他们就会追求更高层次的美,不只是外形,他们也深切关注心灵美。

什么人把美学、美育带到了中国?王国维、蔡元培是杰出的代表,尤其是数次留学德国的蔡元培,在任职北京大学校长期间,多次亲自主讲美学。

当人求美时,就会拒绝丑陋。当人追求心灵美时,人们必定向善。美育的地位决不像"德智体美"的顺序那样是处在末位的。人们称好的德行为美德,人们称好的言说为美谈,人们把自己十分满意的事情称之为美满,美无处不在。

关于中介公理或环境公理就不多说了。人总是群居的,故而形成各种各样的环境,家庭环境、教育环境、社会环境等。我们所关注的,不是人去适应环境,而应是环境为着人而不断改善,改善环境的是人,也为着人。

最后说一个我经历过的真实故事。

我主持一位博士考生的面试,我向他提的第一问是:"有一个'把自己培养成自己'的教育目的,你能评论一下这个目的吗?"

他以反问的方式迅速作答:"怎么能把自己培养成自己呢?"

我再问:"那是把自己培养成别人吗?"

他答:"培养成周恩来式的人、雷锋式的人。"

我继续问:"那只是一个'式',只是那个样子,你不还只是那个样子的自己吗?"

他稍有犹豫,自问自答似地说:"怎么还是自己呢?"停顿片刻后,他有答案了:"把自己培养成社会主义事业的建设者和接班人。"

我断定,他没有可能再回到"自己"上来了,于是,我把话锋一转,问道:"你准备接谁的班?你估计谁会向你交班?何时交班和接班?"

这一问,他真的不知怎样回答了。

事后,我感叹不已,我们的教育究竟教给了学生一些什么?他们如此地不愿正视自己,他们在完全不知实际结果将是怎样的情况下,可以接受"接班人"的概念,就这样朦朦胧胧地说着做接班人,当他们在学习的时候,竟不是为了做好自己,充实自己,修炼自己,他们真没有听过"认识你自己"这样的训言吗?人是可以忘我的,但有我才能忘我;有更充实、更丰富的我,才有更多东西可以忘,并且越忘我,还可能越有我,一个更高大的人,一个更高尚的我。

## 十四、课程要回归生活吗？

课程改革也被关注了。其间,"课程回归生活"几乎成了一个口号,意思似乎是:课程已离开了生活,于是要回归,回到生活中去。人们也似乎满怀好意,让课程不要远离生活。然而,这只是那种重感性、重所谓实践、重直观的观念的表现之一。

但是,喊得太多太久了,我觉得实在要出来说说话了。课程不本是一种生活吗?难道它不就在生活中吗?我们开设那么多课程是干什么呢?就是为了回归生活吗?眼下的生活都那么美好了吗?生活不可以改变一下吗?

我继续问:课程不是为着提升生活的品质吗?课程不可以变革生活而使之更有利于人的发展吗?课程本身不也要不断改善吗?改善后的课程不又是为了更好提升生命的品格吗?这一切,究竟是回归,还是向前行进呢?我们开设那么多的文史哲、天地生、数理化课程都仅仅是为了回归吗?

什么叫作课程?什么叫作生活?有人可能也思之不多,就喊着回归生活。生活在哪里?生活是个什么样?课程又是个什么样?想清楚了吗?不然,我们能回到哪里去?生活是我们的家吗?我们是离家出走了的孩子吗?需要呼唤着回去吗?

什么是生活?就是生存着,活动着,词典也大体上是这样解释的。有各种各样的生存方式,就有各种各样的生活;有两千种职业,也会有两千种不同的生活。但是,人们意识到,需要更好地生存,还要学会生存,学会生活,这与回归生活不是一个意思吧?人要活动着,开展各种各样的活动,在生活中展现生命力,不只是为了生存,还要让生活更美好。为此,人要学习很多很多,许多要学的东西就可以叫作课程。

难道生活不是一个变动着的概念吗?不是一个丰富多彩的世界吗?不是四面八方都存在着的吗?如果要回归,那将是回到东南西北的哪一方?生活中,酸甜苦辣都有,喜怒哀乐都有,我们回到哪里?还能在哪里歇歇脚吗?

课程是什么呢?有一种广义的理解:课程即学生在学校里可习得的一切文化。这样,学习课程,不就是学习文化吗?文化是很高档的东西,能在一段的生活中学到吗?究竟是课程回到生活,还是生活走向课程去?究竟是生活提高课程,还是课程提高生活?在文化的沙漠那里,会有课程吗?

文化的绿洲从哪里来?教师们、校长们去辛勤地建设,此外,它能从天上掉下来吗?

我记得,加州大学伯克利分校,能为学生开出万门课程。这意味着,那里的教授们真是建设起了一片绿洲,在那里,应有尽有,供学生选用,供学生享用,如此,才给学生带来了各种可能,去开创未来的生活,开辟新的天地。

中国最好的大学,一般都只开出了两三千门课程。有一个时期,北大开出了6000门课程。实际上,还不只是一个数量问题。一所大学如果有2000名教师,开出1万门课程,就意味着平均每位能开出5门。教授们可能应当开出10门来,能开出吗?记得芝加哥大学有位教授,施特劳斯,他开出了80门课程。我自己开出了26门课程,美国大学里多开设那种只有两三个学分的"小课程",按此做法,我大概能开40门课程,也达不到施特劳斯的水平。

这些都是指学科课程,狭义的课程,广义的课程是指学校里的一切文化。在狭义课程概念下,哈佛大学所开设的微积分,跟长沙理工大学不会有多大差别。然而,有差别吗?差别在哪里?当然,深度、广度上就可能有差异,然而,更重要的是,以一种什么样的精神在讲授着，它是否体现了某种信仰，还有思想方法之类的可能的差别，更有一种浓浓的、积淀久远的文化，无形地伴随着学科课程。

如果就广义的课程而言，相应的课程建设即学校文化建设，这是全校教职工的事，尤其是教师们的事。然而，职工、干部的工作作风、待人待事的态度，都构成学校文化的一部分，因而，对学校文化都负有责任，对课程建设也负有责任。

校长是教职员工之首席，当然对学校文化建设负有更大责任，因而，对课程建设负有最大责任。他不仅需要关心学科课程的建设，提供给学生尽可能优质的课程，他尤其对广义课程的建设负有责任，他也有可能发挥更大作用。

有人说教师是学校的灵魂，也有人说，校长是学校的灵魂。灵魂是指文化，指精神。因而，说教师或者说校长是学校的灵魂，也就是指他们所体现的精神，由此而构成了学校的魂。学校与学校之间基本差别往往体现在魂上，体现在广义的文化上。同样开设微积分、力学、电学、光学、热学课程，但效果可能很不相同，其原因就在于教师们的精神风貌可能不同，学校积淀的文化不同。

在西欧，校长的作用不大，因而，教授有更大的影响力。教授们往往直接与政府和外界打交道，校长多半只具有象征的意义。故而，很难说校长是学校的灵魂。在美国，情况就很不一样了，政府不管大学，大学校长的作用特别明显，他的理念往往能产生重大影响，尤其是那些善于把理念贯穿于学校生活的校长。

由于体制不同，背景不同，世界上杰出的校长多出在北美。中国亦曾有过杰出的校长，如蔡元培、梅贻琦、竺可桢；后来，又由于体制的原因，杰出校长的涌现也有可能，但困难大一些。

在我们的大学里，真正关心课程的大学校长有几位？大约在四五年之前，华中科技大学的校方要求其下属的每个学院至少开出一门具有国际水平的课程来。这件事令我印象深刻，并且有几分感动，真是做到点子上来了。

学校提供给学生的基本产品或营养品是什么？不就是课程吗？一所大学若不把相当大的精力集中在课程建设上，那么，它在忙什么呢？一门一门的好课程涌现出来，学校的整体水平才可能上去，否则，能经得起推敲吗？

那一年，华中科技大学的许多学院都请来了国际知名的教授来开设一门课程，其教育科学学院认为，我所开设的"高等教育哲学"就是具有国际水平的课程。于是，我有幸在那里讲授了"高等教育哲学"，共十讲，也构成了一个学分。

国际上，具有代表性的是美国学者布鲁贝克，他开设了这一课程，并于1978年写成了《高等教育哲学》一书。26年后的2004年，我也出版了一部《高等教育哲学》，2010年，我又出版了第二部，书名是《高等教育哲学通论》（高等教育出版社）。我的"高等教育哲学"是否达到了国际水平，只要与布鲁贝克的著作做一番比较，就可明白了。

事实上，华中科技大学教育科学学院的教授们正是有了相应的判断之后，才请我去的。

究竟怎样才算一门好课程？无非是三个条件：①有一位精通此课程的好教授；②有一部优秀的教材；③有良好的参考文献及相应的辅助条件，如实验条件之类。

"课程回归生活"的口号似乎意味着课程在生活之外。其实，课程在学校里是活生生的，是十分丰富多彩的生活，并通过课程创造新生活，美化生活。

以上，我们说到了，为着课程的建设，学校需要做大量细致而并不十分轻松的工作，正是这些工作改变了学校生活，丰富了学校生活，并为学生未来的生活带来美好憧憬。师生员工都生活在课程里，也都为课程的优质化而努力。

以上的论说，也应当可以让我们知道"课程回归生活"的说法是对生活本身缺乏了解，更是对课程基本的、深刻的含义缺乏了解，是对课程在学校里的基础地位、课程对人的发展的意义缺乏了解，当然,也必然是对课程对提高生活、变革生活、引领生活等积极意义缺乏了解。我对于"课程回归生活"的批判文章,迅速为最具有代表性的《课程·教材·教法》杂志采用,这表明,编辑们也赞同我的观点。我们感受到,这一口号实在有害我们对于课程的认识。

## 十五、嘹亮与悲壮

在 1978 年之后,邓小平提出了"尊重知识,尊重人才"的口号。这一口号立即响遍大江南北,让国人兴奋不已,我们的知识和知识分子终于可以受到尊重了。可是,历史能够告诉人们:这一口号也包含着辛酸与悲壮。

试想,世界上还有几个国家不尊重知识,不尊重知识分子?又有谁敢不尊重?有谁不仅不尊重,甚至长期迫害知识分子?知识分子被称为"臭老九"的历史有多么漫长。地、富、反、坏、右,再加上叛徒、特务、走资派,紧随其后第九位的,正是知识分子,这在世界上能看到吗?可能也有那么一两个例外,恐怕也没有我们这里这般惨烈。这还不够悲壮吗?还不辛酸吗?

邓小平要搞改革,要以经济建设为中心,必然会感到要扭转长期轻视知识和知识分子的局面,停止迫害知识分子的运动。世界上哪个国家不抓经济?要把经济抓好,又有哪个国家不尊重知识分子,不依靠知识分子?

其实,我们民族历来有尊师重教的传统,然而,中国优秀的文化传统,在那场史无前例的运动中被荡涤得差不多了。"六亲不认"了,还认自己的文化?文化被"革命"了啊!作为文化的代表的知识分子,其命运如何便可想而知了。

我们来讨论一下"尊师爱生"这一说法,它与"尊师重教"有点不同。前者说到了师生双方。"尊师重教"显然是对的,重教与尊师必然联系在一起。"尊师爱生"虽然把师与生联系在一起了,但有片面性,因教师亦当被人爱,而学生也必须受到尊重。所以,我觉得爱师尊生也是必需的。

师生间虽然有许多不同,在年龄上、资历上、文化水平上都不同,但是,他们在人格上是平等的,相同的,都需要受到尊重。我曾经建议湖南涉外经济学院的机关作风用八个字来表达:平等、尊重、准确、高效,并被采纳了。

这八个字,前四个字是做人,后四个字是做事。

我自认为自己是平等主义者、自由主义者、个人主义者。在对可能特别要做出说明的个人主义进行阐说之前,我先说一下前两种身份。我的平等、自由观,并不来源于卢梭关于人生而自由、生而平等的观念,而是来源于我对生活的体验与态度,来源于我对人的认识与理解。不仅在真理面前人人平等,在法律面前人人平等,尤其应当在人格上人人平等。即使是关在囚房里的人,其人格亦不应受侮辱,不应挨饿、挨打、挨骂的基本人权亦当得到保障。关于自由,我已有多处论述了,我的基本命题是:人即自由,自由即人。自由若失,人将不再,人将非人。

我把平等、尊重列入机关作风,是出自我内心的一种体验。我最忌讳的是机关干部高高在上的态度,以及那种官僚作风,这是与大学毫不相干的东西。

当然,我认为我的一生都践行了对人平等、尊重的信条,若偶有不慎,我必忏悔。我最担心的是有人站在我身边觉得矮我三分,我会尽力让他提升上来,至少跟我一般高。当然,对那些自认为高我三分的人,是更容易对付了。

无论是多么其貌不扬,或无论其文化水平如何,无论其经历辉煌还是惨淡,我的尊重不会有一丝一毫的差别。对于那些不尊重人的人,我或许有一分轻视,但我相信,他首先正是对自己不尊重。若有机会,我定会提醒他。尊重吧,我们同是人,都有自己的父母,如果同在中华大地,我们还有共同的先祖。

1989年,世界知识产权组织建立。知识产权的确立,保证了20世纪以来人类知识的迅猛增长,带来了20世纪文化的繁荣,迎来了一个知识经济或信息经济的时代。而中国相应的法律迟迟产生。与此同时,我们也看到了自己国家这30多年来的科学技术、文化艺术的发展和繁荣。

古希腊人早就指出过,私有是道德的必要前提。自己拥有,才可能去资助他人;但并非所有的富人都热衷于慈善事业;同样,只有在自己拥有丰富知识的条件下,才可能更有效地传授给他人。如果物质财富、精神财富都很贫乏,对于他人的贫穷就只能同情、关切了。但仅有这一点就够了吗?

世界的历史表明了实行公有制带来了什么。苏联在20世纪30年代实行农业集体化,带来的是大饥荒,是数以千万计的人的非正常死亡;20世纪50至60年代初的"一大二公"的人民公社给中国人带来了什么,历史已有记载。

在我童年的记忆里,我家乡的那个小镇十分繁荣兴旺,每天早晨都有熙熙攘攘的人群,饮食店、百货店、副食店、布匹店,应有尽有;鱼肉鸡鸭的销售与交易在进行着。当我1969年回到家乡时,那一片萧条让我惊呆了。是什么原因导致了这一巨大变化?谁都知道答案了。

邓小平关于"尊重知识,尊重人才"的口号实现了一个巨大的转折。然而,口号治国的方式已经不行了,还需要走向法治,依法治国才是根本。

我曾提出过观察一所大学的两种方法。如果你走进某大学的校园,看见到处是横幅、标语、口号,这必定是一所肤浅的大学,大学岂能靠这些东西过日子?学者陈洪捷在归结德国古典大学特征时,给出了四个关键词:科学、自由、修养、寂寞。那种在标语、横幅和口号中闹哄哄的学校,实在是太不甘寂寞了。在中国的训语中,也有十年寒窗、坐冷板凳的说法,这比寂寞一词表达得更形象、更深刻。

我所提出的观察大学的另一标准是:看看这所大学里,哪一类人群更神气。说得雅一点,就是看哪一类人群更受尊敬,谁更受学生所敬仰或向往。如果是那些戴着高度近视眼镜、头发花白的老教授们在学生中更有地位,这所大学就大有希望;如果在学生中更看重的是那些握有权力的干部们,而这些干部足够的神气、被欣赏,这样的学校很可能会误人子弟。在如今我们的不少大学里,许多学有所成的青年学人,想谋个一官半职。那些课题、那些奖项都花落谁家了?那些"长"字号的人占去了多大比例?这让青年学者们没有学术之外的功利想法吗?这类功利的诱惑力不值得警觉吗?

这又涉及体制问题。中国的大学里有了官,有一些大学的一把手还被赋予副省(部)级的级别。这在世界上很可能是绝无仅有的。

这种东西对于大学是完全没有必要的,有害无益的。然而,我们却有了这些东西。我只能为之哀叹。国人都希望我们有世界一流大学,可是,能有吗?办大学需要钱,但绝不只是钱的问题。如果体制不改,堆一百亿美元上去,也出不了世界一流大学。

# 第三章

# 大学观念变革

## 一、哲学的变革

我们在第一章第九节就讨论了哲学的意义,现在将联系我们哲学的实际情况,再来讨论一下哲学的变革问题。我们深切地盼望自己民族的哲学繁荣起来,就不可能没有许多议论和评判,这本是哲学得以繁荣的必要条件。换句话说,哲学若要繁荣,就必须有它自身的努力。亦即自身的变革。

现在,我们仅就某些流行的哲学观点来评论。20多年前,我在中央党校学习,其中课程就包括哲学,使用的蓝本就是韩树英主编的《马克思主义哲学纲要》(人民出版社1990年版),以下简称《纲要》。这本书印刷量相当大,计有10万册之多。对于学术著作而言,这就是极大的印刷量了。发行如何,就不得而知了。我在学习过程中,当然也聆听教员对该书的讲授,在当时,我就有诸多质疑。这里,不妨回录一下。以下引语均来自该书,故而,我们只注明引言出现的页码。

"世界是物质的世界"(第41页),这句话是在今天讲的吧,当作者这么说的时候,是否意识到他的话也是物质的呢? 这句话本身也是物质吗? 如果不是,那么,世界上不是也有非物质的东西吗? 这本书是由物质做成的,可是,它是用什么东西写出的呢? 那密密麻麻的字眼所表达的也是物质吗?

自从有了人,这个世界就发生了巨大的根本性的变化,随着人的出现,就出现了一个崭新的精神世界,从此,物质世界与精神世界都存在着。有一种唯物主义,实际上是唯物质主义,这种主义只看到物质,看不到人,看不到精神。难道人也只是一堆物质吗? 这种主义不就是目中无人的主义吗?

在人之前,早就有了鸟类,有了飞禽走兽,它们有恐惧、有怒吼,也有欢叫。这就是较为低级的意识的出现。因而,就在那时说"世界是物质的世界"便有问题了。也就是说,站在一亿年前讲"世界是物质的世界"也是有毛病的。

我们按顺序评论《纲要》的另一个观点:"物质世界的空间无穷无尽,无边无际……"而时间则是"无始无终,无尽无休"的(第58页),并且说这种观点"是立足于对科学成就的不断总结和概括的基础之上的"(第58页)。我不知其言之科学是从哪里来的。但我所知道的科学则告诉我们,空间是有边有际的,时间是有始有终的。物质、时间、空间是随着宇宙大爆炸而一起来到的,未来也会消逝。

恩格斯说得好:"自然界不是存在着,而是生成着和消逝着"[①]。这样,自然界亦必有边有际、有始有终。恰好是如今已得到证实的大爆炸理论可以说明这一点,而这一观点首先归功于天才的康德,"地球和整个太阳系表现为某种在时间的进程中生成的东西"[②]。

科学家们已研究得知,银河系的宽度为10万光年,而宇宙则是银河的150万倍。宇宙也有自己的年龄,中国大百科全书说是200亿

---

[①] 《马克思恩格斯选集》(第4卷),人民出版社,1995年版,第267页。
[②] 《马克思恩格斯选集》(第4卷),人民出版社,1995年版,第266-267页。

年,但也有 137 亿年、140 亿年的说法。这两方面分别进一步说明了宇宙是有边有际、有始有终的。

我们人类自然也是生成的,地球已有 40 多亿年历史了,而已有的考古学说明,人类的历史为 382 万年。如果有新的人类化石发现,这个数字还可能增大。但绝无可能在 6000 万年之前,那时是恐龙时代,人也无法在那时存在。

再来讨论《纲要》的一个观点,按我们讨论的顺序,它第三个出现。此观点即"意识是物质的反映"(第 74 页),并且还被称为"革命的反映论"(第 205 页)。怎么与"革命"也挂上钩了呢?意识不过是照照镜子,镜外有个"物质",境内就反映出来了,那个镜内的东西就是意识。人类的意识五光十色、千姿百态,这"镜子"都能照出来吗?

鲁迅三兄弟,同一父母生,同饮一种水,同吃田里长出来的米,为什么三兄弟的意识各异?若是反映出来的,怎么就如此不同呢?各人的"镜子"不一样吗?如果真是各自的"镜子"不一样,那不恰好说明不是简单的反映了吗?

同一个村里的人,生活在同样的物质条件下,为什么每个人的意识几乎没有雷同的呢?

那《离骚》,那《荷马史诗》,是什么物质的反映?

亚里士多德的《形而上学》是什么物质的反映?

那美妙的数论反映的是什么物质?

同样是人,为什么有的信仰资本主义,有的信仰社会主义,有的信仰民主主义?

《纲要》的编撰者们可能忘了仔细研读恩格斯的著作。对此,我们还将继续提及。

人类有无数的猜想,这是人特别伟大的表现之一,那些特别会猜想的人,便特别表现了人类的智慧。并且,这种猜想的能力也可以在后天训练。学会猜是一个本领,优秀教师的一个重要方面是不仅自己会猜,还会教学生猜。

猜,当然是猜自己尚不知道的东西,或者猜尚不存在的东西,或者猜尚不知其是否存在的东西。康德的大爆炸学说,当初也就是一个猜测,以猜想的形式出现。当时的康德学说反映的是什么?是"镜"外的什么物质在"镜"内被照出来了?

我们再来引用一段恩格斯的话,他说:"只要自然科学运用思维,它的发展形式就是假说。"[①]假说就是猜想,猜想亦必表现为假说。一些伟大的自然科学家,都是善于做出猜想或提出假说的人,他们离不开先做出猜测这一段,并且,假说常引领着他们的研究,研究的结果即使被证明猜错了、假说不成立了,也会让科学前进、发展。

胡适先生曾提出"大胆假设,小心求证",被斥之为唯心主义。实际上,这是一种十分正确的科学研究方法,如果这可以被叫作唯心主义的话,人们倒是可以再思考一下,究竟是唯物主义还是唯心主义比较正确?

唯心、唯物,都是某种方法,变成主张时则以"主义"相称,可是,在那个特殊的时代,唯物主义被认为属于无产阶级,唯心主义被认为属于资产阶级。阶级的划分本是从经济上、从所有制上去看待的,不知从何时起,就从意识形态上去划分了;而且,凡被打倒的人几乎都属于资产阶级了。

1976年之后,中国发生了巨大变化,不再随便给人扣帽子了,更不会去划分什么阶级了。尤其,"穷则思变""富则修"的理论被抛弃了。事实表明,富了的人也思变,而修正主义则不被认为是罪过了,过去讲得对的,就坚持,讲得不对的,就修改,就纠正,或补充,或改变。否则,我们怎么前进?

---

[①] 《马克思恩格斯选集》(第4卷),人民出版社,1995年版,第336页。

批判是哲学的性格,是哲学的生命之所在,即有哲学,就有批判,因而,亦必有不断的修正和纠正。黑格尔说:"哲学把怀疑主义作为一个环节包括在它自身内,——这就是哲学的辩证阶段。"①怀疑,必批判。哲学是思维的再考察,"这门科学乃是思维的思维"②,因而,哲学乃是对思维的批判。

在这一节的最后,我们还来评述一下《纲要》的一个论断:"意识是物质世界长期发展的结果,是社会的产物。"(第67页)一个至今还没有解决的问题即:人是怎样起源的?尤其,人的意识是怎样起源的?在这里被《纲要》用一句廉价的话"解决了":物质世界长期发展的结果。不过,物质世界长期发展为什么就导致了意识的产生呢?天晓得!太阳、月亮以及无数的星球,都是物质世界吧,都有长期的发展吧,为什么就没有产生意识呢?为何没有产生人呢?

今天,人类已经知道了宇宙是怎样起源的,然而,人及其意识是怎样起源的呢?宗教把人的起源归之于神,是神让人来到了这个世界。可是,神似乎又是人创造出来的,人创造了神,神又创造了人,这就构成了一个没有起点的圆圈。

倒是《纲要》给出了一个答案:意识"是社会的产物"。社会在这里成了神,是它创造了人及其意识,但这个"神"一般的社会又是人构成的,社会是人的产物,即,人创造了社会。于是,我们又看到了一个没有起点的圆圈。

社会是从哪里来的?因为有了人,才有了家庭,继而,有了教育,有了学校;有了经济活动,有了交易,有了买卖和贸易,又有了各种各样的社交,于是,社会产生了。这分明是在阐说社会是人的产物。怎么人及其意识成了"社会的产物"?怎么后出现的东西把前面出现的东西也产出来了呢?这不离奇吗?

---

① [德]黑格尔:《小逻辑》,商务印书馆,1980年版,第181页。
② [德]黑格尔:《小逻辑》,商务印书馆,1980年版,第64页。

有一点不必奇怪的是,有一种哲学可称之为社会本位主义,认为社会决定了一切,连构成它的人也被它决定了。许许多多的人至今还不明白呢,我们的意识是那个神一样的社会决定的呢。请哲学家们问问那些乡间的农民:"你的意识是社会的产物吗?"如果他听得懂的话,可能会觉得你多半是有点错乱了吧。可以看看,在乡里有几位农民说"社会"的。他们说的是自己的土地,是自己养的那几头猪、几只鸡、几只鸭、几头牛,还有那间小瓦房。

但要说到人,农民都知道,我们就是人;要说到意识,他们也知道,他会指着自己的脑袋,告诉你:意识就是从这里出来的。但你若说这是"社会的产物",他可能不一定说你莫名其妙,至少会瞪着眼睛望着你,心里却在问:"你在说什么?"

引用至此,评论至此,不能不有几分感慨。这样一本哲学《纲要》,印行了10万册,教授给了一届又一届的中高级干部。我们的哲学会是个什么样子?我们干部的哲学修养会是个什么水平?我们的哲学能够繁荣兴旺吗?我也感叹,怎么就有这种见物不见人的哲学?怎么就如此这般地目中无人?

能不能另有一本并非反映论的哲学著作出来,并且也发行10万册呢?并且也一届一届地培训中高级干部呢?但有个故事,让我担忧,教二胡的老师问来求学的学生:"你拉过二胡吗?"答:"拉过。"于是,老师就不想再收他为学生了。

所有这些,也构成了我想致力于哲学、进一步研习哲学的一个实际背景。我不可能改变大的格局,但得从自己做起,从点滴做起,从脚下做起。这成了我不断地教授教育哲学、课程哲学、高等教育哲学、形而上学的动力之一,为了学生,为了民族。

## 二、立场·观点·方法

事实上,经济体制改革、教育体制改革、政治体制改革,也需要有哲学的思维。如果向深入的方面发展而不停留于肤浅,就不可能不思考相关领域的哲学问题,诸如政治哲学、教育哲学、文化哲学。政治经济学亦曾称为哲学。"政治经济学、在德国称为理性的国家经济学或理智的国家经济学,在英国亦常被称为哲学。"①

牛顿似乎是一位数学家、自然科学家,但是,"牛顿至今仍继续享受最伟大的哲学家的声誉"②。按我们民族的智慧,我们应当可以为人类贡献一位牛顿,贡献爱因斯坦,可是没有。为什么呢?原因确实很多,但是,我们的哲学存在严重的缺陷,是最根本的原因之一。因而,哲学的变革实在是刻不容缓了。我们首先应为世界贡献一位柏拉图,贡献亚里士多德,贡献黑格尔。

我曾问一位院士:"是爱迪生更伟大,还是牛顿更伟大?"他答道:"都伟大。"他显然回避了比较。但不久之后,他告诉我:"张校长,我当然会认为牛顿更伟大。"于是,我进而问:"是牛顿更伟大,还是亚里士多德更伟大?"此时,他不回避了:"无论如何,亚里士多德更加伟大。"爱迪生的发明早已为更多的发明所替代,而牛顿的学说,至今还在大学的课堂上讲授,至于亚里士多德的著作则必将千古流传。

牛顿贡献的主要是自然哲学,而亚里士多德贡献的是哲学,无所

---

① [德]黑格尔:《小逻辑》,商务印书馆,1980年版,第47页。
② [德]黑格尔:《小逻辑》,商务印书馆,1980年版,第46页。

不在的哲学。

在我们的流行语中,立场、观点和方法常常是连在一起的,并且,这个顺序也表明了对孰重孰轻的看法。立场被认为是最重要的,方法只不过是船,是桥,只要能过河就够了,殊不知,还可以飞过去呢。对于从商、从政的人,或许是如此,只要"过河"就意味着利润或其他功利,就够了,是"桥"是"船"无所谓。

但是,对于探求真理的学者而言不是这样的。真理是中立的,真理面前人人平等。因而,立场、功利一类的东西在这里完全不起作用;如果它们是出发点,我们或者到达不了真理,或者碰到了也会擦肩而过,不甚了了。

我在任大学校长时,高举"真理至上、民族至上"的旗帜。并且,我们是通过探求真理而奉献给自己的民族的;我们为自己的民族,而真理的探求又是超民族的。文化这一块,尤其是民族的;可是,越是民族的,也越是世界的。

现在我们来讨论观点与方法的关系问题。我问过许多人,当然,我已有自己的思考,但不妨也问问他人。我问过的哲学教授,如张怀承等,他们的回答是迅捷的,也是得当的。

笛卡儿,黑格尔,他们贡献了什么?笛卡儿贡献了解析几何,他由此而被称为数学家,可是,他也是哲学家,他为人类贡献了哲学,而他的哲学则表现为他的代表作:《方法论》。解析几何不过是他的方法论的一个实例。

笛卡儿、黑格尔都被认为是方法论大师,当然,亚里士多德也是这种大师。黑格尔的"绝对精神"观你可以同意或不同意,但他提供的方法,不是同意与否的问题,而是让你更智慧、更聪明的东西,那是不可能回避的。亚里士多德、牛顿、笛卡儿、黑格尔等人,对人类最大的贡献也首先在方法论上。

对于学者,别人的观点也可能是需要注意的,有时也需要研究,评论其是非曲直，然而，更重要的是方法论，他是怎样获得这些观点的，这更需研究。

亚里士多德、笛卡儿、黑格尔说了些什么，能记得一些更好，然而，最珍贵的是，要看他们是怎样说的，怎样思考的；若能如此，把他们说了什么全忘了也不很要紧。因为如果把握了好的方法，有些话自己还可去琢磨，还可自己说出来。

听一位教师讲课，当然会听他讲了些什么，可是，优秀的学生会更注意教师是怎样说的，怎样想的；优秀的教师当然也就更关注怎样去想，怎样去说。教师呈现给学生的，可能是知识流，但更应是思想流，让思想流在学生心里也能回荡，乃至让心灵受到震撼。虽然教师不太可能把震撼学生作为自己教学的目的，可是，他的讲授能自然地起到这种作用。

事实上，优秀的教师们常常是自己受到过震撼的，那些杰出的文本，那些感人的演说，都可能产生这种作用。教师所要考虑的，唯一需要考虑的，是如何能让自己杰出？而且，这种杰出仅仅是对自己而言的，无须考虑是否感人，只需考虑是否自己感动了自己，心中是否有波涛。

我曾听一位名叫谢泉峰的博士生说过：不在于看什么书，而在看什么人的书；不在于听什么课，而在于听谁的课；不在于听他讲了什么，而在于听他是怎样讲的。实际上，这也表达了他对方法论的看重。优秀的学生想必都会有同感，他们优先考虑的可能不是听什么课，而是去听谁的课，听他如何讲、如何想。

我在备课的时候，当然要注意讲什么，并按一定的进程讲完相应的内容。但是，对于研究生们，书上的内容都可以由他们自己去看，不必教师去复述。因为我有此看法，故而，我大都是准备一系列的问题，少则七八个，多则一二十个。

问题是江河中的波涛，无风不起浪，问题就是"风"，大风掀起巨浪。江河中的思想流是随着问题而流动的。如果问题设计得好,就会有闪闪发亮的思想流涌现出来。我形象地说,每次讲课,我都是带着一荷包问题上讲坛的。

实际上,学问,学问,就是不断通过问而去学习的。汉字非常精妙地表达了对知识、对真理、对见识的理解,就把它们叫作学问,这一名词,把知识获得的过程也表达出来了。我们的祖先在汉字里留下了他们无穷的智慧,如果认真去研习,我们就可获得更多智慧,也能把更多的精彩呈献给学生。

我讲课是带着一荷包问题走进课堂的,讲课或教书如此,写书也如此,也是注入一荷包问题,让它们成流,一流淌起来,就成了河流,成了著作。2001年,我写了一本书:《素质:中国教育的沉思》,这本书就是101个问题,对这101个问题分别予以或详或简的回答,一条"河"就出现了,一部著作就出现了。

写著作是如此,写论文,我也常常是从一系列的问题开始,学问本就是从问开始的。

所谓方法,包括工作方法、教学方法、艺术方法、表演方法、演说方法、交往方法、经营方法、学习方法,方方面面都有方法,我们还说到过公理方法,但最重要的还是思想方法。方法得当,事半功倍;方法不当,事倍功半,甚至可能适得其反,一事无成。我们有一个"千方百计"的词,这一词汇表达了对方法的企望。

多多设问,就是一种方法;可是,如何问,如何问得更多、更好、更深,又有方法问题。加州理工大学,即CIT,有一句名言:说别人未说过的话,做别人未做过的事。但是,还有一个更重要的方面,那就是:想别人未想过的问题。你所说的话、所做的事是从哪里来的?首先要能想到吧,要想得到,不也还要想得比较好吗?

我曾提出过一个三部曲的询问方法:每遇一句话或一个命题,都可问:对不对?够不够?好不好?先问对不对;若对了,又问够不够;

够了，再问好不好，有没有更好的说法。不只是这样询问或质疑他人提出的命题，而且对自己之所说和命题也这样质疑。唯有如此，才会深入。

20世纪70年代初，长沙修起了第一座湘江大桥。在修第二座时，有位老先生说："我们过去用小船过河也过了，还要修那么多桥吗？"后来，长沙不仅修了第二座，还修了三座、四座、五座，桥还不够啊，还修过江隧道。马路上还修起了天桥，还有纵横交错的立交桥。这大概就是生活中的方法论，如此多样化，已经超出了一般观念，每座桥还很讲究艺术造型呢。

艺术是怎样产生的？以音乐为例来讨论吧。人们走路，走着走着，就跳起来了，舞起来了，于是舞蹈作为艺术的一种产生了；人们说话，说着说着，就哼起来了，就唱起来了，于是音乐产生了。流行歌曲就是这样的。又有了民歌，各民族把自己的民俗、风情、信仰、思念放在了歌中，于是有了千姿百态的民族音乐。后来，还有了美声，有了交响乐，把音乐推到了极致，而其表现形式无止境。这也是生活中的方法论，但可能是高于生活的一种方法论了，这种方法论带来了丰富多彩、五光十色、五彩缤纷。

此外，还有评书、梆子戏、相声、小品等众多艺术形式，都没有身外的功利企求，无所谓立场，都指向人的心灵，而人的心灵的抒发就是艺术存在的前提条件，无数种艺术方法便油然而生，艺术活动也就成为伴随人类最悠久的活动之一。最早的雕刻艺术已有了四万年历史，大大早于文明史。

在艺术表现中常常也包含了或反映了人们的观念。但是，与其说是观念，不如说是情感，艺术语言从整体上看是情感语言而非命题语言。无限的情才孕育出无限的艺，纯粹的乐器表演就是如此。著名的《二泉映月》《病中吟》就是没有词而只有曲的，交响乐的演奏也可以有不包括演唱形式的。

## 三、有用还是无用？

大约十几年前了，我参加过一位硕士研究生的论文答辩。已发言的答辩委员都说这篇论文写得好。不料，稍后发言的答辩委员之一的胡老师说道："好是好，但有什么用呢？"这一问，使得欣喜的场面顷刻消失，一片哑然。

我也不得不开腔了，并以问题的方式说道："一定要有什么用吗？"这一反问，使得胡老师也无话再说了。至少是，好就好了，有什么用的问题以后再说吧。我这一反问，似乎带来了一种解放，欣喜的场面又重新回来了。

有人对我说，你尽量写吧，让更多人受益。我立即回答，我从未这样想过。

又有人对我说，你写这么多，会让后来人受益。我立即说，我从未想过让后来人受益。

那么，我不停地写作究竟是为了什么呢？为了抒发自己，把心灵深处的话写出来；让脑子不停地转动，把转动中触摸到的东西写下来。我曾自认为自己是坏了的水龙头，自来水厂未停水，我也未去修理龙头，就让它哗啦啦流吧。

换言之，我是为流水而流水，为学术而学术，为真理而真理，没有别的企求。并且，我认为这就是没有什么杂念，我相信，对学术而言，没有较之更高的境界了，跟着心灵的呼唤走吧，对着天地日月去说吧，扪着良心去讲吧。

眼下，我们的学术为何不繁荣？原因之一便是，我们太看重脚下了，而没有去仰望天空。这样，我们能走多远？只看眼睛鼻子底下的东西，会有多贫乏？会多么缺乏想象力？深刻的学术思想，没有高瞻远瞩,能触摸得到吗?

太讲究功利了,太看重实用了,也太注重眼下了,伸手就可拿到的东西,立即想拿到手,别的,就再说吧。我们的眼光就是这样的吗?

为什么我们有技术,但没有多少科学?为什么我们有发明,却没有多少发现?为什么有原则,却没有多少原理?为什么我们有工程,却少有理论建树?

有人说,学习的目的全在于应用。在某个时刻、某种特定的条件下,或许是如此。但是,这种话肯定不具普遍的、长远的意义,因此,"全在于应用"中的"全"字问题太大了;恰恰相反,更多的时候,学习不是为了应用,不是为了实用。

亚里士多德就提出了"自由学术"的概念。什么是自由学术呢?其相对词就是"实用学术"。我们稍为详细地对这一重要概念和相关问题做一番讨论。

自由学术,或自由知识,自由学问,这一概念本身体现了古希腊人的自由观是如此彻底。"人本自由"[①]的观念亦必反映在哲学上,反映在学术上。古希腊人把某一类学术叫作自由学术,表明了他们认为这种学术与人的自由的关系最为密切。特别看重这种学术或知识传授的教育亦被称为自由教育。

自由知识的相对词是实用知识。有一些实用知识不是也能让人获得一些自由吗?但这是相对而言的。学了物理学的人,比只学过电工技术的人会有更多选择的可能,更多的知识;学了语言文学理论的,比只学过写作学的人也会有更多的机会、更多的自由。有知比无知更自由,多知比少知更自由。

学习哲学,给人的是智慧;有了智慧,也就有了更大自由。都去专门学哲学,谁来种地?谁来修房子?谁来提供商品?然而,都学点哲学是可能的,都有一些哲思更有可能,也有必要。把哲学变成一个

---

① [古希腊]亚里士多德:《形而上学》,吴寿彭译,商务印书馆,1959年版,第5页。

民族的事业,德国人做到了,他们成了哲学的国度,其他民族不也是可以做到吗?

有人说,发达的职业教育是德国的一大秘密。其实,发达的哲学不也是德国的一大秘密吗?然而,这都不是秘密,有什么秘密可言?德国人没有保密,其他人睁着眼睛也看得到。形上的东西与形下的东西同在,这才是关键之所在。看着脚下,却也没忘了仰望天空;看到事实和现象,却也还要入木三分。

没有一流的文,就没有一流的理;没有一流的理,就没有一流的工。能这样说的人不少了,能实际上这样做的人并不多。在20世纪50年代的大学中,有两个现象,一是大量的工科院校,二是大量的单科院校。这就是在做着三流的也十分必要的工作。单科院校的体制则使三流工作本身也处于更为不利的条件下。尽管当时急需各种专业人才,尽管需要创办大量的工科,但与此同时也不能忘了要有强大的理科支撑,要有强大的文科引领。谁能具有这样广阔而长远的眼光?政府很难有,这时,政府有必要设置智囊团;学者有必要进言政府。什么叫作科学决策?决策的权力在政府手里,而科学往往在学者手里,所以,两者经常合作是必要的。

政府要考虑民生,要考虑利益,故而,它不可能不功利。这是它的责任,同时,也可能使它产生缺点:只看到当下。能看广一点、远一点吗?政府自觉地跟知识分子打交道就是一种好的选择。知识分子喜欢务虚,政府喜欢务实,两者结合,就是虚实结合了。虚虚实实才能立足更稳,走得更远。

对于学者,对于大学,真的不能太功利了。事实上,许多优秀的学者不是求有用的。我问过历史学的教授:"你研究历史是为了有用吗?"他立即断然回答:"不是。"至于那些哲学教授们,更会如此回答。真正的学者,几乎都会是为学术而学术、为真理而真理。可能,那些更靠近工艺与开发、工程与技术的学者会更多考虑实用,但从事理论研究的就不是这样了。

历史上，一些伟大的理论不是为有用、实用而产生的。亚里士多德的《形而上学》就不是为实用而生的。并且他对此做了相关论述，他的自由学术观鲜明地表明了他的观点。什么是自由学术呢？那就是"有关某些原理与原因的知识"①。自由学术就是关于因和故的学术，哲学是这种学术的代表。

"研究原因的学术较之不问原因的学术更为有益"②，"只能在认明一事物的基本原因后才能说知道了这事物"③。古希腊人的哲学精神的表现之一就是追求第一原因、第一原理④。"理论知识的目的在于真理，实用知识的目的则在其功用。"⑤亚里士多德必然会直接说到哲学："所有其它学术，较之哲学确为更切实用，但任何学术均不比哲学为更佳。"⑥

古希腊人的这种哲学精神，使整个欧洲受益，他们的可称之为理性主义的哲学，成了以牛顿为代表的自然科学家们的利器。而文艺复兴为这种科学繁荣带来了更好的条件。当然，理性主义哲学见物不见人的缺陷，随着时间的流逝，也逐渐显露出来。于是后来又有了存在主义，有了生命哲学。

从科学史、数学史可以看到，人们活跃的思想不是围绕着实用和功利转的。哲学与数学的真理性都是自我说明的，它们都源自人的心灵。奇怪的是，这种源自心灵的东西，竟有着无比广泛的用途，数学、哲学成了无所不在的东西。

其实，说怪也不怪。只要人的心灵与世界相通，它就可以到达世界的最深处，到达世界的"心灵"。人的虔诚所至，即可通天达地，无与伦比的美妙。

---

① ［古希腊］亚里士多德：《形而上学》，吴寿彭译，商务印书馆，1959年版，第3页。
② ［古希腊］亚里士多德：《形而上学》，吴寿彭译，商务印书馆，1959年版，第4页。
③ ［古希腊］亚里士多德：《形而上学》，吴寿彭译，商务印书馆，1959年版，第6页。
④ ［古希腊］亚里士多德：《形而上学》，吴寿彭译，商务印书馆，1959年版，第34页。
⑤ ［古希腊］亚里士多德：《形而上学》，吴寿彭译，商务印书馆，1959年版，第33页。
⑥ ［古希腊］亚里士多德：《形而上学》，吴寿彭译，商务印书馆，1959年版，第6页。

非欧几何是顺着逻辑的奇异发展而被人捕捉到的。起初,它在世界的原型是什么,人们也还不知道,更不要说什么功用了。很久很久之后,这种"无用"的东西,竟能说明一个更广阔的世界。

爱因斯坦的相对论出现后,半个世纪之内还不知具体地说明了世界的什么,它也不是为功用或实用而生的,却成了人类最伟大的理论之一。

为什么这些伟大的理论没能在我们的中华大地上出现?无数中华儿女盼望中华民族的伟大复兴,但我们当如何迎来这种复兴呢?我想,我们民族的哲学复兴、理论复兴是绝对需要的、必要的,并且必须是走在前面的。有人以"言必称希腊"来贬抑对古希腊哲学的看重。然而,哲学属于全人类,古希腊人的贡献也属于全人类。恩格斯可能不是"言必称希腊"的,但是,他说了许多重要的有关古希腊的话,对我们肯定是有益的。让我们在这里引述几段。

"新时代是以返回到希腊人而开始的。"①

这是一个怎样的新时代呢?"这是人类以往从来没有经历过的一次最伟大的、进步的变革,是一个需要巨人而且产生了巨人——在思维能力、激情和性格方面,在多才多艺和学识渊博方面的巨人的时代。"②

"18世纪上半叶的自然科学在知识上,甚至在材料的整理上大大超过了希腊古代,但是在观念地掌握这些材料上,在一般的自然观上却大大低于希腊古代。"③

"现在几乎找不到一本理论自然科学著作不给人以这样的印象:自然研究家们自己就感觉到,这种漫不经心和杂乱无章多么严重地左右着他们,并且现今流行的所谓哲学又决不可能使他们找到出

---

① 恩格斯:《自然辩证法》,曹葆华等译,人民出版社,1955年版,第156页。
② 《马克思恩格斯选集》(第4卷),人民出版社,1995年版,第261-262页。
③ 《马克思恩格斯选集》(第4卷),人民出版社,1995年版,第265页。

路。"①怎样找到出路呢？怎样缩短从杂乱无章到条分缕析、有条有理的过程呢？

"如果理论自然研究家愿意在辩证哲学的历史存在的形态上来较仔细地研究这一哲学,那么上述过程可以大大缩短。在这些形态中,有两种形态对现代的自然科学可以格外有益。"②哪两种呢？"第一种是希腊哲学。"③"辩证法的第二个形态恰好离德国的自然研究家最近,这就是从康德到黑格尔的德国古典哲学。"④

引述了以上几段之后,我们似乎感到恩格斯也有一点"言必称希腊"的味道。可是,这正表明了恩格斯宽阔的胸怀,也表明了他对文明的虔诚态度。为什么人们常说"希腊神话"？我想,古希腊哲学就是其神话之一。

一般人对于"牛顿更伟大,还是亚里士多德更伟大"的问题都能做出正确的回答。为什么亚里士多德更伟大呢？原因之一就在于,牛顿提供的是自然哲学,而亚里士多德提供的是哲学,是恩格斯盛赞的希腊古代哲学中的精髓。

写到这里,我生出了无限感慨,也有无限感叹。我感叹些什么呢？

哲学与数学,完全是出自人类心灵的东西,它们的用途竟是如此之大、如此之广,没有哪一个领域能离开它们。"无用之大用"的哲言由它们体现得淋漓尽致。它们作为智慧的学问,又给人类以智慧；最高的智慧创造了哲学和数学,这个创造出来的数学和哲学又能给人以最高智慧。如今的哲学大国美国喊出了"让人人喜爱数学"的口号,这大概也反映了美国人对哲学和数学地位的认识。而早已认识到了这一点的,还有英国、法国、德国。世界领袖级的数学家陈省身盼望他的祖国成为世界数学大国、数学强国,谁来盼望我们也成为哲

---

① 《马克思恩格斯选集》(第4卷),人民出版社,1995年版,第286页。
② 《马克思恩格斯选集》(第4卷),人民出版社,1995年版,第286页。
③ 《马克思恩格斯选集》(第4卷),人民出版社,1995年版,第287页。
④ 《马克思恩格斯选集》(第4卷),人民出版社,1995年版,第287-288页。

学大国、哲学强国？这算是我的感慨之一吧。

我们太过讲究实用、太重应用、太过功利的观念，将如何变革？这种只看眼下不仰望天空的局面，谁来改变？我们何时才有康德、黑格尔这样的人物？我们何时能变革那些似乎很难撼动的传统观念？这些疑问中包含的感慨，算其二吧。

我们许多人对待恩格斯、马克思都很虔诚，可是，为什么我们不好好研究他们的著作？为什么不听听他们在有关问题上说了些什么？为什么我们不去深入地了解他们呢？为什么我们还是"各说各话"而似乎与他们无关呢？为什么我们所持的某些观念还恰好与他们相反呢？我们真的很虔诚吗？我们有多少人真正仔细地研究过他们？又有多少人联系我们自己的观念去思考过呢？这是我的感慨之三了。

某些流行的哲语有着巨大的影响，这些实际的影响，大大胜过了恩格斯等哲学家的哲语的实际影响；我们传统哲学观中的某些问题并没有得到仔细甄别，这个责任应当在谁身上呢？难道不就是我们自己吗？难道我们不是责无旁贷吗？我们多么需要哲学变革啊，多么需要哲学复兴啊！变革在何时？复兴在何时？对过去，我们可以感叹；对未来，仅仅有感叹够吗？这或许也是我的感慨之四吧。

## 四、变与不变

现在，人们几乎都在说改革，很少有人不赞成改革，更没有人公开地反对改革，似乎改革已是人心所向、大势所趋。近30年来，有教育体制改革、经济体制改革、科技体制改革，邓小平也有过政治体制改革的设想，但这一改革遇到的困难特别大。现在好像有一个政府体制改革的说法，这与政治体制改革可能还不是一回事；但我想，不论怎样曲折，也还是在前进吧。

为什么需要改革？它本身应当不是目的。

我们说过自己的观念有时也需要改革，这是不是目的呢？经济、科技、政治等方面的体制改革是外在的，观念则是内在的，内在的东西改革了，自己就直接受益了，它具有根本性；而且，观念改革了，其他一切改革就有了比较好的条件。

或许这内外的改革是相互有影响的，经济体制之类的改革，可能使物质生活受益，观念上的改革，应当使精神生活受益。然而，物质与精神两方面对于人也正是相互影响的。

经济体制的改革之类，可以通过某种设计和实际的变革措施来实现；观念的改革该怎么进行呢？谁来设计？有何具体措施？邓小平号召过解放思想，这大约是在号召观念变革，但这较之经济、科技、文化一类的改革可能更难把握。

1978年之后，人们为南京的学人提出了一个"实践是检验真理的唯一标准"的口号而欢欣鼓舞，几乎是一呼百应，好像只有湖南的有关方面未予呼应，不过，也只是迟缓了一点。为什么会欢欣鼓舞呢？因为标准变了。在此之前，迷信盛行，真理只存在于某个人的言语之中；从此后，标准就变成实践了。

在经济、政治、文化生活等社会生活领域里，实践检验的地位确实是基本的。但是，在学术领域，情况就有所不同了。17世纪以来，有了一种实证科学，将实验，可重复的实验，作为确认真理的过程。而实证不是停于感性的，实证与实践有所不同。实证之中注入了人们的理性活动，实证的设计本身就有理性的指引，就具有了科学性，并且其结果一般来说是理论形态的，一般都建立了自己的理论体系，且以逻辑的形式出现。

至于哲学与数学，我们已一再说过了，它们的真理是自我完成、自我确立的。因而，关于"实践是检验真理的唯一标准"的说法在这里就不适合了。在哲学领域里，几乎每位哲学家都认为是自己找到了真理。哲学是批判的,批判着的哲学家认为别人的哲学是站不住的;不过,批判着的哲学家常常也受到别人的批判。这样,也就还公平、合理。这种局面若能存在,哲学自身就会繁荣。同时,这也就意味着观念处在变革之中,观念也在繁荣之中。

大体上可以断定,当真正的百家争鸣存在时,学术必然是繁荣的。如果只有一家之言,亦必万马齐喑,学术势必凋零,正如"一花独放不是春"所言。因而,在学术领域里,不能"舆论一律",任何人在真理面前都没有特殊地位。

观念的变革与繁荣,说难也难,说不难也不难,在这里,唯一所需的是学术自由。如果自由尚欠缺一点,就变革;这一变革恰是观念变革的条件。

亚里士多德曾说:"求知是人类的本性"①,又说:"人本自由"②。在我看来,求知加自由即创造,因而,创造也是人类的本性。保护好我们本有的自由,坚守好我们本有的求知欲望,就是维护了我们的创造本性。原来,这是让人类天性在后天更好体现的大问题。好的教育发扬这一天性,差的教育可能毁灭这一天性。

学术自由与自由学术是两个不同的概念,前者落在自由上,指的是学术领域里的自由;后者落脚在学术上,指的是一种被特别赋予其含义的学术,亚里士多德称之为自由学术,并与实用学术相对。这也体现了古希腊人对自由的一种深刻理解。

人是无限丰富、无限神妙的。对人可以做无数种不同的注释。我以为这也是一种理解:人即自由,自由即人。

人是什么?宇宙是什么?这是哲学和科学中的两大难题。然而,已有百亿年以上历史的宇宙是如何起源的,我们已经清楚了;可是,人及其意识是如何起源的?至今我们还一无所知,而人类历史还不

---

① [古希腊]亚里士多德:《形而上学》,吴寿彭译,商务印书馆,1959年版,第1页。
② [古希腊]亚里士多德:《形而上学》,吴寿彭译,商务印书馆,1959年版,第5页。

足 1000 万年，目前所知仅为 382 万年，如此年轻的人类隐藏着无数的秘密，人的神圣正与此神秘相联系。

如今，我们还唠叨着观念的改革呢。谁的观念？人的。这岂不是说人自身尚需改革吗？观念改革与经济、科技、教育、文化、政治体制的改革相比，这可能是根本不同的一点。原来，这就是人自身的改革。有什么比这一改革更深刻的呢？

观念变革应当比哲学变革具有更宽广的内容。

这里，也有一个问题：难道观念总是应当变来变去的吗？什么样的观念易变？什么样的观念难变？什么样的观念不变？观念的变革与主客观两方面有关，客观的事物变了，主观的东西需要跟上去；有时候，是主观的东西本身需要变革，需要调整，才能把握变或未变的事物，甚至还可预见事物未来可能的变化。

什么观念是不易变甚至是不变的呢？当然是那些认识更深刻的东西。具体地说，可能是那些理论形态的、哲学形态的观念。孔孟、老庄以及柏拉图、亚里士多德确实都留下了一些永恒的观念。黑格尔曾言，如果人类有导师的话，那就是柏拉图和亚里士多德（大意如此）。他可能还应当补上：孔老先生亦为人类的导师。西方就有人说过，要从孔子那里去寻找智慧。

谁能不朽？亚里士多德长得多高、体重多少、每天饮食睡眠如何，我们可以全然不知，但他的学说我们知道，这才是可以永远流传的，永恒的，不朽的。可以流传永久的，不是技术、工艺，而是思想、学说、理论，以及如亚里士多德、黑格尔那样的哲学，那种从人类心灵中来而又能照亮心灵的学说。

眼下的技术、工艺也是需要的，工程师、技术专家也是需要的，而且是大量需要的。但我们尤其需要理论家、思想家，虽然他们在数量上可能是相对少之又少的。

人们实际生活的需要是多种多样的，并且还是不断变化的。于是，包括经济生活在内的许多社会生活常常要跟着这种变化而变化。

变化成了永远的不变。

在人的一生中,生理和心理都在变化着,可是,他亦有自己一生不变的、一生坚守的东西,一所大学在它百年、千年的历史上,也会是变化着的,然而,它也可能有自己永恒不变的信念,无论社会怎样变革。

数理科学的研究对象是什么?物理学的对象是物质世界,数学则完全不一样,数学研究数和形本身,而且不求用途,不去直接说明外部世界;但也可用数学方法去研究外部世界,并且,所有的物质科学都认为,只有在找到了相应的数学表达时,才算是成熟了。于是,出现了一种数学信仰,十分虔诚的信仰。

数学自牛顿、笛卡儿之后开始研究变量,微积分和解析几何都是研究变量的伟大成果。然而,数学研究的基本任务又恰在于寻找变化中的不变量。难怪人们说数学本身充满了辩证精神,自从变量研究的时代到来后,更是如此了。这样,数学学好了,辩证思维的水平亦必提高。古希腊人更伟大,他们早就"把数学充当哲学"①。从而,数学与哲学一道给人以智慧。

## 五、学问有几种?

有人说,世界上的知识,一是自然科学知识,二是社会科学知识。此外,还有别的什么知识吗?没有了,就是这两门。一是生产斗争知识,二是阶级斗争知识,又缩小了一点,都只是斗争知识了。

这种说法或观点的实际影响还不小。在中国大学里,学报就是两种,一种是自然科学版,

---

① [古希腊]亚里士多德:《形而上学》,吴寿彭译,商务印书馆,1959年版,第29页。

一种是社会科学版。有的学校后来加了一个版：教育科学版。

中国的科学院也是两个，一个是中国科学院，即自然科学院，另一个就是中国社会科学院。学问被认为只有两种，相应的研究机构也就只有两种，相应的研究刊物，如学报也就主要是这两种。至于教育学属于哪一种，还有不同看法呢。

自然科学又包含些什么呢？物理学、化学、天文学、水文学、地质学、海洋学、冰川学等等都是。

数学是自然科学吗？如果说数学运用于自然科学就认为它是自然科学的话，那么，它也运用于语言科学，它就是语言科学了吗？它还运用于经济科学，它也就是经济科学了吗？数学还广泛运用于社会科学，它是社会科学吗？

数学究竟是什么呢？数学就是数学，它与物理学、化学、生物学有很大的差别。它究竟是什么性质的科学呢？它与哪一类科学更靠近一点呢？稍后再说吧。

哲学属哪一类科学、哪一类知识？它面临与数学同样的问题。哲学运用于自然科学，它就是自然科学了吗？哲学运用于语言科学，它竟成了语言科学吗？哲学研究文化学，它难道也在文化学之列吗？哲学当然也运用于社会，它就是社会科学了吗？哲学无处不在，哲学就成了万金油吗？

哲学是什么呢？我们也只好说：哲学就是哲学，它不是别的什么。它究竟是哪一类知识呢？它具有怎样的特性呢？如果认为，除了自然科学和社会科学知识外再没有别的知识了，那么，哲学，连同数学，就没有安家之所了。

自然科学知识与生产斗争知识是两个不同的概念，社会科学知识与阶级斗争知识也是两个十分不同的概念。无数的社会科学知识与阶级斗争没有关系，又怎么可以都归结为阶级斗争知识呢？眼下有各种各样的竞争（包括竞赛），这与斗争不是一回事，更与阶级斗争毫无关系。

自然科学知识十分广泛,有些与生产有关,有许多并无直接关系。生产就是生产,有什么生产斗争呢?斗谁呢?"与天奋斗、与地奋斗"吗?恩格斯在《自然辩证法》中早就指出,人与自然、与天地的关系是密不可分的。如果人类对自然有所不敬,自然会报复你的。我们引用恩格斯的一长段论述,希望那些自认是马克思恩格斯的崇敬者的人能看看、听听。

"我们一天天地学会更正确地理解自然规律,学会认识我们对自然界的习常过程所作的干预所引起的较近或较远的后果。特别自本世纪自然科学大踏步前进以来,我们越来越有可能学会认识并因而控制那些至少是由我们的最常见的生产行为所引起的较远的自然后果。但是这种事情发生得越多,人们就越是不仅再次地感觉到,而且也认识到自身和自然界的一体性,而那种关于精神和物质、人类和自然、灵魂和肉体之间的对立的荒谬的、反自然的观点,也就越不可能成立了……"①

比较一下,我们就不难明白,那种与天斗、与地斗、与人斗的斗争哲学,与恩格斯在100多年前就已说清楚了的观点,相距有多么远,把自然科学知识归结为生产知识已十分不恰当,归结为生产斗争知识就更加谬误和离谱了。

我们的学科分类的观念是多么需要变革啊,那种只有两类知识的观点影响十分深重,其后果也将十分严重,严重地妨碍了我们学术的全面发展和繁荣。

自然科学包含些什么,我们已有所陈述,对于社会科学大体上包括哪些方面,我们也做一个简要的概括:法律学、社会学、管理学、民俗学、政治学、经济学都在其列。对经济学是否属于社会科学,尚有不同看法,我们暂且列入其内吧。

对于伦理学是否属于社会科学,也存有不同观点。在我们接着要

---

① 《马克思恩格斯选集》(第4卷),人民出版社,1995年版,第384页。

列出的一个清单中,有它。

现在看看,哲学、史学、文学、(思辨)心理学、逻辑学或思维科学、道德学或伦理学、美学(它或许就在哲学里)、未来学,这都不是自然科学吧,难道会属于社会科学吗?这些学科不是可以更确切地叫做人学或人文科学吗?

因为人在社会中,所以人文科学也在社会科学中吗?按同样的逻辑,社会在自然之中,社会科学也在自然科学之中了吗?在社会科学的清单所列的学科中,和在人文科学的清单所列的学科中,我们看到的,难道不是不同的景观吗?怎么可以混为一谈?

关于知识只有自然科学知识和社会科学知识两大类的说法是多么与事实不符啊。难道被古希腊人称为灵魂学的心理学在社会科学内吗?难道关于思维科学的逻辑学是在社会科学之中的吗?文学、史学虽然也涉及社会问题,但文学教授、史学教授们都认为,他们所从事的学问在人文之列。

只有自然科学知识和社会科学知识的观念的最大问题是目中无人,人文科学实际上是知识领域里更大的一部分,并且起着更重要的作用,所以事实特别彰显了知识两分法的严重缺陷与后果。人文科学不发达的后果的严重性已有一些人看到了,日后,也会有越来越多的人看到。

有人说,人毕竟是社会的人,可是,更重要、更具根本性的一面是:社会毕竟是人的社会。

我们还特别说一下辩证法。亦曾有过将辩证法与阶级意识联系起来的观点,这种观点似乎不必多讨论了,辩证法只与人和自然有关,与阶级无关。

在我看来,自然是辩证存在着的,人的思维是辩证地运行着的,我们把这种事实揭示出来,就有了辩证法。辩证法也就成为我们认识自然和人自己重要的、必需的方法。前面讨论过了方法论的意义,这对我们理解辩证法的意义当然很贴切。又是恩格斯说得好:"轻视理论显然是自然主义地进行思维、因而是错误地进行思维的最可靠的道路",而"蔑视辩证法是不能不受惩罚的"①。

"白马非马",这句话对吗?白马难道不是马吗?

"白马是马"吗?这句话对吗?白马与马是两个不同的概念,怎么白马是马呢?

"白马非马"与"白马是马"这两句话都不对,究竟怎样说才对呢?怎么说都不对了吗?事实上,这两句话又都是对的。白马与马这两个概念确实不同,所以,"白马非马"是说得过去的;白马与马毕竟都是马,所以"白马是马"也说得过去。

实际上,这是一个古老的哲学问题,即一般与个别的关系问题。1991年,我在中央党校学习时,教员在黑板上写下一个"一般小于个别"的公式,即

$$一般 < 个别$$

堂上的学员们哗然:一般怎么会小于个别呢?

面对这种疑问,哲学教员也不作答。过了一段时间,他讲道:"这是列宁说的。"似乎只要是列宁说的,也就等于是正确的了。其实,一句话其含义是什么,其正确与否,与谁说的没有关系。因而,教员也就事实上回避了对问题的回答。这使我怀疑他是否真懂了。于是,课间休息时,我冒昧地把我的理解告诉了他,他很谦虚地说:"回到课堂时我再讲。"令我惊讶的是,回到了课堂他也没有讲。这让我不能不认为,比懂不懂更重要的事,还有态度。

就概念的内涵而言,一般小于个别;就概念的外延而言,一般大于个别。而学员们大都是从外延上看的,这就是问题之症结,而哲学教员未说清楚。

还是这位哲学教员,在另一次课上,他在黑板上写道:"坏事就是好事"。说"坏事可以变成好事"就已经很革命了,把坏事干脆说成好

---

① 《马克思恩格斯选集》(第4卷),人民出版社,1995年版,第300页。

事,岂不更革命了。不过,这也就是说,尽干坏事也没关系,因为这些坏事都是好事。我都有点不相信自己的眼睛了。

我曾听说的是:坏事在一定条件下是可以变成好事的。这里,"一定条件"与"变成"是不可丢弃的关键词。事实上,即使有了"一定条件",也还不一定就变得了;并且,变化之后的事与尚未变化之前的坏事已不是一回事了。

这个眼见的事实,也让我做了一些思考,并写出了文章,应当还是属于通俗性的,具有哲学基础知识普及性质的文章,说不上高深,说不上有多少学术价值。

形式逻辑说,一就是一,二就是二;辩证逻辑则说,在某种条件下,一不一定是一,二不一定是二。

后来,我做了一个概括:不遵守形式逻辑,就是瞎说;不运用辩证逻辑,就是死说。

形式逻辑这么重要,这么具有基础性,那么,学生在何时学习它呢?事实上,中学是不会开设形式逻辑课程的;在大学里,除了少数专业外,也不开设。形式逻辑知识从何而来呢?从几何那里来。我们从初中二年级之后就开始几何课程的学习了。几何课也学习许多实际的知识,但其重点就在于形式逻辑的思维训练。中国如此,全世界如此。

在这里,我们又要提到古希腊了。古希腊人提供的《几何原本》以各种语言、以上千种的不同版本来训练全世界亿万的青少年。古希腊人的这一贡献,应当也是希腊神话之一。但是,在几何学的教学中,也别忘了辩证思维的初步训练。

在这一节的末尾,我们还回到知识分类问题上来说几句。

我们已经比较详细地论证了,把知识只归结为自然科学与社会科学两大类是有很大缺陷的,那是一种目中无人的分类。而且,被忽略的人文科学较之另两类具有更重要的意义和作用,其重要性可以从以下几方面来看:

第一,严格意义下的自然科学,产生在牛顿之后,至今不过三四百年的历史;"从严格意义上说,社会科学之成为一门真正的科学,是18世纪中叶以后。"①这也就是两百多年吧。然而,人文科学,仅以亚里士多德的《形而上学》为例,就已有两千多年的历史。人文科学堪称各类科学中的老资格。

第二,没有一流的文,就没有一流的理;没有一流的理,就没有一流的工,这个公认的道理把文的地位说得很明白了,其中的"文"尤其指人文科学。

第三,人文科学为其他科学提供精神支撑,无论自然科学,还是社会科学,这些活动中的科学精神都属人文精神,精神的东西哺育了这一切,也哺育了那些顶尖的科学家。

第四,人文科学的思维方法更具有开拓性、创造性,人文科学中必然有的想象力是科学创造中最珍贵的东西。人文科学不仅提供精神,也提供方法。

当我们越是清晰地看到人文科学巨大的引领作用,就越感到把知识只归结为自然与社会两类是多么不恰当,并且是多么不利于我们国家的科学发展和学术繁荣。近60多年来,我们少有杰出人才的涌现,亦与此不无关系。

加上了人文科学之后的三大类知识,概括了全部知识吗?还没有。数学就不属于这三大类中的任何一类,对此,我们早已叙说过了。数学离这三类科学知识之中的哪一类更近一点呢?"数学是人文的近亲",这一句话很好地做出了回答。

古希腊不是"把数学充当哲学"吗?如果是哲学,不就属于人文科学了吗?然而,毕竟,只是"充当",因而还有点距离,距离不大,所以被恰当地称为"近亲"。另一个历史现象也说明问题,自毕达哥拉斯以来,笛卡儿、牛顿、莱布尼兹等人都是哲学家兼数学家,这种两者

---

① 《中国大百科全书》(第8卷),中国大百科全书出版社,1998年版,第4209页。

兼于一身的情形,可能延伸到了罗素,这位大哲学家、大数学家,以98岁的高龄生活到了1970年。在他之后,还会有两"家"兼于一身的吗?恐怕是很难很难了,每一"家"所需要花的功夫都太大了。

说到这里,我想起2005年杨德广教授称我为哲学家的情形,直到今天,虽然我已有10部哲学著作了,但我从内心认为,我在哲学上还没到"家"。也有少数人称我为数学家,这都是数学以外的人说的,在数学上,我离"家"更远更远。尽管我对数学很亲很亲,但仅有一个"亲"还是不够的,还到不了"家"。

## 六、再论辩证法

辩证法运用于思维,就是辩证逻辑;运用于自然,就是自然哲学;运用于社会,就是社会哲学。辩证法可运用于一切方面,一切方面都会有哲学。

为什么辩证法这么管用呢?我曾说过,自然界就是辩证存在的,思维正是辩证运行的,人是辩证生长的,社会也辩证地运动着,于是,辩证法就无所不在。

在我看来,哲学有两大块,一是形而上的分析法,二是对范畴的研究,抑或是对矛盾、对对立统一体的分析。这纵横的两方面关联着,却是不相同的两方面。

在古希腊,理论和对理论的再论理,都属于哲学。然而,近代以来,千百种的理论在各个领域兴起,人们也就不再把它们都归于形而上的哲学了。或者说,古希腊只有形而上和形而下的区别,可是,到了今日,这种两分法就不够了。于是,我用了"形而中"这个词来形容那千百种理论。黑格尔就已有了对形而上和形而中的区分,只不过,我使用了"形而中"一词来描述。

现在来看看黑格尔的观点。他说哲学"这门科学乃是思维的思维"①。也就是说,哲学是以思维或思维的产品——理论为对象的;再换个说法,即哲学是对理论的再论理,或对形而上的对象再做形而上的考察或分析。这就是把形而上与形而中相区别而做出的论述。

"逻辑学是以纯粹思想或纯粹思维形式为研究的对象。"②这里所言之"逻辑学"即指哲学。这就说得十分明白了,哲学就是对思想或思维的再思考。

黑格尔提出了一个反思的概念:"反思以思想的本身为内容,力求思想自觉其为思想。"③

黑格尔使用了"后天的事实"④这一术语,从前后文看,第一层是事实,接下来就有了"后天的事实",这个"后天的事实"即指理论,对这种理论或"后天的事实"再考察,就有了哲学。事实,是形而下的东西;"后天的事实",就是形而中了;对"后天的事实"再考察之所得,便是形而上,便是哲学了。

我用一组术语来表达这三层次,即先天的事实,后天的事实,大后天的事实。这也就是从形而下,至形而中,又至形而上的。这个思想属于黑格尔,我这里只是杜撰了几个术语,很可能也是比较合乎我们汉语习惯的一种表达。

如今,几乎在所有领域里,都有这三层:先是事实或现象的存在,而后产生相关的理论,再后就是关于这种理论的再论理,这就是该领域里的哲学。

以教育为例。先有教育现象,这与人类史同步;后有教育理论,1632年夸美纽斯的《大教学论》被认为是这种理论诞生的标志;再有教育哲学,1848年罗森克兰兹的《教育学体系》是教育哲学之开创。

---

① [德]黑格尔:《小逻辑》,商务印书馆,1980年版,第64页。
② [德]黑格尔:《小逻辑》,商务印书馆,1980年版,第83页。
③ [德]黑格尔:《小逻辑》,商务印书馆,1980年版,第39页。
④ [德]黑格尔:《小逻辑》,商务印书馆,1980年版,第53页。

在教育领域里的这三层知识发展,经历了漫长的道路。

又以高等教育为例。约900年前,以博洛尼亚大学的诞生为标志,出现了高等教育事实;到1852年,纽曼的《大学的理想》象征着高等教育理论的出现;1923年,雅斯贝尔斯的《大学之理念》开辟了高等教育哲学,这已是20世纪初了。比起教育学从形下走到形上的漫长发展道路,高等教育的这三层知识的发展历程要短得多,然而,也有前后约800年的历史,才由形而下走到了形而上。

先有语言现象或事实(先天的事实),后有语言理论即语言学(后天的事实),再有语言哲学(大后天的事实)。

先有文化现象,后有文化学,再有文化哲学。

先有科学技术的事实,后有科学理论即科学学,再有科学哲学或自然哲学。

尽管辩证哲学在各具体领域里出现的历史过程不同,但共同点是都出现了或将要出现,辩证法普遍地存在于自然和人间,我们去揭示它,就有了各种形态的形而上学、各种形态的哲学。这也表明,人总是要向智慧走去的,因而必然向哲学走去;或者不是每个人都明白地走去,但必有人走去。

自然界辩证地运行着,矛盾着,对此,人们已深有感受。昼与夜,晴与雨,有机与无机,动物与植物,雌与雄,海洋与大陆,高山与平地,绿色与沙漠,无穷多的范畴。

人也辩证地生活着,前行着,生理上如此,心理上尤其如此。作为人的心理的一个重要的思维更是如此。黑格尔这样说过:"认识到思维自身的本性即是辩证法,认识到思维作为理智必陷于矛盾、必自己否定其自身这一根本见解,构成逻辑学上一个主要的课题。"[①]"白马非马"与"白马是马"正是这种矛盾在思维中存在的表现之一,而这一类矛盾处处存在。故而,辩证法处处存在。

---

① [德]黑格尔:《小逻辑》,商务印书馆,1980年版,第51页。

人的思维是否清晰？是否尽可能接近真理？这都有赖于自己自觉的思维，有赖于自己总能意识到自己意识中的矛盾，有赖于对思维做必要的再考察，有赖于反思其思想，实际上，也就是自觉地走到辩证法，进行辩证思维。

在《改革路上》这一书中，为什么我们反复提到辩证法，提到哲学呢？离题了吗？除了这涉及观念的变革外，还在于，改革实际上是让事物回到它原本有的那个形态上去，让事物又在这个原本的状态下得到正常的发展。然而，事物是辩证存在的，又是辩证发展的，这就是我们在这本书里反复提到辩证法的主要原因。我们不是想为改革提供什么理论依据，而是说明我们的改革事实上在做什么，做了些什么，该做些什么，不该做什么。

荷兰哲学家斯宾诺莎说过一句话："坚持从世界本身说明世界。"恩格斯很欣赏这句话，在他的《自然辩证法》中予以引用。可是要真正做到这一点，并不容易，世界本身究竟是个什么样子呢？实际上，这给科学家留下了无数的课题，科学家们所要做的，也就是：世界是怎样的，我们探究它，说明它。

但是，作为出发点，应有个态度，有个信仰，虔诚地看待世界，探索世界，说明世界。唯有如此，我们在进一步思考该做些什么、该怎样做的时候，就可能有更高的自觉，有更开阔的思路，才能自觉地思维。实在说，做到这一点并不容易。

这进一步说明，需要学习辩证法，训练自己的辩证思维。或许，改革本身包含辩证法，因而我们需要辩证地考察改革，又辩证地把握和推动改革。

联系到我自己的实际生活还说几句吧。

我喜欢辩证法，并相信自觉接触它的人，都会有这种感觉，它不仅有用，而且有味。我写过10本哲学著作，这多少能说明，我不仅喜爱，还因为喜爱而做了一些自己能做的研究。我还相信，我从这种喜爱、学习和研究中受益匪浅。

我在30年的校长生涯中,较少失误,为什么呢?因为,我虽爱钻牛角尖,但进去了能自己走出来;我总是望着未来,但随时想着昨天和今天;我是理想主义者,却也是现实主义者;我总想着成功和美好,但不忘失败的可能,不忘可能的丑陋;我很自我,但我绝对尊重他人的自我与独立个性。

由此,我自认为自己是包容的,并认为一个人的胸怀是可以经由自己去拓宽的,岂止是"肚里可以撑船",还可以让舰艇编队自由航行。所以,30年的校长生涯中,我有的是朋友,而没有私敌。我是"和稀泥"的主张者。

## 七、"和稀泥"

干脆来讨论一下"和稀泥"的事。

"和稀泥",在那个"斗争"年代被视为一个贬义词。在那个年代,认为没有第三条路线,非此即彼,不是左派就是右派。因而,调和折中、骑墙派都不被允许。我总觉得,那个特殊年代虽然过去了,但许多观念并未仔细地清理。不过,就我个人而言,我在自己的学术生活中,是做了许多这类清理工作的,还是那句话:从自己做起,从现在做起,从身边做起。

我做过校长,也做过党委书记,因而,对干部的作用和选拔必然会有自己的看法。我一贯的看法和偏好就是喜欢和稀泥,很不喜欢强硬的人,即使有一点点强硬的人,我也尽力帮助他不那么强硬,还是和稀泥的好,调和折中的好。

这样,我在干部路线上也有了自己的改革:启用和稀泥的人,善于调和的人。民间有个说法,就是遇有人吵架的时候,要善于劝架,善于各打五十板,或者就坚持公公与婆婆都有理的观点,公说公有理,婆说婆有理,相互容纳吧。

外国语学院曾有两位教授,权且称之为甲和乙吧。甲到我们这里来告状,说乙如何不好;乙得知后也到我这里来,又说甲如何不好。我不可能拒绝接待他们吧,但我有权约定:来我这里只能说对方的好话,否则免谈,沉默总可以吧。后来,他们都不来了,至少他们意识到,我不支持背后说人的是是非非。

我的这种态度,后来在全校教职员工中广为人知。这样,我明确地传递了一个信息:不在别人背后论是非,有话当面说。这似乎对学校形成良好的风气有一些帮助。这也是我与"斗争哲学"格格不入的一种自然的、必然的表现。

我的父母在我小时候就教导我,对人要忍让、宽待、厚道。我的兄弟姐妹多,我父亲就说:"你们就多拿几双眼睛看别人狠。"这似乎太软弱,但这就是我父亲的哲学,这一哲学伴随我一生;我也将其作为人生哲学传给儿子。我爱人怕这样忍让会更容易被人欺侮。实际上,我觉得,只要自己学业好、身体强壮,谁敢轻视?谁敢欺侮?还是海量的好,立足自己为好。

唯有对待日本鬼子这一类民族敌人才势不两立,你死我活。自己的同胞,除了汉奸,都可以和为贵,都可以海阔天空。为自己的民族强大而共同奋斗。

中文系系主任选谁?我提议:彭丙成。有人说他"和稀泥";我说,"我看重的正是这一点。"让他去和稀泥吧,让中文系安安静静地发展吧,少把精力浪费在无谓的争吵上;唯一需要的是学术上多争论,行为上少争吵;争论保证繁荣,争吵带来消沉。

历史系系主任选谁?我提议丁笃本。理由跟用彭丙成任中文系系主任是一样的。

为什么我任校长时,湖南师范大学一直走在发展和繁荣的路上?原因确实是多方面的,但少吵架、多和稀泥,是一条重要的原因,我们没有那些瓜葛,没有浪费时间和精力在一些不必要的纠缠之中。换言之,我父母的教导起了作用。

谁都知道,我是一个"左"不起来的人,我不做过头事,尤其是对人。正因为这样,我在那个"斗争"年代生活得坎坎坷坷。读书期间的1957年,我就因"同情右派"而被定为中右分子,留党察看两年。到了1978年之后给我平反,不平反我怎么当上党委书记啊?平反不久,我就担任了数学系的系主任。温和的、调和的、不喜欢斗争的人,终于被人喜欢了、容纳了。

任系主任不过一年多,1982年就担任副校长了,并且是主持行政工作的副校长,校长到省里任职去了。1983年,我就担任党委书记了。"火箭"般上升,这体现的可能是邓小平的迅速提拔一批人的主张,他还有个"三化"的说法,叫作干部的"革命化、知识化、年轻化"。我自认为自己是"一化半",只有知识化这一条勉强。当时,我已过不惑之年,还年轻什么?但那时干部普通年龄偏高,所以,40岁出头也还在"年轻"之列,这是我的"半化"。至于"革命化",我是绝对够不上的。所以,我是"一化半"而被作为"三化"使用了。算一个歪打正着吧。

担任书记3年后,我又接替颇有学识的林增平教授任校长,这是1986年初,此时,我是校长和书记兼于一身。1987年开始搞党政分开,不能兼了;龙禹贤(一位我十分尊重的长者)对我说:"你选哪一职?"我毫不犹豫地说:校长。我心里很明白,当书记我实在不行,不熟悉,也不适合。龙禹贤对我说:"校长是二把手啦。"我也即答:"我就做二把手。"后来,省里面又决定在我们学校实行"校长负责制";结果,还是一把手。

我明白,省委、省政府对我非常信任,无条件的信任。但我不知其原因,曾有过一个猜测。湖南有个说法:若要湖南稳定,只要长沙稳定;若要长沙稳定,只要岳麓山稳定;若要岳麓山稳定,只要师大稳定;若要师大稳定,只要张楚廷不动。

在岳麓山,有三所比较有影响的学校,但论学生、教师的演说能力、鼓动能力,那还是以文史哲见长的湖南师大师生略胜一筹,而不是以理工见长的中南工业大学(现在的中南大学)和湖南大学。所以,师大的稳定显得更为重要。

为什么我对师大的稳定有很大的影响呢?我也说不太清楚,但我从根本上不赞成以激烈的方式行事,这一点是决定性的。此外,还对两件事实稍做说明。第一件事是,如果师大的学生上街游行,我只要站在游行队伍前面,向他们招招手,他们就会返回学校去了,能否完全解决问题,那是另一回事。

第二个例子是,有一次,3000位各高校来的学生聚集在省政府大礼堂,一直围着省长刘正,不肯离去。谁来解围?刘省长的随行人员说:是不是把教育厅厅长请来?刘正立刻说:"不,你们帮我把张校长喊来。"于是,我出现在3000名学生面前,我只说了一两分钟,3000名学生就立即哗哗离场了。有什么魔法吗?

这个"魔法"或许刘省长知道,不然,他为什么喊我出面解围,而且,面对的学生,是各个高校而并非只有师大的。刘省长很信任我,就如省委、省政府诸位领导都信任我一样,至于他估计我会有什么"魔法",原因何在,我也不知道。

毛致用曾任湖南省委书记,一把手;后又任江西省委书记。江西省领导班子不和是很有名的,中央就把毛致用调去了,一去就见效。用我的话说,可能就是毛致用善于和稀泥。原来,不仅学校需要,政府也很需要和稀泥的人。

毛致用曾说过一句话,这句话或许反映了省里领导对我信任的原因。他说:"张校长是一位真正的知识分子。"我觉得,这才是中肯的准确评价。

这里穿插讲一个故事,这个故事与毛致用多少有点关系。邓小平为了将工作重点转向以经济建设为中心,在组织路线上肯定要采取一系列措施。据我所知,就有一个建立"第三梯队"的做法,即准备干部的培养和考察,将一些人列入此梯队。孙文盛、陈邦柱都在此列,我也在这里面了。孙、陈等很快就进入了省领导岗位。1986年11月4日晚8时,中央一位主管干部工作的书记(我在此略去他的名字)找我谈话,内容很明确:要我出任副省长。也就是从"第三梯队"里正式走出来。按干部工作的习惯,找你谈话,就是上任前的最后一道程序了,一下文就可上任。

此时,我犹豫了片刻,即回应道:做管理与做学问,我可以同时做,但如果只做一桩,我选学问。意思很明确,对于副省长,我只能兼做,不能专做。当时任省长的刘正在一间耳房里,听到了这一切。他们商量的结果是,必须离开学校去做。于是,我也明确,就只好谢绝了。这是1986年的事,除了我爱人外,对孩子都未说过。直到2006年,20年之后,才跟一些朋友说起此事,显然,这时只是谈及一段历史,无其他任何目的。

为什么在说到毛致用时说起这件事呢?因为后来毛致用亲口对我说过:"如果我在湖南,一定会请你出任。"我就没再询问他是让我专职做还是兼做了,没必要问了。在我的印象里,毛致用是一位保持着平民作风且有智慧的人,只不过,他外表朴实的形象可能让他人不易看见他的智慧。他把我视为真正的知识分子,并视为真正的朋友。我从不高攀什么人,我与毛致用之间是官员与知识分子之间毫无功利的纯粹的友谊,我们彼此都这样看。

## 八、原则与团结

在改革上,我是坚定的,却不是激进的;是急切的,却是稳打稳扎的。我尊重那些有保守倾向的人,他们或许需要多一些观察。还有一些激进的人,对于他们,我会有一些劝阻,尤其不能因激进而伤害了那些持不同观念的人。

在我的校级同事中,刘志辉是那种善于协

调、善于沟通的人,也就是善于"和稀泥"的人。陈钧也十分善于周旋;罗维治则属于比较性急的人,办事极有效率。不同气质、风格,同时又具有坚定一致目标的人在一起,正符合了学校工作整体的需要,从那时到如今,我们都可扪着胸口对着自己说:我们没有辜负自己的学校。我也对自己说:能如此这般做一任校长,此生足矣。后来,我还在学术上做了一些事,这不属于意外。

其实,如果没有 18 年的学校行政工作,我在学术上的所为会更加有限。这可以从两方面去说明,一方面,若未进入学校行政,我就会一直待在数学领域里,而凭我的经历和体悟,恐怕充其量只能做一些小打小闹的事。

另一方面,我在转入行政工作后被迫转入了教育学。为什么说被迫呢?在此之前,我白天研究数学,晚上也研究数学,数学工作所需要的那种连贯思维是有保证的。在转入行政工作以后,如果白天行政,晚上数学,那种连贯性必然被打破,效率无疑会极低。此时,我就转入教育学研究了,白天做教育管理,晚上思考教育理念问题,这就又连贯起来了,做管理与做学问连在一起了。

说来,我在教育学领域里的一些工作和进展,还大大受益于学校行政工作本身,这让我有对教育、对人、对学生的更多思考,也让我有更多机会去接触更广泛的教育事实和现象,使我能把微观和宏观的考察连在一起思考和研究,接触的面广了,问题也多了,研究的课题也多了,两者之间的良性循环建立起来了。时代给了我一个校长职务,我回报给社会一些相应的学术研究,有些也许能叫做学术成果,当然,我还努力从教育学领域走到了哲学领域,校长职务也帮助我走过了这段路,走过了必要的一段路程。

我相信英雄造时势,但我也感悟到时势对人的影响与作用,这需要自己去正视。

与"和稀泥"问题有关,我还想提及一个很熟悉的说法,就是"既要坚持原则,又要注意团结"。对此,我实在不以为然,并且有难以消除的隔膜,拒绝和批判这一说法。首先,我觉得此语之言者是高高在上的,难道原则就只握在你手里吗?你就是一位原则的拥有人和坚持人吗?另外的人就只是"被坚持""被团结"的吗?那些"被团结"的人,若被认为违背了那些原则,就不团结了吗?历史对此已做了很多注解,为什么"被斗争"的事常常也等待着那些"被团结"的人?还有,难道团结本身就不是原则吗?

知识分子中也有一些"毛"依附在"皮"上,于是他们能获得一个被"依靠"的地位,但也很可怜,只不过是被别人"靠"的一个椅背而已。"靠"不住了又会怎样呢?

即使我认为我比较正确的时候,也不会盛气凌人。通常我会以探讨的口气说话,以问题的方式求索,或许,这样在这个过程中就更容易发现自己的不足甚至失误。学问是在问中获得,在问中经受敲打,在问中扩展和加深的。

我从父母那里继承了厚道、忍让,我最为尊敬和怀念的老师李盛华教授也传给了我厚道待人的教诲。他是北大的高才生,学过力学与数学两个专业,他懂四门外语。有一次,我阅读一篇英文写的论文时,需要查阅的另一篇参考文献是用德文写的,我不懂德文,于是,我告诉李老师,他第二天就帮我翻译出来了。

北大的不少教授是述而不作的。高等教育学领域,有一位我们尊敬的长者,汪永铨教授,他也是述而不作的。北大英语系,李赋宁教授,英语界的领袖人物,可是没什么出版的著述。似乎北大有这种传统,我在学问高深的李老师身上也看到了。

华罗庚这样的大数学家曾被批为脱离实际,于是,他也搞了一些如优选法之类的"实际"。关于最优性的理论证明他未必去做,在我们的要求下,李盛华老师给出了一个简要的证明。这个证明让数学系的其他老师都难看懂。于是,我把他的证明初等化了,这样大家几乎都可看懂了。李盛华老师在对我进行教育的过程中,渐渐感到我对数学有一定的感悟能力,并拓宽了知识面。在他68岁的那一年,即1981年,他向学校推荐我接任他的系主任职务。

我外表看似刚毅,其实内心却有十分软弱的一面。"男儿有泪不轻弹",可是,我常常轻易地弹出来了。当我看见或听见邻居的小孩在哭泣时,我也会伤心;当小孩被父母打而发出哭声时,我觉得像打在我身上一样;当影视中有人哭泣时,我也跟着悲伤,特别是那些演得十分逼真的演员,很能打动我;至于在每每回想起我那已在天国的父母时,则常常是以泪洗面。

眼泪虽轻弹出来了,但我觉得我的泪是连着天地日月的。我也笑对人生,喜极而泣的时候也常有。

总的来说,我是个乐观主义者。从小我就喜欢开玩笑、说笑话,上课时我也尽量讲故事、讲笑话。即使在那个特殊年代里,我也如此;却正因为如此,挨整也更多,那时,"言多必失"是真实的存在。大约从1957年以后,我就变得沉默少语了。不过,1976年之后,我又"旧病复发",开玩笑、说笑话的天性又回来了。在走上行政岗位之后,我在工作演讲和学术报告中,也少不了说一些开心话。

或许我有一个信念,当你在人群中时,不要因为你而不快活,最好能因有你在,大家更开心。我希望快乐在人间,欢笑在人间。学生则在欢笑中更好地领悟人生。

## 九、我的主义

我有原则吗?怎么可能没有?先后30年的校长经历中,谁不知道我是有自己原则的人?但是,我从不因有原则而让人觉得我是冷面无情的,只有一副铁面孔的。一方面,原则不只属于我,另一方面,谁也不能在原则面前高出一头。

我的原则什么？明确吗？实际上，我的最低原则是做人；然而，我的最高原则也是做人。只不过希望能做一个更充实的人，更懂得尊重他人的人。

我在任湖南师大校长期间，曾建议组织部考察干部时注意三件事，第一，看他拉屎拉尿后自己冲不冲水；第二，看他跟人说话时，是否起高腔、是否有官腔；第三，回家是否欺侮老婆（或老公）。组织部的同志说："张校长，这怎么考察？谁能跟着看他冲不冲水？他跟人谈话时起高腔，我们能及时在现场吗？只有打没打老婆的事情，可以探访一下邻居。"

我用长沙话对他们说："你们发宝啊，我哪里是要你们看他冲不冲水，我的意思是，做干部要从做人做起，从点点滴滴做起，从身边的事做起。"

我可以问心无愧，我上厕所后绝对是自己冲水的；我跟人说话绝不会耍官腔、起高调；我的家庭和睦，实在说，我比我的爱人和小孩的脾气都好些。我还跟我爱人建议，若因争论而不说话了，最多只限制在两小时内。一家人在一起，哪有不磕磕碰碰的？对外人都能容忍、退让，对家人就不能吗？那不成了两面派了吗？我真的很在乎做人的一贯性，真诚和坦率。每人都有隐私，在隐私上，也人人平等。

我在上课时，评论过中外的各种主义。有学生问我："张校长，你是什么主义？"我第一次碰到这样的问题，但很像早已碰到过，故我立即作答："我是人主义，或 Z 主义。"为什么叫 Z 主义呢？我姓张，其汉语拼音的第一个字母即 Z，且 Z 在英文字母中排首位，倒数的首位。

附带说明一下：为什么我早已不是校长了，而师生员工都仍然喊我"张校长"呢？也许是因为我多年任校长并多少留下了一些影响吧，并且，这种影响好像也传递到了青年学生那里。不仅在校内，在校外也如此，是这种影响传到更宽的范围了吧？

人文主义，人本主义，都具有相对性，而我的人主义则是绝对的。人文主义产生于文艺复兴时期，那时，人文主义是相对于神而言的，神权统治被终结了,宗教与政权分离了,但上帝还在,只不过人的地位提到了神一般的地位,人与神并肩而立了。这是一次伟大的解放,一次伟大的变革。

人本主义则是相对于皇权主义的,人本相对于皇本、官本,还相对于物本,相对于拜物教。

我的人主义不相对于什么,人唯有在上天之下。因而"上天之下的人主义"是比较完整的表达。我们在大自然面前,不能有任何特殊感。大自然千辛万苦孕育出了人,我们也唯有感恩和敬畏,好生做一个大自然之子就不错了。那种与天斗、与地斗、与人斗的学说,可能是与愚昧在一起的。

我还不认同"人是万物尺度"的说法。小草、小鸟比我们人的资格还老,它们与我们人是平等的,论资格,我们算后辈,怎么能够认为我们成了它们的尺度呢?

并且,上天把无数的秘密和智慧放在了人身上,因而,人应当担负起更多的责任,要对得起小鸟、小草,对得起地球,对得起养育了我们的大自然。

现在,我可以把我的主义归结为,我是平等主义者,自由主义者,个人主义者。

下面,我分别对这几个主义,尤其是对个人主义要做更多一点的解说或注释。

先还是说平等主义。

我不仅认为人人平等,人生而平等,而且认为,人与其他生命体也平等,同在大自然之下;乃至于,无机物与有机物也同受宇宙之恩惠而一起先后来到,而享有平等,那山川、海洋、陆地,那壮美辽阔,那峻岭巍巍,都应受到人的尊重。

我们还是重点说说人间的平等吧。在我看来,无论是衣衫褴褛还是绫罗绸缎的人,无论是贫穷潦倒还是腰缠万贯的人,无论是其貌不扬还是英俊美貌的人,无论是一丁不识还是满腹经纶的人,无论是自由自在还是身囚牢笼的人……我都认为是平等的人。那些在班房里的人,有些可能是受委屈的人,有些可能是触犯了法律的人,但是,除法律剥夺了的那些权利外,他不挨饿、不挨骂、不挨打的人权依然保存,依然不能侵犯,包括那些死刑犯,在执行死刑前,这种权利也还在,我们可以谴责他活该,罪有应得,但死前的那点点权利还在。

平等主义不只是我的主义,也是我的行为,我确实做到了平等待人。我在机关作风的八个字中,前两个字即平等,而我是一定做到了的。在30年的校长任职期间,我的办公室是可以破门而入的,而无论是什么人,平平和和的人、怒气冲天的人、熟人、陌生人、好友、问询人、教师、学生、干部或工人……我都会起立相迎,并请坐,如果他(她)只站着,我也一定陪站着。我最担心的,是有人觉得站在我身旁而比我矮三分,此时,我会设法让他高上三分,或让我降低三分。我们同是人,同奉上天之命和父母之恩而来到人间。

我的平等主义无人怀疑,自由主义也如此。在我看来,人即自由,自由即人。为何人即自由?这是因为,唯有人是有意识的,而且人能用自己的意识作用于自己,并由此而把握自己。人不仅生而自由,而且还在后天发展这种自由,创造自由,享有自由。许多的文人、诗人、哲人视自由为自己的生命,他们正代表了人类的那种自觉的自由意识。"生命诚可贵,爱情价更高,若为自由故,二者皆可抛"的著名诗句,表达得淋漓尽致。几乎所有革命者,在他们革命的时候,都举着自由的旗帜。

自由主义曾在某时某地被作为贬义词看待,但我终究未受这种观念的影响。"己所不欲,勿施于人",也表达了对他人自由的尊重;但是在那个特殊年代,却有了"己之不欲,亦施于人",这太霸道了;深受儒家思想影响的中国人,最终不可能信奉这种霸道理论。体罚孩子,体罚学生,是我绝对不能接受的。理由很简单,这违背了自由原则。这一原则无论什么人都不应违背,也无权违背。

我尊重人,不仅是礼貌待人,我从内心深处认为他人与自己一样平等地享有自由。我教学生,只是工作和生活方式的不同,但我和学生之间平等自由的地位相同。我不仅在他人面前没有特殊感,而且我尽力帮助他人(当然包括学生)去享有自由,发展和创造自由,跟他们一同在自由的大道上前行。

动物、植物是无自由可言的,因为它们没有意识,它们只作为有机体任其自身增长,它们只受自身有机细胞生长的影响。但它们作为生命,仍应受到人类必要的尊重,杀鸡也不应用砍头的方式,小草亦不应被任意地践踏。

现在特别来说说个人主义的问题,换言之,我不奉行集体主义而奉行个人主义。我尊重集体,看重集体,重视团队精神、合作精神的培育,但这并不等于是集体主义。集体主义是怎样来的呢?辞典上有注释。"'集体主义'这一概念最早由斯大林于1934年在同英国作家威尔斯的会谈中提出"[①]。1934年是什么时候呢?是苏联大规模发展农业集体化的时候,也是顷刻带来大饥荒、饿死数以千万计人的时候,同时,又是大清洗、大镇压的时候。这不是巧合吧。

中国在20世纪50年代末也以人民公社的名义,实行了更高程度的集体主义,连农民家里的锅盆碗筷都归"公"了。可是后果怎样?世界都惊呆了。

不过,我的个人主义并不是因有集体主义而与之相对提出来的。我一直是个人主义者,有人问:"你做校长时也是吗?"我觉得,这更是没有问题的,我不是对自己个人主义而对别人就不是了,那不是"两面派"吗?我是一以贯之的。

人们都相信我的个人主义与自私自利、损人利己毫无关系。那么,我的个人主义究竟是什么呢?究竟包含哪些基本的观念呢?或者说,有哪些要点呢?

第一,每个人是每个人自己,独立的自己,在社会中有各种关联,

---

① 冯契主编:《哲学大辞典》,上海辞书出版社,1992年版,第1573页。

都是关联中独立的自己。当然,首先是独立人格,独立人格的丧失,也就是自己的丧失。

附带说一下,对于人格,有三种不同意义下的理解,分别是法律学、心理学、伦理学意义下的诠释。

在法律学意义下,人格即指法律承认的人的资格,包括人的各种自由,人的权利与义务等。

在心理学意义下,人格与个性是同一概念,包括人的心理特征、心理倾向等。

在伦理学意义下,人格指的是人的品格、操行、品性、操守、德行之类。

我所言之个人主义的第一要点即看重人的独立人格,而所言之人格是包含了以上三种意义的人格的。所有人的人格不可侵犯,所有人也珍惜自己的人格,而心理学和伦理学意义的人格尚需不断磨砺,这样,独立的自己、真实的自己会更加充实。

关于个人主义的第二要点,说的正是每个人可以不断充实自己、发展自己、丰富自己、创造自己,让自己成为一个更聪明、更智慧、更高大的自己。

第三,以充实了的自己去帮助他人,并努力去为民族、为自己的同类做出贡献。越丰富自己,越可能做出更多的贡献,与此同时,自己也成了更高尚的自己。

第四,对每个人而言,思想的自由是绝对的,而行为的自由具有相对性,行为上必有的一条限制是,不能妨碍他人,更不能伤害他人,当言论伤及他人时,也超过了思想自由的范围。

第五,每个人都可以从自己出发。不仅如此,私有是道德的必要前提。私有了,并不一定道德;一无所有,拿什么去资助他人?或拥有物质财富,或拥有精神财富,再提升自己,看到他人或环境上之所需,而奉献出去,这才有了道德。

有一个忘我的说法,但我认为,有我才忘我,越是富有的我,可忘的东西也越丰富。还有一个忘物的说法，但我认为，有物才可能忘物，本无物，拿什么去忘？还有一个无私的说法，前提仍然在于：你有私吗？本来就很贫乏，说无私有什么意义？

还有大公无私一说，可是，在现实中，公款请客，公款旅游，公车越买越好，都是在"公"的名义下进行的。记得有一年，仅公车消费这一桩，就是3000亿元；而这又恰是扶贫资金的那个数字。屋内酒肉香，路有冻死骨，一公一私，何等景象？

我曾问一些体育爱好者一个很一般性的问题：是我们这里的团队精神好，还是大洋彼岸的加拿大或美国的团队精神更好？他们一致地回答：别人更好，彼岸更好。

为什么？为什么实行私有制和个人主义的地方反而更富有团队精神？理由很简单：在个人主义之观念下，认为那个团队是我的，这个团队需要我，于是我必须关注它，爱护它，让它强大起来。关键就在这个"我"字。于是，"我"成了团队的主人。

主张个人主义时，集体是属于个人的，反之，主张集体主义时，个人是属于集体的。在农奴制度下，农奴完全没有了自己，而他所属于的，正是农奴主。事实上，握有权力的人可能更愿意一呼百应，更愿意实行集体主义。因而，集体之名何在？其实质上的虚伪性，人们并不难看到。

有人问我："你做校长时也主张个人主义吗？"我即答："当然。"并且这充分体现在我的理念、我的办学目的之中，体现在我的行为之中。如果做校长时就抛弃个人主义，那我是前后一贯的吗？我有真正的信仰吗？我违背了关于人、关于每个个人神圣的观念吗？事实上，我不仅从理论上，而且从实地践行上，都是一致的。

我的办学目的，就是让学生成为他自己，越是他自己，越是个性化，越有可能成功，也越可能更有益于社会。把100个学生培养成一个样，还是培养成100个样，哪种结果更有利于社会？这个答案还不明白吗？个性教育是个人主义在教育中的必然结果。

具体来说,我的目的就是把学生培养成更富有、更聪明、更智慧、更高大、更高尚的自己。简言之,把学生培养成他自己,在充分发展他们的自我意识的过程中实现。

入学前的学生一般也是聪明的,但入学后,学校的职责在于让他们更聪明,并走向智慧。入学后,知识上的更富有通常都不会有多大问题,但这不等于聪明与智慧必然有一个明显的提升。所以,学校和教师们通常都会更关心学生在智慧上的成长。具体地说,关心学生是否更会学习、更会思考、更会创造了,关心学生是否更会质疑、更会推敲、更会别出心裁了。再换句话说,不仅关心学生学了些什么,而且关心学生在怎样学着。教师们的真本领也主要表现在这一点上。所谓杰出人才,不只是更有知识的人,而且是更有智慧、更富创造力的人才。

当然,我还希望学生的情操也得到提升,意志也得到锤炼。

在这一节的最后,我想引述恩格斯和马克思的几段话及相关观点,以供我们自己思考。

"各个人的世界历史性的存在,也就是与世界历史直接相联系的各个人的存在。"[①]人存在于历史中,并与这种历史直接相联系,却又是以各个人存在为前提的联系。

因联系才有关系吧,然而,恩格斯和马克思又说:"凡是有某种关系存在的地方,这种关系都是为我而存在的……"[②]我,个人,这才是关系存在的前提。

"权威原理出现在11世纪,个人主义原理出现在18世纪。因而不是原理属于世纪,而是世纪属于原理。换句话说,不是历史创造原理,而是原理创造历史。"[③]归根结底,是人,是一个一个的人创造了历史。

---

[①] 《马克思恩格斯选集》(第1卷),人民出版社,1995年版,第87页。
[②] 《马克思恩格斯选集》(第1卷),人民出版社,1995年版,第81页。
[③] 《马克思恩格斯选集》(第1卷),人民出版社,1995年版,第146页。

我们不禁想起,18世纪出现的个人主义,在20世纪的某个地方被集体主义替代,而这极少的几处地方同时又发生了什么,历史已写得很清楚。

曾被译为集体的一词,在后来被译为共同体,应当意思也差不多吧。我们看看恩格斯、马克思是怎样说共同体的。首先,他们指出,存在着"冒充的共同体""虚假的共同体""虚幻的共同体"和"真正的共同体"的差别。什么叫作真正的共同体呢?"在真正的共同体的条件下,各个人在自己的联合中并通过这种联合获得自己的自由。"①

让我们对他们所言之"真正的共同体"做出自己的理解。这段话中的关键词有:个人,自己,联合,自由。而最基本的论断是:①这种联合是个人的联合,自己的联合,而不是联合中的自己;②从这种联合中获得的应当是自由;③这种自由是个人的自由;④唯有从联合中能获得自由,这种联合,这种共同体才有资格称得上"真正的共同体",而非虚伪的。

"各个人过去和现在始终是从自己出发的。他们的关系是他们的现实生活过程的关系。"②从个人出发,又从家庭出发,关系才在生活过程中逐渐出现。

我们引述了恩格斯和马克思的话,并不是想也不必说明他们是否主张个人主义,但可以肯定的是,他们没有提出集体主义。正如辞典已指出的那样,集体主义是斯大林提出的。斯大林是否是马克思主义者的问题,跟许多人声称自己是马克思主义者一样,并不是由他们说了些什么来判断的。

---

① 《马克思恩格斯选集》(第1卷),人民出版社,1995年版,第119页。
② 《马克思恩格斯选集》(第1卷),人民出版社,1995年版,第135页。

## 十、人类与人的发展史

为什么会谈到我自己的主义呢?为什么我把自己的主义叫作个人主义呢?为什么又特别归结到平等主义、自由主义、个人主义?为什么尤其详细地论述了我奉行的个人主义?为什么会对我自己的思考又做了这番考察呢?与主题有何关系呢?

我们在谈论改革,在此,有一点是值得注意的,即中国在 20 世纪 70 年代末开始了改革,而不断的改革是从哪里开始的呢?包括万里、邓小平究竟当初是怎样想的呢?我们这样年龄的人,应当是有记忆的,有过切身体会的。这都与人的平等、自由有关。

万里是从安徽农村开始改革的,就是从包产到户、分田到户开始的。说明白一点,就是从恢复私有制开始的。不知万里是否知道恩格斯和马克思说过"各个人过去和现在始终是从自己出发的",但这并不重要,重要的是万里跟恩格斯和马克思一样知道"各个人过去和现在始终是从自己出发的",而不在于万里是否信仰什么主义。此外,无论谁的主义多么好,如果导致农民挨饿,再怎么说也好不了。

中国自农村改革之后,还有多方面的改革,如国企的改革。实际上,若不解决好产权问题,不解决好为谁生产的问题,就还会困难重重。在金融领域里,不是还出现了被视为资本主义象征之一的股票吗?谁是股东的问题不是必然地突显出来了吗?低工资、大平均、大锅饭、铁饭碗不是在逐一被打破吗?

我们讨论的主题是改革,却还主要偏重于大学改革。可能话题时而被拓宽一点讨论,随时拉回就是了,或许,拓宽一点有利于开阔思路,深化讨论。

现在再回到教育上来,并且进一步讨论教育与哲学的关系,把教育改革与哲学的变革联系起来。教育与哲学的关系密切吗？它们是如何关联的呢？

教育的目的何在？按我的人主义来理解,那不就是为了人吗？为了人的什么呢？为了人的发展。人是怎样发展的呢？人辩证地存在,也辩证地发展。故而,理解人、理解人的教育,也就需要明白辩证法。这样,教育与哲学就几乎天然地相连了。

人类的活动几十种、几百种,论职业,数千种。在人的各种活动中,哪一种、哪几种最古老？哪几种在人类的远古时代就与人类相伴相随、相依相偎？

我想,最早与人类相随的是经济活动与教育活动,至于科学活动、文艺活动、政治活动,都会晚于前两种。首先要有吃的,就有物质生产了吧,这或许就是经济活动了；然而,有了意识的最初的人,就会有最初的意识,并且凭借它而把经验传给下一代或他人,这就立即有了最初的教育。

经济活动与教育活动相比,更能体现人性并与动物界相区别的,还是教育。

人类历史经历了380多万年(目前的考古学证明,是382万年)。人类史、语言史、教育史,三者是平行相依发展的。

最初的人类只能发单音节,因而与动物相近。这经历了一二百万年,此可谓人类的童年期,漫长的童年期。此时,语言的发展也处在朦胧时期,而相应的教育,也就只能是原始的教育。人类的童年只有朦胧的语言,原始的教育。

一个关键的进化是人类的口腔结构的变化,使得发出多音节成为可能。这样,才可能出现词汇和句子,而凭借句子即可向下一代传递经验,教育也就发生了重大变化。这是人类的少年时期。与此相应的,是命题语言的出现,从而,也开始了正式的教育。

人类发展决定性的一步是文字的出现,此时才有了可能隔代相传甚至永远保留下来的语言,从而,教育也进入了一个成熟的时期。人类由少年进入成年,口头语言也发展到了文字语言,教育则从正式的教育成为成熟的教育了。

人类的童年期、少年期,经历的时间均在百万年以上,而成人时期,至今不到万年,也不足五千年。今天我们所看到的神奇的人类,实际上是在一个漫长而艰辛的过程中发展起来的,是神奇的大自然孕育出了神奇的人类。

人类为什么这样神奇?人自己并不知道,只知道是上天赋予,上天为什么赋予?上天是怎样赋予的?我们都不知道,我们只知道自己享有了这一赋予。

人类已进入到了成人期,何时进入老年期?这一点,我们也不知道。甚至,我们人类会不会有老年期?对此,似乎理论上可以作一个回答,什么事物都会老去,难道人类不会吗?可是,实际上会怎样呢?发生什么样的变化,人类才会老呢?

人类曾有过进化,历史可证明;但人类是否还在进化?有人认为没有了,却也有人认为还在进化着;但认为还在进化着的观点缺乏足够的依据。或许,这种进化十分缓慢,缓慢得我们无法觉察到。但没觉察到的情形,未必能肯定其不存在。

所以,这个问题还是个悬案。人类对于自己还有许许多多不明白的事,这可能也正是人类神奇的表现之一。都明白了,还有什么神奇、神秘、神圣可言?

倒是对于宇宙,人类已认识了许许多多。于是,相比于认识宇宙,我们能再三再四地感受到苏格拉底的"认识你自己"或"认识人自己"这句话的永恒的意义。

在很大程度上可以说,人类史就是一部语言史,而教育相伴始终,于是,人类史亦是一部教育史。

对于个人的历史,当怎么看呢?个人的一生几乎是人类史的一个缩影。一个人的童年期算是5岁或6岁吧,人的少年期从6岁到15岁或16岁,此后就进入成年期了。至于老年期,倒是较之人类史要明确一些,六七十岁应当是进入老年期了。这一点可能与社会发展有关,比如说,"人生七十古来稀",如今80岁也不稀了,有的国家平均年龄已过80岁。1981年时,我最尊敬的老师李盛华教授68岁,他说他已活到了平均年龄,再多活一年就超过平均年龄一年了,结果,他活了93岁。到现在,中国人的平均年龄应当已过75岁了。

人们说:"生命在于运动",但李盛华教授连散步也极少,他好像能说明:"生命在于静止。"如果把静止视为运动的一种特殊形态,这两种说法也就差不多了。

一个人相应的语言发展是怎样的呢?人在一岁左右的时候连单音节还发不出,快两岁时才发出"妈"和"爸"一类的单音节,这相当于人类语言的朦胧期,只不过这个时间较短;很快,两岁过后不久,就逐渐能发出多音节了,逐渐有了命题语言。随后进入文字语言的时期,有些在幼儿园就开始识字,至于较大数量的识字,则是进入小学之后,识字量迅速增加了,命题语言也大量增加。

可以说,一个人的发展史,在很大程度上就是他的语言发展史;其语言发展的状况,可以倒过来从一个重要的视角反映人的多方面的发展状况。

教育则在更高的程度上帮助和指导人发展语言,发展其思维,也发展其情感等多方面的心理。语文不必说了,数学也是在传递一种独特语言,音乐从另一个角度发展语言,并相伴着也发展人的知情意,发展人生。

## 十一、教育与哲学

我们又要说到哲学了。大自然在辩证地发展着,我们揭示它,就有了自然哲学;人在辩证地发展着,尤其人的思维在辩证地发展着,我们揭示它,于是就有了关于人的哲学,关于思维的哲学就叫作逻辑学。一切都辩证地发展着,认识一切也就都难以离开哲学。

为什么教育跟哲学的关系特别密切呢?其实,教育的目的就在于教人去认识大自然,更在于认识人自己,大自然和人都辩证地发展着,教育要引导人去认识这一切,也就离不开哲学;从事教育工作的人,若离开了哲学,就很难明白教育的真谛。因而,当今从事教育工作的人,几乎都需要学习教育哲学。

我们已知,相伴人类的最古老的活动,就是教育活动。然而,教育走向成熟,是与人类语言的发展密切相关的。关于教育的哲学,就需要相关语言有更好的发展才可能出现。历史表明,关于教育的一般理论产生于17世纪初,关于教育的哲学,则产生于19世纪中叶。这个漫长的过程说明,实际地到达教育哲学的高度并不容易;而今,自觉的教育工作者就需要学习这个来之不易的教育哲学。

教育学与哲学,是两门十分不同的学科,教育哲学并不是这两门学科相加的结果。哲学在两千多年前就有了,教育学在近400年前也有了,如果两者相合就有教育哲学,400年前教育哲学就应当有了;可是,教育哲学的历史还只有100多年,这个"加法"竟算了300多年。这个历史告诉我们,对于教育哲学,需要专门的学习和研究,这个"加法"比学微积分还难一点点。

因为不同,所以关联,如果同一了,还有什么关联的问题?还需要研究它们的关系吗?教育活动与哲学活动毕竟是人类两种十分不同的活动。仅就历史而言,教育活动几乎伴随着整个人类史,哲学作为一种正式的人类探求活动,应当是始于古希腊,至今不超过三千年,与教育的二三百万年历史之漫长相比,不是一个数量级。然而,哲学的产生却与教育的关系最为密切。

杜威做过一个十分恰当的描述:"欧洲哲学是在教育问题的直接压力下(在雅典人中)起源的,这一点使我们有所启发。……称为诡辩家的巡回教师才开始把自然哲学家研究的结果和方法应用于人的行为。"[①]哲学问题由宇宙而及人。

杜威关心中国却没有注意到中国古代的教育与哲学。老子、孔子、孟子、曾子等也是在从教的同时阐述他们的哲学的,也可以说,中国哲学是在教育的推动下发生和发展起来的。孔子弟子三千,他堪称哲学家兼教育家,他把教育与哲学融在一起。

教育从多方面关联哲学。一方面,"哲学甚至可以解释为教育的一般理论"[②]。另一方面,"教育乃是使哲学上的分歧具体化并受到检验的实验室"[③]。换言之,哲学的实验室在教育那里,同时,哲学与教育的一般理论是如此靠近,只需要某些解释,它们就在一起了。可能,关于人的哲学尤其如此。

实际上,被称为实用主义的杜威哲学,就是实用于人的,实用于人的发展和幸福的。

我本人从数学自然地走向哲学是很好理解的,而在投身于教育学之后,走向哲学也很好理解。这两方面的走向,都是我自己完成而没有谁催促的,抑或可说我自己催促了我自己。走向而不是转向,我并没有来一个180度的大转变并从此告别数学和教育学,我时刻留恋和回望它们,它们还在我身边。它们是我的根,如果说我已长出了许多枝枝叶叶的话,这些枝叶仍然连着它们。

---

① [美]杜威:《民主主义与教育》,王承绪译,人民教育出版社,1990年版,第346页。
② [美]杜威:《民主主义与教育》,王承绪译,人民教育出版社,1990年版,第344页。
③ [美]杜威:《民主主义与教育》,王承绪译,人民教育出版社,1990年版,第346页。

为什么数学和哲学在我身上血脉相连呢？至少是因为我意识到两者的三个共同点。

第一，它们都来自人的心灵。用亚里士多德的话说，"数学所以先兴于埃及，就因为那里的僧侣阶级特许有闲暇。"① 于是，从他们的心灵里，在那休闲里，兴出了数学。哲学也一样，并且就"把数学充当哲学"②。数学与哲学交织在一起是必然的，它们都编织在、融合在人的心灵之中，人的智慧之中。

顺便说一下，这里所言之"闲暇"或"休闲"，毋宁说是精神生产或精神劳动的代名词，他们没有休，没有闲着，而只是利用了"暇"。这只有在物质生产发展到一定水平的条件下才有可能，否则，一天到晚只有谋吃谋穿，哪还有什么精神生产？如今，像美国这样的发达国家，七成以上的人从事着精神生产，其农业人口只有百分之一，这百分之一的人口不仅养活了全美，而且还有大量农产品出口。中国曾经是一个农业大国，在只有8亿人口的半个世纪前，是8亿人搞饭吃；如今经济已有大发展，成了世界的第二大经济体，但是，从事精神生产的人有多少？有两三成了吗？因而，我们还只是发展中国家。

第二，数学与哲学的真理性判断都是自我完成的。例如，它们无须通过实验、实证之类去验证，不必像物理学、化学、生物学、地质学那样需要实证。它们只需要合乎自己的逻辑。数学从自己自设的公理出发，沿一定的逻辑轨道运行；哲学则从自己设立的起点出发，自己说明自己，自己完成自己。

第三，哲学和数学都是高度抽象的科学。几何学很抽象吧，比如说，几何上的线是没有宽度、厚度的，几何上的点是没有体积大小的，现实中有这样的点和线吗？到了拓扑学，那就更抽象了，曲直、长短、大小等都被"抽"掉了。数本身，也很抽象，素数理论就极为抽象，均

---

① ［古希腊］亚里士多德：《形而上学》，吴寿彭译，商务印书馆，1959年版，第3页。
② ［古希腊］亚里士多德：《形而上学》，吴寿彭译，商务印书馆，1959年版，第29页。

非直观所能触及的。

有学生曾问我:如何从一些琐碎的事务中摆脱出来?我说:办法之一就是运用抽象,学会抽象,看那些琐碎的事有什么共同的特性,抓住了,便可同时处理,一齐把握,头绪就出来了。抽象是一种能力,是需要学习和训练才能获得和增强的。学习数学与哲学就必然跟抽象打交道,同时,也就能更好地学习抽象。但有一些人害怕哲学和数学,殊不知,这就是害怕抽象,甚至是害怕与智慧有深入的交往。当然,数学教师、哲学教师们负有责任,你们怎么没有能够让他们喜欢哲学和数学呢?怎么让他们害怕了呢?

有不少人只喜欢形象,不喜欢抽象。实际上,只有形象的抽象和抽象的形象。当你说"人"的时候,似乎很具体、很形象,可是,你看见过人吗?人在哪里?那里只有张三、李四、王五,他们都是人,但人是什么呢?这就是一个够抽象的问题了,能够多少说出两三点的,恐怕不是很多。

还有,我们说到大自然,说到上天,可是大自然啥样?上天在哪里?能说得很具体、很形象吗?事实上,人只要说出和运用概念,就抽象了,因为凡概念或相关的词,都是抽象的结果。所以,人是时时刻刻跟抽象打交道的。

既然人总是有意无意地时刻与抽象打交道,那就不如自觉地与抽象交往。并且,这个交往势必大大拓宽自己的眼界,使自己看得更高远、更深刻;抽象还可分层,在已有的抽象基础上,还可以向更抽象的层次发展。什么叫作哲学?什么叫作形而上?就是抽象再抽象,使思想达到最深处。

数学与哲学最抽象,这与它们的最深邃、最智慧是相联系的。所以,学习哲学和数学,也就可以更好地获得抽象能力,从而也获得深邃,获得智慧。

全世界的各个国家和各个民族的教育中,有两门课程是都不可缺少的,一门是本民族的母语的语言文学课程,另一门就是数学课程。

所以说，数学是一门真正具有世界性的课程。事实上，古往今来的世界都不同程度地受益于数学，尤其是几何。包括那些学过数学而后因不同缘故告别了数学的人，亦曾受益于数学，只不过有的人留下了感情，而有的人则淡忘了。

美国有过一个口号：让人人喜爱数学。法国不需要这个口号，因为数学已是他们的国学。没听说过"让人人喜爱哲学"的口号，但是，能有了"让人人喜爱数学"这个口号也就够了。不是说数学可以充当哲学吗？实际上，法国、德国、美国均堪称哲学大国，同时也是数学大国、教育大国。教育与哲学、数学难舍难分。

## 十二、再论语言问题

在谈到人类史、教育史的时候，我们已提到了语言及其历史。现在继续谈语言问题，因此叫"再论"。

有人说，语言是思维的外壳。语言只是个壳，这个壳里面才是思维。花生去掉壳，还有花生米；瓜子去掉壳，就留下瓜子仁；树木去掉皮（亦壳），还会有树干；老虎去掉皮，还有老虎的血和肉……可是，树若没有树皮，它就会死掉；老虎皮一剥掉，它也活不了了；花生没有壳，可能也长不出来了。

语言只是一个壳而思维才是血和肉吗？语言只是一张皮而皮被剥去了思维还能活下去吗？老虎皮、树皮都不只是一个壳，而人的语言竟是一个壳吗？

不知那些语言学家们会做何感想，他们所做的工作竟是在剥剥壳或者削削皮吗？

人类史在很大程度上就是一部语言发展史，人类随着自己语言的成熟而成熟；人的伟大创造了语言，语言的强大使人更强大、更伟大。人类如此美妙、奥妙的历史，只是在长长壳、添一张皮吗？人类把无数的秘密藏在语言里，从而也使语言灿烂无比，这只是一个壳、一张皮在那里发光闪耀吗？

中国人创造 91251 个汉字，这都是创造的一些壳、一些皮吗？如此丰富的汉字显示了我们祖先的无限智慧，并以此孕育一代一代的中国人。这一代一代的人只是剥剥壳，只是靠吃树皮长大的吗？语言竟是这样轻飘飘的吗？

语言是人的强大的思维力量的产物，因而，语言是同等强大的；语言是人智慧的产物，因而，语言也是智慧的象征，语言是人的无限活力的表现，因而，语言本身也具有无限的活力；语言伴随着人类史，因而，人类也伴随着语言史。

有一种学说，不知可否也叫作哲学，它总喜欢把人简化，把奇妙的人一笔带过，把奥妙说成简陋，把神秘说成平庸，甚至干脆就是目中无人。

当然，认识人本不容易。可是，那种学说把事情说得那样简单，因而也就很容易去认识了。但这是一个莫大的误会。苏格拉底提出"认识你自己"，这本身就显示了苏格拉底的深邃和智慧。两千多年来，无数人在探索着。我们都是人，每天看到许多人，可是，"人是什么"的问题，依然如苏格拉底时代那样让人有新鲜感，它仍然鲜活地出现在一些真正的哲学家头脑里，即使永远找不到答案，还是在求索着，永远求索下去。这或许是人类辩证法，永远求索一个永远没有答案的问题。这也是无比的奥妙，却也正是人的奥妙。上天把无数的奥妙放在了人身上，同时也嘱托人自己去揭示。

试设想，如果我们人类没有语言，那将是一种怎样的状况呢？那样，我们不就是没有那个"壳"、没有那张"皮"吗？可是，这就意味着，我们还在动物界，我们也就不知道自己是什么，不知道苏格拉底那一问，不知道我们有过去和未来。

还可设想,如果我们不是拥有9万多个汉字,而是只有900多个汉字,那只是少了一些"壳"吗?那会是一种怎样的状况?那样,我们不知该有多么贫乏!不知该有多么落后!

我曾请教过语言学家蒋冀骋,我问他:"你掌握了多少汉字?"答:"六七千吧。"我估算过自己,我大约能识5000字。很对不起祖宗,我只识了汉字的十八分之一。至今,我还在学习,每遇有生字,我一定查字典,看怎么写,怎么读,所以也还在增加所识之字,但这可能只是缓慢地增加了。

当然,人的能力不只表现在认字的数量上,更重要还是驾驭文字的能力。在这一点上,蒋冀骋对我的评价是具有鼓励性的。把五千多字及它们组的词和句用好了,这更重要。自己创字,这很困难,似乎是不可能的,但创造一些词句是有可能的。人在某个学科领域里的创造,有一个重要表现形式:他创造了这个领域里的一些独到的语句。创造字,很难很难。创造句可能稍稍容易一点,创造词就更难一些。

一个人的语言贫乏,实际上在某种意义上就是其生命的贫乏,而语言的丰富就意味着其生命的丰富,语言的驾驭能力就是对自己生命的把握能力。语言与人的一生是如此紧密地联系在一起,语言就成了自己的血肉身躯。

一个人的一生过得怎样,从其语言的发展上,即可看出端倪。母亲看见小孩渐渐长高了、长结实了,会由衷地高兴;当母亲听到小孩讲了一句她自己意料不到的话时,她会笑得合不拢嘴。母亲也许没想过儿女语言的发展即其生命的发展,但母亲们事实上知道这一点,这就足够了。

思维是怎样进行的?那是许多个原子在那里运行着,组合着,变迁着,而那些词语代表的概念正是这些原子。当原子数越大时,其组合成新元素的可能性越大,创造出新的原子结构的可能性也越大,人的思维品质亦得到极大改善。

教育的使命是什么？这可以从许多方面去回答。现在，我们就与语言有关的方面来作答。教育的基本使命之一，就是帮助学生发展语言，准确地运用语言，艺术般地表达语言。如果说语言即人的生命，那么，还有什么比发展和丰富学生语言的使命更为重大呢？也许这不是唯一，但必是第一。

我们说过最具世界性的课程是母语和数学，或许还有音乐。然而，这又都是语言。只不过数学是一种较为特殊的语言，这种语言出自人的心灵而无所不在，它可以用自己特殊的语言从一个极重要的方面去描述任何事物。数学似是精确的，但它也有能力描述模糊现象，此等数学便名之为模糊数学。

学习音乐也是学习语言吗？怎么就不是呢？学习舞蹈呢？那是艺术般的肢体语言。

我们特别说一下音乐吧。音乐也是一种语言，在一般语言基础上又经过了加工的语言，艺术语言。乐曲若配词，词当然是语言，它能表达喜怒哀乐悲，能表达天地日月，《二泉映月》《病中吟》《光明行》都是美妙的纯曲调。类似的特殊语言还有各种戏曲、歌剧、话剧、评书、相声、小品。绘画、雕刻一类则是形象语言，其种类也十分繁多。最早的雕刻有四万年历史，比文明史还早。

音乐伴随着人类，而且通过教育而传承。无论是古中国的"六艺"，还是古希腊的"七艺"，都少不了音乐。如今，在中小学，音乐可能是紧随在语文和数学之后，普及性最强的课程。音乐教学生以特殊的方式去感受人生和世界。

我从小就跟着父亲唱《松花江上》，自然，音乐伴随了我一辈子。我从《松花江上》唱到了《义勇军进行曲》，从《黄河颂》唱到了《长江之歌》，从江南小调唱到了塞北的雪，从花鼓戏唱到了陕北民歌……音乐把我和自己的民族连在一起。这种美妙的语言，更饱含深情厚谊，一支歌可以在心中永远荡漾。

还有《喀秋莎》《红河谷》《北国之春》，还有巨型交响曲，可以把我带向世界。人类创造了各种各样奇妙而美妙的语言,精雕细刻后的语言,又感染着人类自己,表达人类的悲伤与欢乐,表达人类的无限思念和万丈豪情。

## 十三、教育改革为哪桩?

我们为什么要进行教育改革?因为教育中存在很多的弊端。教育改革改到哪里去?改到它原本的那个样子上去。教育原本是个什么样子呢?回答起来并不很容易。说来似乎有点奇怪,教育有着最为悠久的历史,可是,我们却还不很清楚它是个什么样子。

雅斯贝尔斯有一本《什么是教育》的书,实际上回答的正是"教育是什么"的问题。

关于教育哲学的书好像都应当是研究这个问题的。我也写了一本名为《教育哲学》的著作,就回答"教育是什么"的问题。可是,我觉得,如果不探讨"人是什么"的问题,对"教育是什么"也就搞不清楚。所以,我把"人是什么"称为教育哲学的第一问。这不是一个永远也没有终极答案的问题吗?可是,我们总不能回避,能答多少答多少,能答多好就答多好;并且,在这个基础上去回答"教育是什么"的问题。第二问就接着第一问来吧。

在本书的第二章第十三节里,讨论了人学公理,就是试图回答"人是什么"这一根本问题。

教育这件事最关乎平民百姓,因而,最关心教育的是平民百姓,议论最多的也是平民百姓;最热爱教育的是他们,最不满的也是他们,而且,越热爱越不满,所给予的期待越多,往往失望也最多。都纠结在这个形影相随的教育问题上。

有一位我很尊敬的教育部副部长柳斌,他发现了应试教育的毛病,于是进行了批判。一时间,对应试教育的批判声浪四起。确实,把学生的学习目的基本上归结为应付考试,问题不小。尤其是高考,这根指挥棒太厉害了。学生、老师、校长乃至家长们,都围绕着它们转。柳斌的批判切中时弊。

然而,我虽对这种批判未持异议,却心存忌讳,我不可能卷入批判的声浪中去。

高考指挥棒实际上是拿分数来指挥的。后来,有一位我也很尊敬的大学校长,他就批判那个"高分低能"。意思是分数很高,但能力不行。对此,我也不敢跟着批判。很喜欢批判的我,对此也还是要观察和思考一番的。

在我看来,高分与低能之间没有必然联系,并且,能考高分,本身也是一种能力。考上了北大、清华的学生,分数不低了吧,难道他们的能力不行吗?他们的学习能力、理解能力、解题能力会很低吗?能力并非分数高就必然强的;反过来,亦非分数高能力就必然不强。所以,不宜将两者对立起来。

我本人在读书时不太会考试,很少有高分的。这样,我去批"高分低能"就会心虚,"你有什么资格去批别人高分低能啊。"

对应试教育,我也缄默不语,尽管以应试为主要目的的教育是有问题的,但我也不会批的,更不会冲在前面去嚷嚷。也因为我一直是不善于应试的,自己不善应试却批别人,这种事我是不会做的。其他可以批判的事项还多着呢。

小学升初中时,我没考上武昌中学。我是从武昌养真小学毕业的,毕业时报考武昌中学,结果名落孙山。我父亲得知后还感到奇怪,可能他认为我还是比较聪明的,但他未必知道我应试能力不强。不过,我父亲对我的信任,一辈子都鼓励着我,不要辜负了父母的信赖和嘱托,好好努力吧。

高中考大学,那时没有什么压力,但我考得也很一般。语文老师张国魂、数学老师赵孝恭，都认为我学得还可以。或许，因为学习还可以，竟当上了武汉三中校学生会副主席，但我的考试成绩也不过是一个中等偏上。

一路走来，都证明我不会应试。我当上教师后，就喜欢给学生打高分，一方面，我由衷钦佩他们会考试，另一方面，我不相信高分与低能有什么必然关联。

我倒是发现大学里有一个"应评教育"，各种各样的评估向大学袭来，种类之多应在两位数以上了吧。校长们、院长们、处长们几乎一年到头围绕着评估转来转去，整理各种迎评材料，还涌现出了一些"材料专家"，更有对评审专家的迎来送往。还曾有个笑话，一位女秘书先期到达，学校以为是专家组到了，六位校领导去机场迎接一位女秘书。这是笑话，其实是笑话中的笑话。如此频繁的评估，这本身也是笑话，怎不又弄出许多笑话来？

对于这个"应评教育"，我是明确反对的，也有资格去反对。我拒绝过许多内外的评估，批判过一些评估方针。批判是言，要言行一致，这一点我做到了。

评估不是不要，但是它是一个辅助的环节，次等的环节，现在却变成主要环节了。

评估应当是以自我评估为主的，现在却以外在评估为主了，由外界主导了。

教师们不是为评估而教，而是为教才需要辅之以评估。优秀的教师，有无外在评估，都会凭良心教书的，也会时时检查自己、评估自己。那些站在高位对教师们指指点点的人，最好还是问问自己：真正会教书的人在哪里？

有些站在外面的人还抱着一种心态，把评估当作一根指挥棒，以此控制别人。这实在是一种不幸，比中小学的应试教育还严重。当然，对于那些拿着指挥棒企图去控制他人的人，也是一种不幸，只不过他们还没有感觉到。

应试教育不好,应评教育也不好,什么教育好呢?我倒也想了想,还是"应人教育"好!

应人教育唯一要适应的,是人的发展,人的现在和未来。教育为何需要改革?就因为眼下的它偏离了这一根本点,所谓重外不重内,实质就是不重人;所谓重次不重主,实质就是不重人的未来发展,让应处在主动位置的人,处于被动、处于被控制的状态。概言之,喧宾夺主了,本末倒置了。

人们对于教育改革的呼声很高,一方面是十分关注教育,另一方面,教育本身的问题确实不少。中小学需要从应试考试转到应人考试上来,大学教育需要从应评教育转到应人教育上来,一旦转变过来,教育才真正成了自己。

## 十四、应人教育

中国教育存在的问题真不少,这让国人担忧,更让一些有识之士深思。中国为何没有培养众多的杰出人才?这一钱学森之问震撼了广大的民众。

我们在观念上和行为上都出现了许多问题。曾经把教育说成是上层建筑,后来又说成是生产力。时而说教育是经济的产物,时而又说教育是政治的产物、社会的产物。教育很可怜,它究竟是谁"产"出来的,还似乎没有搞清楚。

论经济,农业经济不过一万年,工业经济不过三百多年,信息经济不足一百年,政党政治也只有一百多年。教育有了多少年?它与人类同行,三百多万年了。为什么年幼的"产"出年老的来了呢?为什么儿子比老子还大了?

历史清楚地表明,教育是人类最早的创造物,并以教育支撑和推动了其他种种活动的形成与发展,教育及其主宰者——人是一切的"产"者。忘记了这一点的其他种种"产物"之说,都是忘了本,忘了人。这也是眼下某些学说的通病:忘了人,不见人。是通过观念改革回到根本上来的时候了。

几乎是到了忍无可忍的时候,我写了一篇文章:《教育就是教育》。《高等教育研究》杂志发表了这篇文章,另有一些刊物转载,大约是引起了一些共鸣。

教育就是教育,这就好比在说一就是一,二就是二,猫就是猫,狗就是狗,似乎毫无意义。然而,当一个东西被说成了别的东西的时候,说一说它就是它,还是很有意义的。看一个事物,首先是看这个事物本身,然后再看它与其他事物的关联。否则,就主次不分、本末颠倒,就认识不清楚,就可能错看了。

教育改革就是要让教育成为它原本的那个样子。如何才能使之复原呢?这就还需要问一问:是什么使得教育被误解了呢?是什么让教育变了样呢?应当不是教育自己要变的吧?又是别人的什么让它变了呢?此人在哪里呢?

很可能这不是哪个人之所为,而是深层的体制问题。当然主要是外部对学校的那种管理体制有很大的问题。这种体制为何会出现呢?这么一问,回答起来就需要说很多话了,需从历史的和社会的诸多方面去说明。因而,中国的教育改革仅仅靠学校自身,是走不了多远的。谁能更有作为呢?

首先是如我们已提到的,学校里没有官,官只存在于政府和军队里,他们是政府官员和部队里的军官。问题是,中国的学校也被视为政府机构了,于是也赋予了厅级、县团级之类的官称。这是莫大的一个误会。谁来纠正这个误会?谁造成了这一误会?谁又能够、谁又愿意来消除这个误会呢?

为什么会有应评教育呢?不也是从学校外面来的吗?不也是体

制之弊的表现吗?

谁能变革这种体制?谁能撼动这种体制?谁能振臂一呼:改了吧!这个"谁"应当是一位英雄,不是说现在是英雄辈出的时代吗?确实是英雄造时势,而英雄在何方?不就是不要把大学当政府看待吗?还有何困难?还需要英雄来做到吗?可是,这样的英雄还真是千呼万唤也没有能出来啊!

那些本着良知在教书的教师们,如果被问到"教育是什么"的时候,可能觉得不必作答,我所从事的不就是教育吗?也可能跟我一样地回答:教育就是教育,还能是别的什么吗?如果未受到外部的什么影响,他们就必然地、天然地、自然地做出"教育就是教育"的回答。还能有别的回答吗?

虽然教师们也生活在体制内,但他们更实际地生活在学校内,在教书活动内。所以,如果让他们自在回应,那么,体制外的那些说法只能让他们感到奇怪,感到困惑。当我自己作为教师来看待这个问题时,我的回答也就是"身在体制内,心在体制外"。任何能自己把握自己的教师都会感同身受。

如果我对教师们说:"我们所从事的教育是应人教育",相信他们也会赞成,我们不就是应学生之需要而从事教育吗?还有比这一目标更神圣的吗?

人类最古老的活动首先就是经济活动与教育活动。而最初的教育就是为了人。其他的一切,如经济、政治、文化、科学、宗教等活动都是随后才陆续发生的。这一切都必然仰赖于教育。把教育说成是别的东西,实在是对不起教育啊。

应试教育是应当受到批判的,但我只是觉得自己还不够格,所以没有参与批判。

至于应评教育,我有切肤之痛,早已多有批判,这里只是一些老调重弹罢了。

批判是破，光有破还不够，还得有立。于是，我也立了一个"应人教育"。这似乎是一剂猛药，其实也只是萝卜白菜，回到教育本在的田园里去就采摘得到。

教育是人最伟大的创造，最古老的创造；也就是说，教育本就是应人而生的。它为什么最伟大呢？就因为人在有了教育之后，才有了以后一切的创造。在人类无数的创造之中，有一个更令人自身骄傲的创造，那就是人创造了自己；而人正是靠教育而创造了自己的。人因教育而真正成为人。

历史是这样写着的，现实还在写着；人的类是如此走过来的，如今，人的个体也这样走着。

一个人从生下来就接受父母的教育，而后进幼儿园接受教育，再后是上小学、上中学，上大学的人也越来越多；念了大学本科还不够，还去接受研究生教育。接受教育的最低时限是十年吧，最高，如读到博士，那将需要 25 年左右，甚至更长。我见到过一位 60 岁的美国老太太在念博士，不为任何功利，就为了自己有更好的文化教养而一直与教育打交道。

这位老太太肯定不知道我有一个"应人教育"的观念，但如果她得知了，就一定会说"赞成，赞成"的。普天之下，人同此心。国别、种族、性别都不是问题。

顺便说一句，在我们这里，60 岁绝无可能去念博士了。似乎读博士的最高年龄限制在四十几岁。

所谓应人教育，不过是相对于应试教育、应评教育兴出来的一个词语而已，其实质在于回到根本上去。然而，回到根本说起来容易，做起来并不容易，有许多外在的因素影响着教育，乃至于教育里面的人也有一些陷入影响之中而难以自拔。因而，"解放思想"的任务在教育领域里也刻不容缓。

## 十五、只奖不评

大学里面确实出现了一个"应评教育"。我也就必须有应对方法，不能让其左右了我的学校。

我清醒地意识到，评估具有辅助性、自我性、学术性。辅助性是指，评估在教学的全过程中只起辅助作用，为了搞好教学才需要评估，而不是为了评估而去搞好教学。无论是泰勒的现代教学观念，还是后来多尔的后现代课程观，都未将评估视为主要环节，主要的东西是教学本身，由此再言其他。

应试教育在一定意义下有其合理性质，学生有应试能力并不是坏事。能考上北大、清华的学生的本领之一就是善于应试。前已说过，我本人就不太善于应试，这总不能算优点吧，又有什么资格去评论别人的应试教育呢？

对于大学里的应评教育，我持批判态度，并基本予以否定。这种评估的性质变了，由辅助变成了主导，由自我变成了外在，由学术变成了行政力量的大举介入，很明显，来自外界的评估成了控制大学的一种手段。

然而，客观地说，现在已有了很大改变，这种改变是否与我的批判有关？有人告诉我，似乎是有很大关系的。这表明，教育行政当局还保持着相当的清醒。

我先后主政一所公办大学和一所民办大学，在此期间，我必须还原评估的原貌，即让评估归原。具体地说，我做了些什么呢？先从那所民办学校说起。

我初到这所民办大学（实即学院）时，情况可以用"糟糕"二字来形容。抄袭现象普遍存在，教师还伙同学生一起干，考试之前就把题目泄露出去。我不得不用"伙同"这样尖锐的字眼，实在是太缺乏师德了，治理也就得从教师这里入手。

对于舞弊我早已有言在先，故决不会搞下不为例。第一次就碰到四位教师漏题，对不起，每人工资降两级。有些人对于行政警告、记过是无所谓的，倒是对降工资有所谓，从此再也不敢了。我也留有余地，表现好，一年后恢复一级，继续表现好，两年后可复原。毕竟，经济处分本身也不是目的。

对于这种糟糕的局面，恢复考试的尊严是必需的。只要有假考，只要可抄袭，学生就不会认真读书了，教师也不会认真教书了。假考之后，一切都假。

民办学校具有特殊性，这种特殊性恰好可说明考试的一些基本意义还在那里。

但是，对于较为成熟的公办大学就不一样了。但我觉得，在考评之类的问题上，公办大学仍有需改革的诸多问题。我任校长期间，对考试舞弊也采取了严厉的措施。不严厉行吗？不会误人子弟吗？这不就是允许学校里可以有"小偷"吗？

我的措施之一是，凡舞弊者，一律校内察看一年，没有下不为例。这应当是仅次于开除的处分了。据我所知，在北美的一些大学里，学生不以打零分为羞，却绝对以抄袭为耻。当道德已经难以维持时，不采取行政手段行吗？实在说，在我任职期间的湖南师范大学，被普遍认为是校风优良的大学，说白一点，就是读书风气很浓的大学。

师范大学的学生未来不就是教教中学吗？要读那么多书干什么？可是，师生员工们都知晓，"师范"二字对于我们并无任何实质意义。不把书读好，一切枉然；把书读好了，未来的道路宽广得很。不是已经形成了人才市场吗？什么东西在这个市场上更起作用？什么人更能有作为？这些问题的答案还不明显吗？我相信，这些信念及相关措施可能是发挥了作用的。

风气这么好，是评估出来的吗？我从不认为评估是起决定作用的东西,并且对所谓激励、调动、动员之类的东西嗤之以鼻。我认为持有调动他人、激励他人的心态,这本身就是一种病态,并且,我觉得这正是我们教育中存在的一种极为严重的疾病。似乎没有你的调动,别人读书、教书、写书都不会努力去做了。真的还有救世主心态啊。《国际歌》中唱道:"从来就没有什么救世主",可是唱是唱,说是说,做是做,不是一码事啊。

在考试、评估一类的问题上,我当然要进行改革。我改革的要点是:控制考评次数,改进考评方式,回归考评的辅助地位。我分别从考与评两方面做简要的叙述。

对各类课程分三种方式考评,一种是要考试的,占课程门数的百分之十左右;还有一种是考核或考查,占课程门数的百分之六七十吧;另有百分之二三十的课就是听听而已。必修的,占百分之三十左右,其余均为选修。我显然对学分制更感兴趣,它较之学年制对学生更为有利、更为自由。

具体一点说,我对专业基础课和哲学课尤为看重。可惜,我们的哲学教材不行,哲学教学水平不高,我把哲学定为全校必修课,但教材质量不高,教员在质量和数量上都有很大问题,因而,我可作为之处也十分有限。但对专业基础课是想了一些办法的,举措之一是让最高水平的资深教授为一二年级学生讲专业基础课。这些课程对于本科阶段的学习具有决定性意义。

我批判过来自上面的 20 字评估方针以及把评估视为"天大的事"的说法,而我自己做了些什么呢?原则上当然就是复归评估的辅助性、自主性和学术性,主要由学术人员自己开展作为辅助环节的学术评估活动。对评估本身也还可以再评估,采取适当方式使之简化、客观化,且逐步改善。

我采取的较为具体的措施是,减少评估项目,且实行只奖不评的一些相关办法。

对学生曾有一个"综合测评"的办法,我毫不犹豫地予以拒绝。

做一次公益活动记几分,助人一次记几分,简直到了荒唐的地步,除了引导学生斤斤计较外,还会有什么好结果?实际上,这也是拿学生做儿戏,太不尊重学生、太不尊重教育了。

介绍一下我的"只奖不评"吧。首先是大大减少学校评和奖的范围。如音乐、美术、体育方面,可交给学生工作部门去做,但也不宜太频繁、太烦琐。被称为公共课的那几门,过了级就行。我专注于一二年级的专业基础课。

所谓不评,就是仅仅以考分为标准,由高分到低分,奖励前三或前五名。

有人质疑我的做法是分数挂帅,可以只讲分数而不讲品德思想等方面的表现吗?可以不讲方向吗?我回应道,学生在读书期间,离开了好好读书,讲什么方向?读书阶段有什么更能体现学生品格的东西?读书的时候,不好好读书,还有什么可说的?他们的思想、世界观之类都还没定型呢。

考分不高的学生也许未来仍能很有成就,但那是"也许",是在未来,怎样放在今天评?

"只奖不评"的最大优点是,非学术性因素难以介入了,学生可以掌握自己的命运了。只要成绩好,得了前几名,用不着自己申报,奖就来了。

有一年,记不清是什么原因,我获得了15000元奖金,我当即就说"不要",但我的同事们说:"你不要,我们要。"当然,他们必定是拿着这个钱,为学校办别的事。既然如此,我也就觉得,"你们要不如我要"了,我就拿这笔钱去做哲学奖学金。第一年,就取了当年哲学考试的前四名,按第一名500元、第二名400元、第三名(两人)300元顺序给奖。在把这四名学生找来后,就发钱了,我只说了是什么奖学金,其余什么都没有说,四位学生领到钱就离开了。前后只花了两分钟。

这就是只奖不评。实际上,并非完全没有评,老师评过分,那不也是评吗？这是指考试评分以外不再有任何其他非学术性评比了。

为什么湖南师范大学的读书气氛很好？在许多原因之中，有一个原因就是，学生可以自己把握自己，不必担心有什么来自外界的不公正对待。

这或许是一项不起眼的改革，却也是教学改革、课程改革、管理改革中的一桩。至今，我还以当年的这些不起眼的改革而感到欣慰，我做了一名校长该做的一些事情，至少在这一点上，我对得起学生。

## 十六、教育究竟怎么了？

许多人觉得我们的教育有问题，甚至认为是生病了。让我们也来为之把把脉吧。

不能不做一些比较。在某些国家和地区，在小学，甚至到中学，不是以学习知识为主的，就领着学生玩，玩出各种花样来。实际上，我在一二十年前就专门讨论过"玩"的意义，而且，对我的两个小孩，我们从小就关心他们玩，让他们玩得开心，玩得有内容。并且，后来的事实证明是很成功的。我的两个儿子都上了北大，都念过了博士，都留学过。当然，这并非成功的唯一标志，却也还算是不错的。

我在美国听过一堂九年级的数学课，这相当于初中三年级吧，在学 $3x+5=8$。这不就是算术吗？极简单的算术。总之，在中小学阶段，不在乎学多少知识，主要在于引起兴趣，在一定程度上发展思维，开阔眼界，让学生喜欢在学校里玩。

我们这里，从小学开始就很看重知识的学习了。我的小孙女还算相当聪明的，学了不少语文、数学、英语知识了，不吃力，课表也排得满满的了。许多教育界的有识之士看到，我们的小孩过早地失去了自己的童年。我的孙女这种情形不具有代表性，因成绩特别好而较为轻松，未失去天真。

到了高考前夕，那更是题海战术。让进入青春期的孩子喘不过气来，甚至出现一些悲剧事件。回忆我自己高中毕业前的那一两年，似乎与平时没有两样，一切都很平常，更无大战临头的气氛。这表明，眼下的高考大战是后来出现的。后来为什么会出现呢？是想上大学的人多起来了吗？那就多办一些大学吧。可是，大学都是政府办的，政府财力应付不过来，又迟迟未想到民间资本也是可以办大学的。所以一直很紧张。后来，民办院校兴起来了一些，例如在陕西，发展势头还很不错。可是，不知是否水土不服，民办院校的劣势地位没有多大改变。在美国，私立大学是水平最高的，在我们这里，私立院校水平是最低的。如此不同，似是天壤之别。

中国学生一旦高考后，进入大学，就犹如冲出了牢笼，可以返回到童年去了。中学时，达不到100分，也要拼命搞个90多吧，现在还有何必要？到了大学你不想毕业都难，还有"不让一个阶级兄弟掉队"的说法啊。在进到硕士、博士阶段之后，情况稍有不同。尤其在20世纪80年代初，还很认真。如今，在某些地方也变味了。

如今，在美国，在我们的香港，研究生真辛苦，要读大量的书，要学习大量知识。我们内地的学生，中小学学习大量知识，到大学就变了；而在其他一些地方，大体上是中小学不在乎学多少具体的知识，学习知识的辛劳主要在大学阶段，大学里，须有大量的阅读。事情竟然如此相异，竟似阴阳两重天！哪一种情形或做法更合理呢？这好像是可以不言自明的。

在我们的课堂上，学生不认真听讲是会感到羞愧的；在另一些地域的课堂上，学生不提问是让人感到羞愧的，我们这里回答不出问题是危险的，在另一些地域，被问得答不出也是没什么的，只要问，无论如何不着边际，也是光彩的。

我们这里，满堂灌是常见的；在彼岸，满堂灌而没有问题讨论才是不可理解的。

汉语里,知识又被叫作学问。这可能包含了我们先祖对知识的一种理解。学问确实是问出来的,问得多的人学问多,爱问的人必爱学问,问得深的人学问亦必做得深,问得活的人学得也活,问是通向知识大门的必经之路。

沉闷的课堂会有什么样的效果,我们也可想而知了。为什么不能打破这种局面呢?我甚至发现,一些留学归来的年轻人,回国任教后,起初还不太适应那种沉闷,可是,他们大都没有去改变,反而是自己被改变了。这是传统力量过于强大了吗?这类课堂所需要的改革还有希望吗?都扪心自问吧。

我是一个乐观主义者,我从自己做起。那种没有问题的课堂,对于我是难以想象的。我将一直叩问下去,直到把天门也叩开来,阳光四射。我决不会让学生在沉闷中窒息,必将努力让学生向天地日月去叩问。

没听说过美国有什么应试教育、有什么应评教育。考试是必然有的,评价反馈也是必有的。但是,他们的评价只是教学的一个环节;自我评价为主,外在评价为辅;学术评价为主,行政评价为辅;经常性的定期评价为主,临时评价为辅。

因而,他们几乎自自然然地实行着应人教育,虽然他们不使用这个词汇。

杜威不是有个实用主义哲学吗?我们也讲实用,我们的实用与之有何不同呢?我们的实用主义,在民间是功利化了的。在意识形态中,实用是为巩固权力服务的,这也只是扩大了的功利。但似乎还称不上是一种哲学,权且也称之为实用主义吧。它与杜威的实用主义哲学是一回事吗?杜威的实用主义长久地成了美国主流哲学,为什么它有如此这般的生命力呢?

杜威实用主义哲学的根本点在于对人实用,对人的成长、人的发展实用。这也就与外在的功利迥然相异。这也是美国哲学有着长期且深远影响的根本原因。

如果应人教育需要一个强有力的哲学支撑点的话,那就应当是应人主义哲学。毫无疑问,我的哲学是应人主义的,因而在教育上亦必主张应人教育,比美国人更明确更自觉的应人教育。教育的基本出发点就是为着人,而其归宿点亦依然是人。这样说,似乎铿锵有力,却只不过是回复到教育古老而原始的出发点上去。也正因为如此,回到原点,回到最基本,就十分可贵了。

并非我们从来都是如此的,西方有的,有些我们早已有之。在孔夫子那里早就有启发式教学。汉语成语里的"不耻下问""不悱不启"都体现了先进的教育思想。如果说传统的力量是巨大的,我们不是也有自己优良的传统吗?

需要向一切先进的东西学习,但首先是向自己学习,向自己优秀的传统学习。

## 十七、论我与忘我

哈佛大学的一任校长萨莫斯曾访问中国,访问过北京大学。在访问北大结束时,萨莫斯与北大时任领导闵维方共同会见学生。学生请他们两位各用一句话来表达自己的教育理念。

萨莫斯说的是:把学生培养成他想成为的人。

闵维方说的是:把学生培养成社会主义事业的建设者和接班人。

萨莫斯说的是自己的话,心灵里的话;闵维方说的是既有的教育方针,不是他自己的话,因而,应当算不上他自己的教育理念,即使算,也是搬来的。不知道,这种不同的回答是否也从一个侧面反映了中美高等教育的差别。

我曾与学生讨论过萨莫斯的话,一位学生问道:如果有学生想成为流氓呢?

我答道:你这是一位假问题。进入哈佛,进入北大的学生,有想成为流氓的吗?他们之中半途有人堕落成了流氓,那绝非当初他进校时的愿望。

第二个问题是:都只想成为自己想成为的人,谁去考虑社会的需要?事实上,正是各自想成为各自向往的人,最有可能更好地满足社会需要;并且,一旦某个行当想进入的人过多时,他们自己也可能去做适当调整。这就是市场,人才市场,学术市场,而不是计划安排的,市场本身是敏感的,它能更好地反映社会需要。市场经济的成功与计划经济的失败,均已写在历史上。

到了由我来问的时候了。难道学生想成为那样的人,你就偏不让他成为那样的人吗?这会成功吗?就是要逆学生之志趣而行吗?这像教育吗?他想成为哲学家,你就不让他成为哲学家吗?他想成为企业家,你就偏不让他成为企业家吗?

选修课首先出现在哪里?至少在我念大学的时候还没有选修课。我任校长时,大力扩展选修课的范围。开始时很困难,可供学生选的课实在太少了,能开出几门选修课的教师实在太少了。我也身体力行,共开出过26门不同课程。尽管如此,效果也十分有限,我提出的让选修课达到百分之三十的目标,实在难以实现。人们说"榜样的力量是无穷的",在我看来,榜样的力量是有限的。焦裕禄被树为干部们的榜样,但是,干部中出了多少个焦裕禄?

十多年前,湖南组织了七位校领导访问美国,乘着一辆面包车,中途出车祸,六人当场丧命,只一人被甩出车外,也奄奄一息了。路过的一对老年夫妇见此状,立即把自己的氧气袋给这位奄奄一息的中国人罩上,并将他送到了医院。医院里的医护人员说:若不是你们给他氧气罩并及时送往医院,他早就没命了。这对夫妇,在中国可以被称为雷锋式的人了,也可上新闻了。但据我的两位生活在美国的同班同学说,这只是日常事一桩,怎么会上新闻啊?

这位被抢救过来的中国人,叫作魏饴,他后来担任湖南文理学院院长十多年,直至今日。说来话巧,魏饴成了我所指导的2004级博士生,并取得了博士学位。无巧不成书,但这种"巧"不是编撰出来的,而是事实本身。

我们学雷锋,这是件好事。也学了半个世纪之久,雷锋式的人物也出了不少,但其数量很难比得上那些前赴后继的贪官,一波一波地涌现出来。相信这些贪官亦曾是从"向雷锋学习"的教育中走过来的,可是,为什么他们与雷锋分道扬镳了?

这似乎又是在做对比。其实,对比只是一种辅助,辅助我们思考:为什么我们的教育不是让学生直面自己?为什么甚至就是在让学生忘记自己?

在我们的术语中有一个"忘我"的词语,还有毫不利己,专门利人之说。现在好像有了一点变化。有一个比较流行的说法:帮助别人,快乐自己。终于有"自己"了,这跟"毫不利己"多少有点区别吧!其实,损害别人时,也损害了自己;别人和自己总是相关的,在尊重别人的时候,也尊重了自己;在不尊重别人时,也是不尊重自己。怎么可能专有他人而毫无自己的情形?区别在于是否把尊重他人摆在优先的位置。很多情形是在为他人之时自己也收获多多,一切行为以不损害他人为前提,由此,自己获得的是更多自由。

关于"忘我",我们也可稍做讨论。忘我的前提是有我,没有我,拿什么去忘?所以,有我而忘我。

"我"只有那么一点点,可忘的东西也不多。只有更丰富的我,可忘的东西才更多。充分发展自己,丰富自己,也就为"忘我"创造了更好的条件。那些忘我工作的人,实际上可能获得了一个更高大、更富有的我,"我"在忘我中长大了。

所以,在说了有我而忘我之后,还应当说:忘我而有我,且有了一个更出色的我。

有我而忘我，忘我而有我，这大概属于精神领域，在物质生活领域里，也应当"有物而忘物，忘物而有物"，道理也是一样的。

苏联是主张"公"的国家，中国在人民公社时代亦如此，那时叫作"一大二公"，连农民家里的锅碗瓢盆也交公社了。结果怎样？历史已有了明确的答案。

那时有个口号叫作"斗私批修"，"狠斗私字一闪念"，"私"字闪一闪都不行。时过境迁，中国人也明白了普遍的道理，万里、胡耀邦、邓小平等人都是从恢复农村私有制开始改革的。至少，这一改革让广大的农民不再挨饿了。

古希腊哲人们早就说过，只有当自己拥有时，才有条件去资助他人。换言之，私有是道德的必要条件，但还不是充分的，所以还要有精神文明建设。

自己没有学问，拿什么去传授他人？学问不多，能传授给他人的，怎么多得起来？

1893年建立了世界知识产权组织。人们知道，必须明确知识的产权，而不只是物质方面的产权。说白了，就是必须认定知识私有，保护知识私有。如果可以抄袭，不就如同允许盗贼存在一样吗？知识、科学、文化能发展起来吗？

中国在20世纪80年代初加入了国际知识产权组织。这从一个重要的方面说明了中国社会的进步，这正如同农村实行分田到户一样，开启了另一大领域里的改革。否则，我们会有近30多年来的科学、文化、艺术的发展繁荣吗？

如今，我们仍可看到不少的"公"害，公车消费，公款请客，公款旅游，以出国考察为名旅游，所消耗的纳税人的钱，远远超过了为扶贫的支出。这都昭示我们，改革尚处在进行时，深水区也得蹚进去。我们的教育改革，又何尝不是如此。

还说说自我意识的重要性，以及教育如何发展人的自我意识的意义与作用。

人有许许多多可以与动物根本区别开来的东西，最重要的是人能思维，更广泛地说，人有意识，人有自己可控制、可发展、可锤炼的情感和意志等。

尤其，人有自我意识。前面说到了我与忘我。其实，人出生之后，最先说出的是妈、爸，到两岁左右才说得出我来，这也就意味着比较明确的自我意识开始了，并且日益发展。认识自己的意义有多么重大？从苏格拉底的惊人一语"认识你自己"，便可知晓，至今，人们仍然在思索着苏氏一语。

人不仅自己认识自己，自己思考自己，自己观察自己，自己审视自己，自己相信自己，自己鼓励自己，自己鞭策自己，自己爱护自己；当然还有另一面，那就是自己不信任自己，自己瞧不起自己，自己欺骗自己，自己吓唬自己，自己伤害自己，自己毁灭自己，自己糟蹋自己，自暴自弃（自己放弃自己）……

人有极为丰富的自我心理活动。我们曾将这种心理活动概括为自我对象化和对象自我化。这两方面都对教育提供了诸多启示，教育在发展人的积极的自我心理方面承担着极其重要的任务。这应当是应人教育的基本任务之一。

眼下，在我们的社会里，对于自信过了一点的，即所谓骄傲的人，多所排斥；而对自信不足的，对自卑的人，则多有同情。这公道吗？是社会心理出了问题吗？谦虚似乎是美德，然而，不知道骄傲是怎么回事，能真正知道什么是谦虚吗？没有足够的精神财富或物质财富，说谦虚有什么意义？人们有时也称赞要有傲骨，傲骨不是由傲气来支撑的吗？傲气与傲骨加起来，与骄傲还有多大差别？

我们的流行语中还有"人贵有自知之明"，可是，这个自知主要是指别高看了自己，别高估了自己。然而，有良知的心理学家们告诉人们，一般人都大大低估了自己，一般人都比自己想象的要聪明很多很多。社会心理也需要变革啊，那样，人们的潜能将被极大地挖掘出来,社会能量亦必大大增长。

在那个史无前例的前一二十年里,我常常受到的批判,有这样几点:①立场不稳;②斗争性不强;③很骄傲。现在,我可能还是这样,变化不大。并且,在教学和管理中仍然体现出来了。

于是,在我的教育理念中,一方面主张"和稀泥",待人不要那样强硬;另一方面,我也就特别希望我的学生们不仅为自己的民族骄傲,为中华文化的灿烂而骄傲,也为自己骄傲,为做一个坚强的中国人而骄傲,为我们的日益强大骄傲。骄傲与谦虚的美妙结合,更可保障人的进步,我坚信这一点。

都说我们是勤劳、勇敢、智慧的民族,然而,我们的智慧还远远没有充分发掘出来啊!谁来挖掘?除了我们自己还能是谁?我们该怎样来发掘呢?这不完全是一个方法问题,我们的社会心理需要变革,我们的教育需要改革。

对于我的小孩,对于我的学生,我从来是用"你能""你行""你可以做得更好"一类的语言说话的,而且是由衷之言,发自肺腑的语言。如果我能成为一名心理学家,也一定在那个有良知的心理学家之列,劝告人不要低估了自己。

当然,我也相信我自己,不是总说我骄傲吗?但我待人从不傲慢。我为我的先祖、我的民族骄傲,为长江、黄河骄傲,为我们灿烂的文化骄傲,当然也为我自己作为一个人而骄傲。我之所奋斗的是,让我的父母和先祖赐给我的智慧尽可能充分地挖掘出来,并在作为教师和校长时,也像待我自己一样对待弟子,甚至更甚于对待自己。

作为校长,始任之时我到过所有系科,自然关心谁的学问做得好。每个系都告诉我,某某学问做得最好,就是有一点:很骄傲。很骄傲与学问做得好,为什么是在一起的呢?两者有关联吗?他们是因为学问做得好而骄傲,还是因为骄傲而学问做得好呢?这是必然联系着的,还是偶然?

我深信,两者之间有必然的联系。学问做到极致的人可能会谦虚，因为他们对未知世界之大也许比别人更清楚，但我想，他们亦经历过骄傲，由骄傲而走向谦虚。

我还看到一个现象：来自北大的教师，基本上都是很骄傲的。这个现象说明什么呢？说明北大是一所能把人变得骄傲起来的学校。如果只能培养谦谦君子，那行吗？

我作为校长，不仅喜欢骄傲的教师和学生，而且努力使学校成为一所容纳骄傲、鼓励骄傲、引人骄傲的大学。不是说"数风流人物，还看今朝"吗？

## 十八、高山顶上

科学、哲学、艺术三者的关系如何？论历史，艺术最早出现，哲学在后，科学更后，若以实证科学的出现为标志，科学确实在后了。牛顿的科学当时还属于自然哲学，他的名著就叫作《自然哲学的数学原理》，人们也称他是哲学家。黑格尔就是这样称呼的："牛顿至今仍继续享受最伟大的哲学家的声誉。"①

在古希腊，知识只分为两个层次，形而下和形而上。形而上包括了我们今天看来是属于一般理论层次的知识，比如说，物理学在那时也属于形而上之列。

近代以来，科学大发展，数十种，乃至数百种不同的科学理论产生了，如果统统归之于哲学，归之于形而上，就反而使认识不够清晰了。于是，有必要将这些理论知识条分缕析，划分为天文学、地理学、地质学、物理学、化学、水文学、海洋学、冰川学、动物学、植物学、生态学、考古学、生物化学……

---

① [德]黑格尔：《小逻辑》，贺麟译，商务印书馆，1980年版，第46页。

我自创了一个名词,把这些居于中间形态的众多理论分支,统称为形而中。

近代理论的大量涌现,给高等教育以巨大的影响,乃至在19世纪中叶以来,大学不得不开始了专业教育。这就偏向于实用了,与自由知识不一样了,于是,自由教育遇到了巨大的挑战。此时,便兴起了一个通识教育,以调和自由教育与专业教育的矛盾。后来的历史证明,这一调和是有效的。

到了20世纪中叶,专业教育更加细化,竟出现了更大数量的职业教育,从而,对自由教育提出了更大的挑战。此时有一位杰出的教育家,任芝加哥大学校长长达22年的赫钦斯出来说话了,其目的也在于维护自由教育的精神,反对职业教育主义。注意,他不是反对职业教育,而是反对职业教育主义。

19世纪中叶的纽曼,20世纪中叶的赫钦斯,捍卫了自由教育的精神,继续高举着自由教育的旗帜,捍卫了自古希腊以来的高等教育的核心价值。也可以说是,在专业教育和职业教育兴起的过程中,自由教育的思想经受了考验,并且进一步扎根于大学的理念之中,在多样化中生存和发展了。

可能需要明确一下,所谓自由教育,可从两方面去理解,一是从内容上理解,即着重以传播自由知识或关于因与故的学问的教育,以上提到的自由教育就是在这种意义下说的。另一种是从目的上理解,即自由教育是以培养人的理智与智慧为目的的教育。这种目的,很可能是其具有强大生命力的源泉。

这样,今天的高等教育面对着三个基本概念:学科、专业、职业,学科是一个科学学名词,专业是一个教育学名词,职业是一个社会学名词。它们分属于不同领域,都是不同领域里的某种划分。科学作为一个总体,划分成不同分支谓之学科;人们从事的工作划分为不同的职业;学生在不同领域里学习,即在按划分的专业领域学习。

按二级学科计,正式的学科数有360多种。专业数也大体相当。

至于职业,那就有千种以上了,发达国家和地区,更是有高达两三千种的职业,且还在发展。

如此不同的三大领域,都还是与教育相关联的,并且,这种关联通过课程而实际地体现出来。有些院校较多地根据学科分支来设置课程,以体现专业;有些院校则根据社会上的职业需要来设置课程,以适应职业的发展。

以上讨论了学科、专业、职业三者的关系,现在来讨论一下科学、哲学与艺术三者的关系。

在任何一个知识领域里,都渐渐形成三个不同层次的内容,即首先是事实或现象,然后是关于它们的理论,再后就是对理论的再论理,亦即关于理论的理论或思想的思想。这也就是从形而下知识,再到形而中,进而到达形而上知识。这种知识形态的发展,表现了人的思想、能力和特性,人总是力图让思维能触摸到事物的最深处。每个人几乎都是如此,只是有自觉与不自觉之分,有深浅之分,有迟早之分。越是自由的地方,人们越可能走向自觉,走向深入。其结果,就是理论的发达,哲学的发达。

"最好的大学是最自由的大学。"[1]最自由的大学是否必然是最好的、最高水平的大学呢?这就要看对自由的看法以及对自由的实际把握状况了。

这种观念对于一所大学、一个团体、一个社会,都可能是适用的,因为对于个人正是如此。为什么呢?因为人即自由,自由即人。自由唯属于人,人唯因其有意识而自由。因而,人在自由在,自由在人在。

我们已经看到,人们的科学活动必走向哲学,或迟或早,或深或浅,或多或少。

---

[1] [美]布鲁贝克:《高等教育哲学》,王承绪等译,浙江教育出版社,2001年版,第34页。

在科学的表现形式上,在研究和表达的方式上,人们又必然追求美,美丽的表述、美丽的术语或美丽的定律及公式等。科学家们都是美的信仰者、追寻者,因而,科学活动又必然走向艺术,甚至与唯美主义要行个见面礼。

从内容上看,科学在往上走时,就与哲学见面。

在方法上,科学往上走时,就与艺术见面。

我常常这样形容科学、哲学、艺术的关系,在山脚下,它们各自一家;在高山顶上,三者一家。在那高山顶上,它们合而为一,光芒四射,照亮大地,照亮人间。

如果我的这一形象的表述没有错,我们的教育就应当可以深思:我们的科学教育是否贯穿着哲思?我们的科学教育是否追寻着艺术?我们的艺术教育状况如何?我们对艺术教育的真谛是否把握住了?我们重视哲学吗?我们明白科学、哲学、艺术之间美妙的联系吗?我们站在山顶上瞭望过吗?

多问问自己,就是多做检讨;多多检讨自己,就会让自己多有醒悟,多有进步。

我们似乎少有检讨,多有歌颂。据我所知,美国人多有检讨,少有颂扬。让我们看看两个例子。

先说哈佛在其建校350周年时,时任校长博克的一个演讲。如果在我们这里,大半会叙述一下这三百多年来的巨大成就,培养了多少学生,有多少诺贝尔奖获得者,出了多少任部长、国务卿和总统。但是,博克的长篇演讲,对所有这些,只字未提。

他究竟说了些什么呢?他所说的是忧虑,是挑战,是可能潜伏着的危机。这篇演讲的开头所讲的,是首任校长的夫人把羊屎放在学生的稀饭桶里,就讲这样一些丑事,我为这篇演讲而深深感动,并检讨我自己,也检讨我们的大学。

就在前年,北边某校建校一百周年,当时就有大谈学校培养了多少部长,多少副总理、总理、委员长,还有国家元首。这也让我十分感慨,梅贻琦时代的大学乃大师之谓也,变成了如今的大学乃大官之谓也。这与哈佛,与博克,可谓天渊之别。

还有一件事,我一直记得。1957年当苏联首先把人类第一颗人造卫星送上了天的时候,美国陷入了全面的检讨之中,其实,当时的美国人不是不清楚自己的科学技术全面领先于苏联,可是,他们的反应只是检讨、忧虑和反思。

人造卫星毕竟是多种科学技术的综合水平的反映,它需要有遥控技术,需要材料科学、天文科学、气象科学、电子科学……美国人深知这一点,岂能不深深思考:为什么我们落后了一步?事实上,美国在次年就发射了人造卫星,并且在航空航天领域全面领先于苏联,却仍然不会大声喧嚷。

美国在1957年之后,以大学为代表,进行了全面而深刻的检讨。他们的检讨后来集中在艺术落后和教育落后,他们认为根本就在这两方面不及苏联。我们大家都熟悉的布鲁纳的名著《教育过程》就是在这种背景下写出来的。

美国深刻检讨,认为他们在艺术方面落后了,这种检讨之深刻本身就值得关注。他们注意到了艺术与教育,就是抓住了问题的根本。

欧洲的科学家们都知道,是以巴赫为代表的艺术家们引领了、培育了他们。美国人也懂得了这个道理。俄罗斯是一个传统的艺术大国、文化大国,对此,美国人心中有数。2014年在索契冬奥会上有俄罗斯的盛大艺术表演,这正是俄罗斯作为一个艺术大国在体育中的必然表现。

美国人在艺术上是怎样检讨的呢?当时的哈佛提出了一个"零点计划",意思是,他们跟俄罗斯相比,艺术几乎等于零,于是,他们认为要从零做起。

为什么美国近一百多年来长盛不衰?美国还深知自己浅薄。一两百年的文物他们都倍加爱护和珍惜,不像中国这样的文明古国,动不动就有千年、几千年的古老文明展现出来。美国人到北京的故宫参观后,是肃然起敬的。

美国人非常注意向19世纪以来的德国学习,学习它什么呢？许多美国人,包括一些大学的领导人考察过德国,美国从德国大学所学的,特别表现在自由与哲学这两点上。由此又可以说,美国抓到了根本,学到了根本。

美国人从苏联那里学会了看重艺术和教育,从德国那里学会了看重哲学和自由。于是,他们也抓住了科学、哲学和艺术这三桩,并且站在高山之巅了。善于检讨与善于学习这两件事,原本是联系在一起的。

有人说,发达的职业教育是德国的一大秘密,德国的产品精密耐用,大到汽车、飞机,小到指甲刀、血压计,都可看得出来,其实,德国还有一大秘密,那就是它发达的哲学。康德把哲学带到德意志领土上来,从此,德国成了哲学大国。德国也成了美学的故乡。美学与鲍姆嘉登的名字联系在一起,美育则与席勒的名字连在一起。实际上,发达的职业教育和繁荣的哲学,这都不是什么秘密,而且,这两方面是密切相连的。特别,发达的哲学更具有决定意义,对于一个民族乃至一所大学的全面繁荣均具有决定性意义。

美国学习德国亦卓有成效,在哲学方面,美国亦深受其益,成了世界上哲学最为繁荣的国度,并由此而全面惠及美国社会的发展。关于这一点,在前面我们已有了一些叙述。在这里,我们想提及的是,美国已站到了高山顶上,因为它的科学、哲学与艺术已三位一体地整合了。自19世纪末以来,美国学习德国、学习苏联,都卓有成效,并可谓青出于蓝而胜于蓝了。年轻的美国,若不是善于检讨、善于学习、善知自己历史的浅薄,能有今天这个样子吗？

美国人从德国还学习了一个无形的东西:自由。他们发现德国大学拥有世界最充分的自由,并认为这是德国大学高水平的秘诀。于是,他们决心让自己的大学更为自由,乃至于,美国政府完全不管大学,因而,美国大学完全独立于联邦政府。

在美国,首先出现的是私立大学,公立大学只在后来兴起,且只是州立大学,当然更独立于联邦政府,同时,虽然它隶属于州政府,但州政府完全不干预州立大学的内部事务。美国大学为何毫无争议地处在世界一流水平?其理由已不是什么秘密了,它的大学享有了最充分的自由,较之德国大学更充分的自由。

有着国家主义传统的德国,与有着自由主义传统的美国,在对待大学的态度上竟如此一致。德国大学一般属于国家,而美国大学与国家无关;有一任美国总统曾想建立国立大学,却被美国国会即议会否决了。看来,美国可能永远不会再有国立大学了,而它依然保有世界一流的高等教育。美国人也骄傲,据说他们感到骄傲的事情就包含他们发达的灵活的高等教育体系,还有他们的NBA。许多事情在于制度设计上,在这一点上,他们真下了功夫。

德国政府把钱给大学后说,我不管你;大学在接受了政府财政支持后说,我接受,但你不能管我。两方面很默契。它们有共识:大学不属于政府而属于国家。在美国更彻底,大学只属于大学自己。牧师哈佛已远去,哈佛大学却永在;商人耶鲁亦远去,耶鲁大学却永在;斯坦福夫妇亦已逝去,斯坦福大学将长存于世。他们纷纷谢世,却留下了永恒的大学,纯粹意义下的大学。

我们的高等教育该思考些什么?有一位教育厅高教处的工作人员,在得知政府给钱给大学但不管大学时说:我给钱你,能不管你吗?我直接听到过这一说法,但闻过之后一点也不奇怪,否则,我们不是也有德国那样高水平的大学了吗?不是亦可以拥有柏林大学、哥廷根大学、耶鲁大学这一类大学吗?

不过,我还觉得中国社会已大有进步,中国已进入到了一个比较冷静、比较能够进行检讨的时期了。20世纪50年代至70年代的那20多年,无论情况多么严重,都是说莺歌燕舞,形势大好,不是小好,还有超英赶美一类的无知口号。如今的中国领导人都明白我们还是发展中国家,还在社会主义的初级阶段,即使经济总量迅速增长并成为世界第二大经济体,中国仍然是清醒的。这种清醒与稳重,反而让老百姓更放心,让世界更尊重中国。

说实在话,中国的教育还不够冷静,还需要更深刻的检讨,因而需要更深入的改革。从体制改革一直到教学改革、课程改革,都需要蹚进深水区去。

## 十九、什么最高?

改革就是为求得人的解放,把束缚生产、束缚人的制度和观念改掉,从而,把人的活力焕发出来,把人的创造力充分发掘出来。改革是通往解放与创造的必经之路。大学改革的根本在于让大学的创造力充分被挖掘出来。

人有各种各样的创造,学者有学者的创造,学者的创造有何特点?什么是学者最高的创造?到达山顶不是最高了吗?现在,我们换个角度来讨论这一问题。

由字组成词,即形成术语,形成概念;概念与概念在一起组成句子,即形成命题;由命题到命题,形成推理;有些命题需要论证,或实证,或逻辑证明。

在这些环节上,人都可以有创造。在哪个环节上的创造更难、更可贵呢?

你能造出一个字来吗?现在我们已有91251个汉字,你能造出第91252个汉字来吗?第一个汉字是谁创造的?第十个是谁创造的?第千个、第万个谁创造的?历史都没有记载。如果谁能造出第91252个汉字,应当可以记下来了。

再说术语或词或概念吧。一本著作或一篇论文,若有自己的术语,别人没有过的术语,那么,其学术性必然是很强的,很独到的,很具有创造性的。

当然,我本人在这一点上曾很努力,努力创造别人未曾有过、未曾用过的术语。例如,我提出了"应人教育"这一术语,即"应人教育"的概念。"应评教育"这一概念也是我提出的,但并非我所赞成的一种教育。应人教育既是我提出,又是我所赞成的,是我看重的教育,亦是我去践行的教育。

人主义的概念,超结构的概念,形而中的概念或术语,都是我提出的。我相信,我的论著中都有我自己的术语。一方面,这是最能反映学术性的,另一方面当然也是最能反映学术个性的,其内涵在于其所包含的学术思想。

事实上,是实质性内容在起决定性作用,有思想、有内容,才去寻找恰当的术语去表达;有个性的思想才会有个性的术语;从未有过的思想,就可能催生出从没有过的术语;如果没能找到相关的术语,那么,相关的思想就还不是足够成熟的。与其说术语的使用和创造是术语的发现,不如说是新的思想的形成。这也就是语言或符号的意义之所在,它不只是一个外壳。

牛顿关于微积分的符号强有力地推动了微积分的研究。莱布尼兹也堪称符号大师,他的微分符号更有生命力,实际上他也是方法论大师。在那种语言只是思维的外壳的观念下,无法理解语言的真实含义。

音乐是一种特殊的语言,它也就是通过这种语言来表达人的思想和情感的。牛顿和莱布尼兹创造的不只是数学,更是新的思想的创造。在那个史无前例的时期,知识分子受批判的一个方面就是他们脱离实际,从事数学研究工作的知识分子尤其被批判为理论脱离实际。还有脱离劳动、脱离工农之类的说法,一天到晚辛勤劳动的知识分子被批判为脱离劳动,本是白领工人的知识分子被批判为脱离工农,本在实际之中的知识分子被批判为脱离实际。

微分这个概念很抽象,于是要找出它的可能看得见的模型来。北京的数学工作者们到处找啊,结果,从工人拿的那个锉刀那里找到了"微分",对那个轮子每锉一下就是一个"微分"。其实,牛顿是从几何的方向发现微分的,莱布尼兹是从力学的角度发现微分的,所谓那一锉一锉,在几何上就相当于做切线,而这正是牛顿早已研究过了的,何必再去寻找。事实证明,如果不发展人的抽象思维,微分这一类的对象是难以把握的。实际上,任何概念或术语都是抽象的结果。换言之,不抽象哪里来的概念或相关术语?

你见过树吗?你只是见过梧桐树、杨柳树……但你见过树吗?其实,说到杨柳树,就也已有一定的抽象性了。你见过树,还见过森林吗?你看到森林深处了吗?

你看见过精神吗?你看到过意志吗?你看见过灵魂吗?你看见过"美丽"是个什么样子吗?你看见思念是个什么样子吗?如此抽象,如此未曾见过,但人们都能把握。人就是与抽象打交道的,越喜欢抽象的人,可以走得越远。

最抽象的东西莫过于哲学与数学,换言之,它们都是看不见、摸不着的,却又是可以想得到的,是用智慧可以捕捉到的。有些人因它们抽象而害怕跟它们接近,殊不知,这正是害怕跟智慧靠近。我们的教育应当承担责任,你为什么会让学生害怕数学与哲学呢?你怎么让人们害怕抽象呢?

然而,这一切都难以全归咎于教育,这正是教育所难以承受之重啊。最大的问题还在我们哲学的落后。曾有学生问我:如何站得更高、看得更远?我答:你就上山吧,那个山的名字就叫抽象。还有抽象之后的再抽象,再抽象之后三次、四次抽象,这就是崇山峻岭,山峰迭起,需一个一个去攀登。那个山峰的正式名字叫作哲学。

概念和概念组合命题或句子。"那个山峰的正式名字叫作哲学",这个句子就由山峰、名字、哲学这三个概念或词构成。

对于命题的种类,可以从形式逻辑的角度去划分。这里,我们仅从其表达的内容或性质去分析和讨论。

我们把命题分为：实然性命题，应然性命题，或然性命题。现举例如下：

（1）教育是发展着的；

（2）教育应当得到发展；

（3）教育必然是发展着的吗？

以上三个命题在性质上是不同的，第一个命题是实然性的，回答的是"实为什么""实是什么"；第二个命题回答的是"应是什么""须是什么"；第三个命题是疑问式的，无明确答案的。换言之，它们分别是陈述句、祈使句和疑问句。

就学术性而言，三类命题的意义和价值是不一样的。学术含量最低的是应然性命题，它相当于指令；学术含量较高的是实然性命题；学术含量最高的，无疑是或然性命题了。提出问题，分析问题，解决问题，这三层中意义最重大的是提出问题或发现问题，发现了才提得出；提出后才有可能分析，进而有可能解决问题。

通俗一点说，拥有最高学术价值的，是最善于询问的人，是善于提问、善于发问的人。诺贝尔科学奖奖给谁？杨振宁、李政道提出了宇称不守恒的猜想即问题，证实这一猜想的是实验物理学家吴健雄。然而，诺奖未颁发给吴健雄。

这一节，我们是讨论造字、提出自己的术语、提出相关命题、论证相关命题，这几桩中，哪一类活动的学术价值最高？已讨论的三类命题（实然、应然、或然）中，或然性命题学术价值最高，现在是讨论这里提到的四类活动中，哪类活动价值最高？造字估计是太难了，此外，拥有自己的专门术语，学术价值便是最高的，亦即拥有自己独到的概念最宝贵。事实上，一般在获得独特术语的同时，也可能在酝酿着新的命题；因而，拥有自己独特的术语这件事不是孤立的。

我常跟博士生讨论，怎样的论文是一篇合格的乃至优秀的博士论文，硕士论文可以是综述性的，不一定要有创意；博士论文则必须有创见，依不同意义下的创见来区分博士论文的合格或优秀与否。新意不一定是创意,创意应表现在哪里呢?

首先,看能不能拥有属于自己的术语或概念;若没有,就看有没有自己提出的命题,无人提出过的命题;若没有,就看你能不能对既有命题做出自己独到的论证。博士论文的水平是依此三层逐渐下降的,如果连最后的一层也没有,就没有达到博士论文的基本要求了。

学问何以算做到了最高处?说来还是会回到那个山顶上去,还是需要学问向哲学行见面礼,与艺术相会合。对于博士论文,概言之,是需要达到理性的,需要有哲学意蕴的。欧洲人早已把博士称之为 Ph.D,即哲学博士或学术博士。近一些年来,发展出一种专业博士来,我想,思辨、理论、哲学仍然是需要的。

## 二十、创造是什么?

人们都关心创造,希望自己有创造,希望自己的大学和国家也富于创造。人们又对创造本身进行了许多思考和研究,以至于形成了一门学问,就叫创造学。

我读过一本创造学的书,对于创造是什么,它列出 83 种定义,亦即做出了 83 种不同的回答。对于什么是创造,都认为必须新,从未有过的;另一要求是必须有意义或价值,物质的或精神的价值。只是新,怪怪的,不一定是创造。有些理论一时甚至很久还看不出它有什么用、有什么价值,然而,仅仅是有理论价值也算数。新且有意义,这两条大概是比较公认的对创造之意的理解。

对创造有不同的分类,分类之一是把一般创造与原创相区别。所谓原创,是指从术语或概念到相关的命题都是前所未有的,不是从已有的术语和命题那里推演出来的,也不是联想、迁移过来的,因而,看一个国家的创造力,第一要看的就是原创力。若干年前,有一个数字,说当时我们国家的原创只占世界的百分之一。倒是专利数比较高,然而,专利多是技术产品之类。

现在,即使在高等教育里,重应用轻理论、重原则轻原理、重操作轻思维、重感性轻理性、重动手轻动脑、重技术轻哲学的现象还不同程度地存在着。

为什么我们的原创相当落后呢?尽管我们的技术水平已相当高了,航天技术都很不错了,但仍不属原创。而且,在某些技术的核心部位也很落后,比如飞机汽车的发动机。反映在产品上,我们的名牌不多,例如,汽车品牌,品牌多是德国、美国、日本的。这都与原创的落后有不同程度的关联。

我们在原创上的落后,从学术根源上讲,是哲学十分落后;哲学又为什么落后呢?哲学生存和繁荣所需要的唯一条件——自由,在一段时间内没有了;最近的30年来,自由恢复了,多得多了,但仍有不充分之处,人们在把握自由方面也没做得很好。于是,哲学落后。即使将自由把握好了,哲学也不可能立竿见影地发达起来。

为什么自由不充分且把握得不够好呢?为什么不能在把握的同时还发展自由呢?在这些问题面前,教育都可能要承担责任,然而,更重要的责任在社会;不过,教育也应当对社会产生影响、发挥作用。可是,教育在这方面所能起的作用是有限的。不管怎样,教育,特别是高等教育还是应尽其所能吧。

实际上,邓小平的改革是与思想解放连在一起的,而解放的目的就是获得自由。从这个背景看,高等教育倒是应当多问问自己:你的思想解放得怎样了?你获得的自由的状况如何了?你深入改革并在改革中实现了这些目标没有?原创不是想要就唾手可得的,还需要从根本上做起,为原创力的大提升创造各种必要的条件,对此,我们思考得怎样?做得怎样?

我也对创造给出一个定义:

创造＝自由＋求知

稍详细一点说,就是充分地把握自由,同时保持旺盛的求知欲望,这就是创造。

亚里士多德在他的《形而上学》一书中,第一句话就是:"求知是人类的本性。"①而后又说:"人本自由"。② 如果我说求知加自由就等于创造是对的,那么创造就是人类的本性。亚里士多德说到了人的根本。由此根本亦可见创造也是人之根本。

还可以问:为何人本自由呢?那是因为人有意识,有了意识,就有了自由。意识唯属于人,因而,自由亦唯属于人。故我曾言及,人即自由,自由即人。

人为何有求知欲呢?首先是因为他能求知,求知几乎可为人带来一切,既有可能,又有需要,自然就会有求知欲望了。人类史即一部求知史,自由发展史;从而,人类史亦是一部创造史。自由,求知,连同创造,一起伴随着人类的发展。

人为何有意识呢?这个问题没有答案。意识是从哪里来的?意识是怎样起源的?这是一个我们几乎一无所知的问题。我们连宇宙如何起源的问题都基本上弄明白了,而对意识是怎样起源的却一点也不明白。真有点奇怪啊。

我能做出一点解释,但仍不能叫作答案。这本就是一个可能找不到答案的问题。

我认为,是宇宙或大自然把所有秘密都置放在了人身上,包括许多解不开的秘密都放进去了。其中,包括把意识也放在人身上,于是,人也就有了意识;把最大的一个秘密——意识——放在人身上了,所以,人成为最神秘的对象。这个秘密只有宇宙本身才能揭开,但它至今还未开口对人说清楚。

人类如此年轻,已有的考古学证明,人类历史是 382 万年。若有

---

① [古希腊]亚里士多德:《形而上学》,吴寿彭译,商务印书馆,1959年版,第1页。
② [古希腊]亚里士多德:《形而上学》,吴寿彭译,商务印书馆,1959年版,第5页。

新的考古学发现（人类化石的发现），这个数字还可能增大。但不会超过6000万年,那时是恐龙时代,哪会容得了人啊。

人比许许多多动植物年轻,比鸟、比猿猴、比小草都年轻。从这一点看,人不应当在其他生命面前摆老资格,没有什么资格可摆啊。人对另一些称得上老资格的生命应当尊重,以十分虔诚的态度去对待它们。后辈对前辈能不尊重吗?

大自然如此恩惠于人类,人类能不懂得感恩吗?大自然赋予人类的如此之多,人类不应当肩负起更大的责任吗?人类知道了自己的责任,人类明白应当怎样去履行自己的责任吗?教育应当深思,思考人类如何进行自我教育。

人类不是本有自由、本有求知因而本有创造吗?为何还需要教育呢?为何还需要自我教育呢?甲对乙的教育,是一个人对另一个人的教育,但放在人的类中看,都是人类的自我教育,它由个体之间的教育与被教育一道构成。

实际上,人本自由,人本有求知欲,只是一个原点,人生要由此展开,进一步发展自由,并使求知欲变为行动,且长盛不衰,这就需要教育。人类最早创造的是教育,人类最伟大的创造也是教育,这为人类的其他所有创造提供了条件。由此,人类才写下了历史,写下了辉煌;从而,教育也写下了自己的历史。

时下,我们的教育界提出了"创造教育"这个术语,这个术语背后可能包含着人们的愿望,或者是使教育能提升人的创造力,或者教育本身也具有创造性,并以自己的创造性去实现创造力的提升,故而名之曰创造教育。

不过,直接盯着创造,效果不见得好,教育不是靠急功近利就能奏效的。还是需要从更基本的地方做起,这就是在给学生知识的同时,保持和发展他们的求知欲望,尤其,需要让学生把握自由、享有自由、发展自由,甚至去创造自由。把这两方面做好了,创造教育就真的在向我们招手了。换言之,创造自由比创造本身更应优先。

教育在很大程度上并不直接提供什么,它着重在提供条件,教育的目的并不在给人多少外在之物,而主要在发展人的内在之物,即人的心灵;教育的特别意义并不在当下,它向着人的未来,向着人的精神世界;教育重点不在于告诉人如何去操作,而在于告诉人如何去思维;学会思维是元学习之首要任务,因而,教育关心学什么,更关心怎样去学。总之,教育的目的不在于给予多少现存的东西,而在于给人以希望,因而,教育更多的是期待。

至此,我们对于教育该改革些什么,又可从一个新的角度去看了,那就是,把可能束缚学生自由发展的障碍去掉,把可能削弱学生求知欲望的因素改掉。实际上,也就是回到教育原本的意义上去,回到孔子、亚里士多德那里去。

## 二十一、学科变革

说到创造和创造教育,比较自然地可以联想到加州理工大学,即 CIT。对 CIT,如果直译,就只是加州工学院,其英文名中并无理,亦无大学。它始建于 1891 年,比北大只早 7 年,但它早已是世界一流大学。中国科学家钱学森即毕业于 CIT。

CIT 是一所袖珍型的顶级私立大学,其学生仅有 2200 人,每年招本科生 200 余人,共八九百本科生在校,其余全是研究生,因而它亦为研究型大学。就这样一所大学,竟有 80 位院士,而其中人文科学院士 28 人,其比例高达 35%。一所理工科大学,为什么拥有这么多的人文科学领域的院士呢?这难道不可以让我们深思吗?一些人文大师还给本科生上课啊,为何如此看重人文?

实际上,自博洛尼亚大学以来,再自柏林大学以来,文学院或哲学院一直是居于首位的。CIT 也不过是继承了古典大学以来的一个亘古不变的条律或信念。近代以来的大科学家们也十分明白,是人文科学家们引领了他们。

这里,让我们看一看恩格斯的有关论述。他的名著《自然辩证法》写作于 19 世纪 70 年代至 80 年代。据我所知,那时候已有许多自然科学知识涌现出来,但当时的"自然研究家们自己就感觉到,这种漫不经心和杂乱无章多么严重地左右着他们"[1]。如何让自然科学的理论成果系统化呢?恩格斯进而指出,有两种哲学对他们格外有益,"第一种是希腊哲学",即古希腊人的辩证法,"辩证法的第二个形态恰好离德国的自然研究家最近,这就是从康德到黑格尔的德国古典哲学。"[2]也就是,自然科学还是需要哲学的引领,需要以居于人文科学首席的哲学来引领。这很可能就是今日一些高水平大学里仍然把亚里士多德的著作列为必读书目的理由,即使是研习自然科学的学生亦需如此。

人文科学为何那样重要?历史已经说明了它的重要性,如恩格斯这样的哲学家已充分论证了其重要性,越来越多的自然科学家们也认识到了这一点。中国老一辈的科学家们,从北大、清华、南开走出来的那些科学家们,也深知文学、史学对于他们是多么重要,而他们自身所具备的,不仅是科学修养,也包括了他们的文学修养、哲学修养。

如今,我们的人文科学在大学里的地位如何?从 20 世纪 50 年代初以来的相当长的一段时间,被认为成绩最好的学生,首先选择学理工科,差一些的就去学文。其实,据我所知,那些被认为差一点的人,都是十分智慧的。今天,这种情况有了根本变化吗?亦如我所知晓的那样,人文的地位还远不是那样高的。

---

[1] 《马克思恩格斯选集》(第 4 卷),人民出版社,1995 年版,第 286 页。
[2] 《马克思恩格斯选集》(第 4 卷),人民出版社,1995 年版,第 287-288 页。

甚至人文一词，还被一些人认为是沿自西方的词汇，在我看来，人文即人的精神的总称，人文科学即关于人的科学，如逻辑科学、文化学、文学、史学、哲学。至于人文一词，中国古代即已有之，而今竟被误认为是来自西方的舶来品。

人文科学是什么呢？人文科学"一般指研究社会现象和文化艺术的科学"①，这就是《现代汉语词典》所做的注释。

对于人文一词，《哲学大辞典》也做了类似于《现代汉语词典》的解释，人文即"社会制度、文化教育等社会现象"②。应当由人来解释社会现象、社会政治、社会制度等，可是，我们所见到的正相反，由社会来解释人及其文化、精神等。

我一直从事数学、教育学、哲学一类的教学与科研活动，湖南省政府却授予我社会科学专家的称号，当年共授予了十位，我不知这十位是怎样产生的，只知自己在其列。但我一直觉得这与我的身份太不相吻合了。

若以有无专门著作为标准来衡量一个人是否涉足于某个领域，我就在八个较大的领域活动过，数学、教育学、心理学、高等教育学、管理学、体育学、哲学、文学。其中，唯一与社会科学搭界的可能就是管理学，但我做的是学校管理学，放在教育学里也无妨。所以我自认为自己是一位人文学者，即使是数学，那也是人文的近亲。我的主要工作就证明了这一点。

这个"社会科学专家"称号是"被授予"的，并不是我想要的，而且确实是名实不符。这是一种混淆，但我未曾混淆过。我还感到，这是人文科学在我们这里没有地位的表现之一。然而，人文科学在我心中的崇高地位是不可能动摇的。

教育学是否属于人文科学？这是一个有争议的问题，我写过一篇

---

① 中国社会科学院语言研究所词典编辑室，《现代汉语词典》（第7版），商务印书馆，2016年版，第1099页。

② 冯契主编：《哲学大辞典》，上海辞书出版社，1992年版，第16页。

文章,即《教育学属于人文科学》,登载在《教育研究》上。后来有一位青年学者说教育学属于综合学科,但"综合学科"不在正式的学科目录上,正如交叉学科、边缘学科一样,这是对学科某种性质的看法,不在正式的学科分类之中。

我们这里甚至把哲学也归为社会科学,常常笼统地说"哲学社会科学"。哲学研究社会,就是社会科学了吗?哲学也研究自然,它就是自然科学了吗?哲学更研究人,它就是人文科学了吗?究竟哲学属哪一类?实际上,这是在世界范围内最没有争议的问题。自古典大学以来,哲学不仅被视为人文科学,且为人文科学之首席。到了柏林大学时代,文学院干脆就叫作哲学院了。

我认为,人文科学在某个地方的地位,能在很大程度上反映这个地方人的地位。前已提到,我们这里的科学院只有两个,一个是中国科学院,即自然科学研究院;另一个就是中国社会科学院。然而,在美国还有一个,那就是人文科学院。

1982年,我被安置在湖南师范大学的行政主管岗位上。那时候,我所懂得的教育学、哲学远不及今天,但我几乎自发地把学校的文史哲放在了最重要的地位。当时,在长沙,最高水平的文史哲无疑在我们学校;那时的中南工业大学,后来的中南大学,是一所纯工科大学;当时的湖南大学也是纯工科,虽然它曾经有高水平的文理,但在20世纪50年代初的院系调整中,文和理都没有了,直到近一些年来才迅速恢复且日益强大。

在20世纪30年代前,麻省理工学院,即MIT,还是一所纯工科大学,百分之七十是土木工程。这样它就只能是二流、三流的大学。哈佛当时确有点看不起麻省理工,曾建议它合并到哈佛来,哈佛正缺一个工学院。要麻省理工去做哈佛之下的一个学院,它当然心有不甘,必须另找出路。

这个历史事实,让我悟出一个道理:仅有工,只能是二流、三流,没有工也可以一流。

我曾对当年中南工业大学的党委书记张保军说：你的大学得天独厚，有色冶金全国只你这一家，因此你日子很好过，但你的未来是不妙的，犹如当年的 MIT 一样。他不相信，问我"为什么"，在我叙述了一番之后，他有所改变，并进而问我："创办一个文科，大约需要多少启动费？"我答，大约 300 万元。他十分不以为然："只要这么一点钱啊。"他们的其他项目动不动就上千万、上亿，几百万算什么。

后来，他从创办语言文学专业入手，首聘了一位文学教授。这位教授第一次听校长工作报告，在这个报告中，从头到尾没有关于文科建设的一句话，于是他就"拜拜"了。至此，张保军才明白，这不只是钱的问题。后来，他问我："这该怎么办呢？"我开玩笑地说："聘请一个文科出身的人做校长。"他真当回事，立即应道："这不可能。"我又说："那就聘一位做常务副校长吧。"他还说"也不可能"。我也只好说："你还没有当年 MIT 老板的觉悟啊。"

MIT 在 20 世纪 30 年代请来了哥伦比亚大学物理系系主任康普顿。康普顿有一个弟弟在芝加哥大学，学术地位更高，是诺贝尔物理学奖获得者，但 MIT 董事会考虑，还必须兼顾学术水平与管理能力。他们考察的结果是，大康普顿是哥伦比亚大学物理系主任，学术水平足矣，而管理能力远在其弟弟之上，于是，大康普顿入主 MIT 了。初来前，他还有所犹豫，MIT 会重视文理吗？董事会回答了：聘请了你，一切就由你了。用我们的术语说，就是实行真正的校长负责制。

后来，MIT 的文理都得到迅速发展，著名的语言学家乔姆斯基就出在 MIT。MIT 也很快进入了全美一流大学行列，而且还进入了世界一流大学行列。语言学是经典的人文科学，没有人文科学的高水平，能有高水平的大学吗？实际上，这就是一个学科变革问题。

MIT 走过的道路说明的是一个普遍的道理。清华大学曾是一所文理都很强的大学，但在 20 世纪 50 年代初变成了一所只有八个工科的纯工科大学，落后就等着它了，这让它走过了一条与 MIT 相反的道路。然而，进入 80 年代后，清华按照大学本身的规律去办学，它迅速建立了强大的文理。清华还从我所在的大学调去了一位哲学教授卢风,这让我有直接的感受。

## 二十二、议 CIT 格言

CIT 即加州理工大学,是美国西部的一所私立大学,亦为世界最高水平的大学之一。中国学者钱学森即毕业于 CIT。私立的 CIT,在二战中,亦曾为美国的国防服务。现在,我们从另一角度讨论它。

CIT 有著名的格言,说别人没说过的话,做别人没做过的事。

如果我们只是重复 CIT 的格言,就恰恰违背了 CIT 精神。对于我们,CIT 就成了别人,而我们又去重复它的话,岂不正是说了别人说过的话吗?

我想,CIT 有此格言,正反映了它对创造的看重。同样,我们若只是去重复,又正反映了我们不重创造。我觉得,至少还应加一句:想别人没有想过的问题。要说别人没说过的,做别人没做过的,首先应想别人没想过的事项或问题,还可能在说中或做中继续想,但事先必有初步的想法。

不仅如此,那个"别人"还应当包括从前的自己,不要说自己从前说过的话,不做从前的自己做过的事,从前做好事,现在不做了吗?现在要做更好的、更巧的事。从前说过的正确的话,现在不说了吗?现在要说更深刻、更新颖的话。

在课堂上,学生愿意听教师讲一些自己早已听过的话吗?甚至,教师将要讲些什么,他都估计得到,他会有兴趣听吗?他能聚精会神吗?对于大学生,书上已写清楚了的,教师还有必要去重复吗?那岂不是照本宣科了吗？

即使跟别人聊天，总说一些早已说过的话，有意思吗？有新鲜感吗？不知什么缘故，我从小喜欢开玩笑，一个可能的原因是，大家在一起，就是要高高兴兴、快快乐乐的，那么严肃，那样绷着脸，有必要吗？谁欠了你几辈子的？而且，如果重复，就无笑料可言。

甚至在讲课中，在严肃的学术演讲中，我也是要说笑话的，把严肃的、严谨的学问编织在笑话中，效果必然更好，可是，这并不是轻而易举的。

有人认为我不仅常说笑话，而且有几分幽默，几分诙谐。也有些年轻一点的教师想学我这种幽默和诙谐，甚至问我：该怎么学？我答道：这不是向他人学来的，我就不是学来的。哪里来的？修来的，练来的。已经是一种习惯，一种挥之不去的生活方式了。幽默和诙谐是特别个性化的东西。

当然，在50多年前，我也因为爱说笑话吃了很多亏。但那个"欲加之罪，何患无辞"的年代过去了，现在是可以自由说话的时候了，可以幽默、可以诙谐了，只看自己能不能做到。

如何做到？首先可能要多少知道一点，什么叫诙谐，什么叫幽默。我初步想想，可能有三个要素需要具备：联想，夸张，故事或情节。有人说我讲课有如单口相声，无非是因为相声有味，好笑；其实，也在于其中包含了这三要素。

诙谐与幽默只是一种形式，其实质在于自由思想、自由表达。在这种情况下，社会拥有了个性，才可能拥有幽默和诙谐。实质也在于，这是创造。创造总是出其不意的，因而很有味，再加以有趣的表述，就可能是幽默或诙谐了。

特别说一下夸张的问题。所谓夸张，显然有夸大的意思，但夸大到不着边际，就不科学了，也就没意思了。夸张本身并非目的，而是为了更便于了解，更便于深入思考。

哲学与数学都具有夸张的品格。哲学家们大都认为自己把一切都说清楚了,这还不够夸张吗?他们从事哲学研究的目的就是想把一切说清楚,否则,他自己不会甘心的。实际上,这也让哲学本身特别值得被关注。

数学也是很夸张的。它所说的点线面,都是被极端化了的。又正是这种极端化,导致了更深刻的研究,更普遍的适用。这就是恰当的夸张所带来的无穷多的好处。

曾有一位教授在听到他人指出他的一句话有点毛病的时候说:"世界上本没有什么绝对正确的话。"此时,我不得不问道:你刚才所说的这句话对吗?他答:当然对。我又问:总对吗?他又答:总对。好,总对,不就是绝对正确吗?你刚才不是说了一句绝对正确的话吗?他稍停片刻,便回应道:"除了这句话,再无绝对正确的话。"我继续说:你不是又说了一句绝对正确的话吗?

这位教授的问题出在哪里呢?他把相对绝对化了,在他那里,是绝对的相对。

还是黑格尔说得好:"哲学的历史就是发现关于'绝对'的思想的历史。绝对就是哲学研究的对象。"[1]怎么会没有绝对?我们还研究它呢。在与相对的关联中研究绝对,在与绝对的关联中研究相对。

夸张是为了更深刻地认识事物,而这正是哲学和数学所追求的,因而,它们具有夸张的品格。它们愿意跟绝对打交道,因而对相对有了更好的认识。

我认为我从多方面发展了 CIT 格言,但我也不会认为我已走到了绝对。

这里还说说,什么叫原创?我有没有原创?

我想,原创当然不同于一般创造,原创不是指工程技术方面的创造,不是已有理论的发展和推演,甚至也不是指基于已有理论产生的联想,不是指从未有过或从未见过,不是指相关领域的创造,而是另

---

[1] [德]黑格尔:《小逻辑》,贺麟译,商务印书馆,1980年版,第10页。

辟蹊径,在一个崭新领域里的开创。

有一个关于发现与发明的差别问题。我曾问过尊敬的杨叔子院士:是爱迪生更伟大,还是牛顿更伟大?他答道:都伟大。显然,他避开了那个"更"字,没过多久,他告诉我:当然是牛顿更伟大。但为什么在当初他也可以这样回答,他却没有这样回答?对此,我只有某些猜测。

后来,我又问:是牛顿更伟大,还是亚里士多德更伟大?对此,他立刻回答了:亚里士多德更伟大。

理由在哪里呢?爱迪生的成果是发明的,而牛顿的成果是发现的;牛顿虽有发现,但亚里士多德有更伟大的发现;牛顿是自然哲学家,而亚里士多德是哲学家。

中国古代科学多系发明,有四大发明,为人类做出了巨大贡献,但这不属于发现性质的贡献。缺少发现式、牛顿式的贡献,可能与我们的文化传统有关。冯友兰先生有过这样一段分析,他说:"西方哲学从不证自明的'公设的概念'开始,而中国哲学则从'直觉的概念'开始。"①很具体的一个例子是,影响全世界几千年直至今日的《几何原本》不可能在中国产生,《几何原本》是典型的从"公设的概念"出发的学问。我们有零星的几何发现,有几何,却无几何学。

我们今天的理论、今天的哲学仍相当落后。这应当由今人来负责。为此,我们需要复兴,需要哲学的复兴。在我们民族的伟大复兴中,从哲学复兴做起,也需要从每个人自己做起。无论自己的哲学底蕴怎样,无论自己的才气怎样,凭着一颗民族之子的心,努力吧,为让哲学成为我们民族的事业而努力吧。

我写过一本《哲学原理》,有创造,但不能算原创。我写过一本《高等教育哲学》,虽然我认为这本书比美国学者布鲁贝克的同名著作写得好很多,但也不属于原创。我的《课程哲学》算不算原创呢?

---

① 冯友兰:《中国哲学简史》,新世界出版社,2004年版,第300页。

类似的主题的著作,中外均未见过。如果要说原创,这一本是不是沾了一点边呢?可能还需要看他人如何评价。

我不怀疑我的创造性,恰如我不怀疑人类具有创造的本性那样。我在人中,所以我也创造着,并努力让人类的这种本性充分发掘出来。如果要有原创,就更需要努力了。

既然我对 CIT 格言还做了许多补充,我当言必行,不断追求创造;既然我要求自己的今天跟自己的昨天不同,很可能就增多了我创造的机会。趁着脑子还管用,就不断运转吧,不要枉对了祖宗和父母赐给自己的这副最宝贵的脑子。

## 二十三、创造路如同改革路

在美国一些高水平的大学里,有"不出版便灭亡"一说,教授们都指导研究生,他们的教学与研究是自然融在一块的。

我们这里的某些相对水平较低的院校,常有关于教学与科研关系的争论。例如,我任湖南师大校长之初,就遇到过师范性与学术性的矛盾之争。在我任校长之前,就知道这是庸人之争,我不会理睬,也不会参与。任校长后,责任大一些了,需要过问了。我不可能如邓小平那样振臂一呼:"停止争论吧!"何况,大学是更需要说理的,服理不服力,是知识分子的特性。

我心中有数,那不多的几位对师范性与学术性矛盾喊得比较响的人,恰是在研究方面少有作为的,恰是学术水平较低的。这正印证了我关于"庸人之争"的判断。但我不会对这些人发出轻蔑的言论,依然要尊重他们,把说理与尊重连在一起。

一个简单的类比就可以说明这个问题。大家见过工科院校有工科性与学术性的矛盾之争吗？医科院校有医科性与学术性的矛盾之争吗？有综合大学里关于综合性与学术性的矛盾之争吗？为何仅师范院校的某些人在那里说矛盾？这不是庸人自扰是什么？"师范"二字妨碍了你去提高学术水平吗？

我任校长后，立即停止了这种无谓争论，全力发展自己的学科，提高学术水平。在文学、史学、哲学、数学、物理学、化学、生命科学各学科，全方位发展，调集人才，谋求资金，改善管理，谋求多学科的综合协调与发展。

省内外的朋友和熟人，教育行政当局，都知道我完全不在意师范二字，彼此心知肚明。说"完全"也还过了一点。我心想，师范院校若没有高水平的教育学研究，就真的说不起话。对此，我还是很在意的。有了高水平，就有了底气。

师范性与落后性不是一回事。著名的巴黎高等师范学校落后吗？北京师范大学落后吗？如果有世俗偏见，还可以理解，但学界有偏见，就不可理解。有些人以为，师范院校不就是培养中学教师，不就是能教好几门中学课程即足够了吗？这当然属于无知，若加上偏见，就更严重了。然而，只要自己明白就行，不在于别人怎么看，无知也好，偏见也好，做好自己最重要。

我曾提到自己转入教育学的历史背景。在未做校长前，白天研究数学，教数学，晚上还是数学；做了校长之后，白天从事教育管理，晚上再搞数学，数学所需要的那种连续思维就难以维系了。于是，我转而从事教育学的教学与研究。这样，白天做的是教育工作，晚上做的是教育学研究，问题就解决了。

其次，转而从事教育学研究还有一个附带的，也不是不必要的原因，那就是，我们的大学不能不发展教育科学。发展教育科学，不完全是为了堵住某些人的嘴，不是为了表明我们重视师范性，根本在于，它是一门科学，值得研究，值得付出。所以我转入，我进入。

最高水平的大学也有研究教育学的，中外都有。

然而,存在一个明显的问题:数学专业出身的我,在教育学领域里能走多远,能有多大作为?尤其,师大的教育科学有了你,就真会有多大变化吗?我好像是充满自信的,或许有几分盲目,但我至少对自己不很怀疑。

倒是外界有人怀疑,例如华东师范大学一位优秀的学者,他曾公开表示怀疑。她越怀疑,我越尊敬她,虔诚地对待她;并且,她的怀疑对我有益无害。

我们首先申报的是课程与教学论的博士点。第一次申报,失败了,认为我们的成果不够;第二次再报,又失败了,认为我们成果虽有,但分量不够重。第三次,成功了,成果够了,分量也够重了。我的《教学论纲》被充分认可了,这部著作1999年出版后,每年重印,至少重印12次了。学术著作很难畅销,但这本书可谓之常销,常销也好,畅销也好,这本身并非我的目的,我是为了写作而写作的。

我毕竟不是科班出身的,所以,存在着某些怀疑的眼光,有其必然性。

倒是那位可敬的学者还说过一句话:"你若申报高等教育学博士点,不会有任何问题。"这一点,我也估计得到,但出于策略上的考虑,我们先报了课程与教学论。如果先报了高等教育学并获批准,再报课程与教学论就几乎不可能了。有些事,要先易后难;有些事,要先难后易。如果先易后难,后面的难会变得难上加难。这就是策略分析,这种分析和相应的做法确实见效了。

事隔两年,在我们再申报高等教育学博士点时,就一路顺风了。在我们的申报材料到达北京大学汪永铨教授手上时,他曾说:"在这些申报人之中我只认识一位,但只要有他,我就会投赞成票了。"老一辈的学者给了我很大支持,很多信任。

有了这两个博士点,后来拿到教育学的一级学科博士学位授予权就没什么问题了。这样一来,当年我多少带有一点盲目的自信,算是有了部分结果。

我的全部经历,证明我一直走在创造之路上,并且越来越自觉地走着,未曾停歇。至少在教育学的三个二级学科上,我分别做了从形而下到形而中、从形而中到形而上的工作。当然我也就可以在这三个方向指导博士生。然而,有关方面规定,一个导师只让在一个方向上指导,于是,我就较长时间集中于高等教育学的相关工作了。

在高等教育学里,我有一本《学校管理学》的著作。这多少是靠近形而下的研究;我又有一本由人民教育出版社出版的《高等教育学导论》,这自然属于形而中的工作了;2004年和2010年,我先后出版了在内容上十分不同而思想观念首尾一贯的两部高等教育哲学著作,这明显地属于形而上研究了。

在课程与教学论方向,我的《教学原则今论》《教学细则一百讲》属于形而下的工作;我的《大学教学学》《教学论纲》等属于形而中的工作;而我的《课程与教学哲学》则属于形而上的研究了。

我在教育基本原理方面,有众多的形而下的工作,而我的《教育基本原理》一书正表明了我在形而中方面的工作,后来的《教育哲学》则属于形而上的工作了。

附带说明,有学者认为我的《教育基本原理》一书属于哲学,即形而上著述。这就另当别论吧。

回头再来说华东师大那位尊敬的学者吧。当我把自己的《教学论纲》《教育哲学》《课程与教学哲学》《高等教育哲学》寄给她之后,此刻,她不只是相信,而且有了几分惊讶,以至于难以理解了,她怎么也未想到我会有这一系列著作出来。

我觉得,她的难以理解倒是可以理解的,因为她对我的了解毕竟十分有限。例如,她不知道我长期具有理论兴趣、哲学兴趣,更不知道伴随着这些兴趣,我有了理论修养、哲学修养,而那一系列的哲学著作便是水到渠成的事了。

另一些工作似乎亦有其必然性,除了《课程与教学哲学》《教育哲学》,以及两本高等教育哲学著作外,我还有了不以教育为背景的哲学著作:《哲学是什么》《哲学原理》《人哲学》《人论》《人是美的存在》

《论我》，共计 10 本哲学著作，其中六部为"纯"哲学。

我的哲学毫无疑问是以人为中心的。实际上，我所有的著作基本上如此。

辛继湘博士对我的《思想的流淌》做过一个特别的统计，说此书中有 3409 个"人"字，还有 3000 多个问号。这也说明，我一直是在叩问着神圣的人。我在思考一个永远不会有终极答案的问题：人是什么？当然也自然地呼应了苏格拉底。

如果把我所有论著中的"人"字统计一下，应当数以十万计，而问号也会有十万个以上，于是可以说，我所做的是人的学问，人在问着，问着的人。

我在做这种学问时，唯一的虔诚是指向自己内心的。我确信，只要我的心灵是直通天地的，我就必然对神秘的人有一种感应，就必然与天地日月一起跳动。每分钟 60 秒，我的脉搏每分钟也跳动 60 次，自然界的心脏和我的心脏是同步跳动的。这不是巧合，而是我的内心与自然的"内心"相吻合。有充分的理由说，我的哲学是人哲学，是人主义哲学。

我们来自大自然，生活在大自然，又必回到大自然里去。俗一点说，我们从土地里来，又活在土地上，最后还是回归土里去。

人所唯一要思考的，是如何走完这一趟，如何对待大自然赋予我们的难以过百的春秋。我的答案已很明确：亲近自然，与大自然一起舞动，在这片土地上勤劳耕耘，与天地日月对话，与自己的民族同呼吸、共命运。

不是还要改革、还要创造吗？这并没有超出那个"唯一"，并且还在于确保那个"唯一"。所谓改革，从某种意义上讲，就是不要走歪了路；一时走歪了，就拉回来。自己走歪了，自己拉回来；教育走歪了，生活在教育中的我们，有义务把它拉回来。这就是改革，让人保持其本有的那份虔诚，让教育保持它原有的那个本貌。只要如此，我们就在创造着，就走在改革路上，走在创造路上。

## 二十四、灵魂问题

教育工作是一种什么样的工作？是一种什么样的活动？它与人类的其他活动在性质上有何不同？比如说，与经济活动、政治活动、外交活动、军事活动、工程技术活动、商业活动、艺术活动、工农业生产活动等等，有何不同？

生活在教育领域里的人，如教师、校长，多半都能对上述问题做出某种回答。但我们可能需要更明确、更深刻的回答，因而可能需要更自觉的思考。

曾有一个说法，称教育工作者为"人类灵魂工程师"。40多年前就听说过，好像来自苏联，来自当年那个企图控制人们思想的国度。但我从来没有过"灵魂工程师"的感受，自我从教以来不曾有过这种感觉，当然，做校长以来更不会有这种感受。

而且，我觉得这种说法十分荒唐。大约在我开始发表教育方面的批判文章之最初，也就是大约30年前，我就撰文对其进行批判。记得较早的一篇批判文章是发表在福建主办的杂志《教育评论》上。我记得当时的一位编辑部负责人姓黄。

这篇文章发表后，引起一位福建教师的愤怒。他一辈子都认为自己是灵魂工程师，并以此自豪，这一下子就被你批了，岂能不愤怒。这种情感上的激动，使得他难以理智地对待和分析我文章阐述的观点和论证的内容。

工程师是应当受到尊敬的，但将其工作用在灵魂上，实在是太不合适了。工程师工作的对象是物性的，而灵魂是神性的；工程师的工作作用于外在，而灵魂是每个人的内在，每个人的灵魂属于每个人自己，也唯有他自己才能去触摸或锤炼自己的灵魂，谁也不可能企图去替代或为别人去制作。

　　灵魂的锤炼和净化的过程与方式，跟工程师工作的性质完全不一样。应受到尊敬的工程师的作用范围是有限的，工程师要设计，要绘图纸，但在灵魂上面是不能刻刻画画的；他人可能影响别人的灵魂，但影响的过程细腻而复杂，与工程师掌控于手的工作在性质上实在相差太远了。影响不是制作。

　　这种说法很可能是与苏联一脉相承的，中国有过"灵魂深处闹革命"的口号，又叫作"洗脑"。这比"灵魂工程师"的说法更恐怖。这"革命"实在是无所不在啊，都闹到灵魂那里去了。当然，这一切都已成为历史。但这些历史应当留下启示。至少，我们可以更加明白，思想、灵魂、精神一类的东西，主要靠外力、靠强制，是无济于事的。唯有在自由条件下的相互启迪、切磋才可能是有益的。

　　教育工作，教师的工作恰恰是柔性的、神性的，是心灵的彼此映照。不能说教师工作较之工程师的工作更高贵，但实在是更不同，更具特别意义；从重要性来说，教师工作无疑更胜一筹。工程师也需要教师去培养的，工程师良好的精神风貌，认真的工作态度和事业心，是他在接受教育的时候就要奠定基础的。优秀的工程师所特别怀念的，就包括他当年的老师。

　　工程师能够把自己的风格、追寻、信念或多或少地留在或印在自己工作的对象上，但也就安放于其上了，安静地躺在上面了。教师也如此，也将自己许多神性的东西以不同方式、在不同程度上留在了自己的工作对象上，但他的对象是鲜活的，那些留在他们身上的东西，就像种子一样还可发芽，生长，开花结果，并且，他们还会回望把自己引导过来的教师，回望那难忘的历程。优秀的教师，其影响往往伴随学生的一生。教师所说的某句话，所做的某些事情，学生可能全忘了，但有些难以言状的内容和情景，却深深地藏在了自己心底。

　　人们说，教育工作、教师工作是天底下最壮美的事业。工程师想必不会对此说持有异议，更不会忌妒，因为他们自己就是由教师领着走过来的。

还有人说:"创新是一个民族的灵魂。"这使人想起,更早一些时候曾有过"政治挂帅""政治是灵魂"的说法。大约,认为什么东西最重要,那东西就成了灵魂。

我们稍稍说一下"政治"这个词汇,这是被弄得相当混乱的一个概念。让我们看看词典上是怎样说的,虽然词典上所言未必都确切,但至少可以做个参考吧。如果有更确切的解说,就请拿出来吧,让人们议一议。

中国大百科全书上分别介绍了西方学者和中国学者对政治的解说,双方都有多种界说,我们各取其一为代表,其他说法相差太大。西方学者认为:"政治是国家的活动,是治理国家,是夺取或保存权力的行为。"中国学者认为:"政治是各阶级为维护和发展本阶级利益而处理本阶级内部及与其他阶级、民族、国家的关系所采取的直接的策略、手段和组织形式。"[1]

中外学者的共同点都在于指出政治是与政权、国家、阶级等要素联系在一起的。

由此,我们可明白,所谓政治挂帅,其含义是什么,其指向是什么了。一般人,一般百姓能有什么政治?他们生活在政治中,但政治在他们的身外。

我常说,学校里无政治。按照中外学者的界定,都可明白这一结论是毫无疑问的。因而,我进一步说,学校有思想的交流与对话,但无政治可言。

政治很重要,但良好的政治是为经济、文化、科学、教育的发展服务的,离开了这种服务,其重要性何在?也不能因其重要,它就处处存在。去问普通百姓"什么是政治",他们可能觉得这是多余的问题,至少不是在他们的衣食住行之中的。如果去问教师和学生,他们也

---

[1] 《中国大百科全书》,中国大百科全书出版社,1998年版,第6143页。

会觉得这是与自己关系不大的问题。或许有某些人感兴趣,兴许未来有机会自己也去试着从政。那时,他必离开学校,因为学校里没有这类东西。

我更一般地说,学校不从政,但研究政治学;学校不从商,但研究商学;学校不从军,但研究军事学;学校不是工厂企业,但学校研究企业学、营销学、市场学、经济学;……学校研究一切,却并不从事一切,学校的使命,集中在做学问上。尤其是大学,它是一个大写的"学"字;写不大,还称不上大学啊!

"政治挂帅","创新是一个民族的灵魂",这一类说法中包含着概念上的错误。以后者为例,创新只是一种活动,这个活动中表现出来的某种精神才在灵魂之列,且仅仅是灵魂中的一个方面。灵魂指的不是活动,而是精神。

没有这种活动了,难道灵魂就没有了吗?一个民族,若因处在某种艰难的历史条件下而缺乏创新,难道这个民族就缺乏灵魂了吗?一个人若在某个时段里没有了创新,这个人就没有灵魂了吗?灵魂是可以时有时无的东西吗?

创新这个词也用得不怎么样,创造必要求新,但新不一定是创造。所以,创新一词远不及创造一词那样确切。至于说创新是灵魂,就更不靠谱了。

什么是大学的灵魂?有人说,教师是大学的灵魂;有人说,校长是大学的灵魂。至于究竟是谁,这就要看校长和教师在精神、理念等方面各自的影响力了。在美国,大学校长的影响力很大,在欧洲则很小,欧洲大学的教授们能直接与社会交往。

什么是一个民族的灵魂呢?文化,一个民族的文化就是这个民族的灵魂;中华文化就是中华之魂。这也是我们民族强大的根,即使是"文化大革命"那样的腥风血雨、狂风巨浪,也没有能够把我们民族的文化"革"掉。没有谁能摧毁这一文化,它是我们心中的长城,比长城更伟大,更坚不可摧。中国五千年的文明史,其实也跌宕起伏,但始终屹立于东方的,正是我们的文化。

秦始皇焚书坑儒,"文化大革命"横扫一切,然而,中华文化仍顽强地生存着、发展着。

神性的东西,物性的东西,是如此的不同,但是物质生产活动与精神生产活动一直同时伴随着人类。物质生产活动为精神生产活动提供一定的物质基础,但精神生产越来越重要,且引领着物质生产,丰富和推动着整个劳动生产。

中国曾认为知识分子脱离劳动生产,并说教育要与劳动生产相结合。我们不必说过去存在的偏见了,但对于这种说法所包含的无知,还可说一说。这一说法的缺点之一,是不明白精神生产也是生产,也是劳动,且是意义更为重大的生产。

教育改革的基本任务之一可能是进一步明白教育特有的真实意义且不让其发生偏离。

## 二十五、教育的忧虑

教育是如此壮丽的事业,有什么可忧虑的?这是不是杞人忧天?教育如果无可忧虑之处,又为何需要改革?是谁看到了需要改革?这个"谁"是不是杞人?杞人的存在,在今日已经不是故事,许多人为我们自己的教育忧虑,这些忧虑的人可称之为有识之士,这种忧虑代表着一种觉醒,一种责任。

从 19 世纪后期以来,全世界可以看到美国的长盛不衰。它为什么会长盛不衰?原因之一就在于,它时刻是忧虑着的。它不是很兴盛、很繁荣吗?为何要忧虑?是杞人忧天吗?然而,一点也不假,他们真的忧虑着,真的常常做着检讨,自我检讨,没有旁人的督促,他们真诚地检讨而少见莺歌燕舞一类的颂词。当然，制度设计是很重要的，可是，制度怎么设计出一个忧虑来呢？

我曾提到，自己特别仔细地读过博克校长在哈佛大学建校350周年纪念会上的演讲，这篇演讲让人感动，当然也就让我难以忘怀。在这个长篇的演讲中，竟对哈佛取得的成就只字未提，为什么哈佛能成为常青藤大学，美国为什么能成为常青藤国家？

美国当然也有它引以为自豪的东西，它的制度设计，发达的高等教育，还有他们的NBA。社会制度的设计从华盛顿那里就开始了，并且一直保持着，议会，两党，常常争论不休，然而，正是这一点，使他们很难出现影响全局的战略错误。

发达的高等教育，则是从德国那里学来的，有虔诚的检讨，才有虔诚的学习。

篮球虽起源于英国，从19世纪末以来，经过了许多次的改革，才有了今天如此之高的观赏价值。它吸引了全世界的优秀运动员，包括中国的姚明、王治郅、巴特尔等球星。什么叫改革？什么叫开放？看看NBA就明白了。

中华民族亦必须长治久安、长盛不衰，不能再折腾了。然而，也必须创造相应的条件。民主并不一定是最好的，却又是最不可少的。在我们现今的社会主义核心价值观中，就有民主与自由。我们有理由对自己有更多的期待。这众多的理由中，包括我们也正在学会检讨，学会忧虑，否则，为何还要改革？

自我检讨亦即自我批判，个人的、团体的、一个社会的自我检讨和批判都是必不可少的。这十分需要在充满自信与充满怀疑之间寻找到某种平衡，恰如在骄傲与谦虚之间找到某种美妙的融合那样。可以有所偏颇，却不可只见其一。

对于教育的忧虑，不少人已有所提及。现在，我们把这种忧虑引申到哲学上来。这种联想的产生是必然的。教育与哲学如此密不可分，无论在古希腊，还是古中国，哲学与教育都是同生同长的。后来的历史继续说明，它们的盛衰是那样的难以分割。为了兴盛，也就需要同时从哲学和教育那里寻找出路。

当然,我们更应忧虑的,是哲学。因为哲学的成长和繁荣离不开批判。批判的事业不兴旺,哲学能兴旺吗?哲学不兴旺起来,教育及其他事业能兴旺起来吗?

在20世纪50至70年代,有过大批判,但那不是哲学意义下的批判,而是意识形态下的批判,那时的大批判是与大整人连在一起的。只有批判,没有批批判的。这种历史,是不是我们今天的批判事业难以繁荣的一个历史包袱呢?卸掉它吧。可是,谁来卸?只有批判者自己来卸,批判是与发展同在的,与繁荣同在的,而且可以与友谊同在。这都属于学术,而学术批判,是学术的生命之源。都知道"真理越辩越明"的道理,那就辩起来吧,否则,真理怎能"越明"?

我国古代有过哲学的辉煌,近代,我们也有过王国维、陈寅恪;在20世纪30年代、40年代,也有过贺麟、熊十力、冯友兰、金岳霖这样的世界级哲学家。哲学是智慧的科学,中华民族不缺智慧,因而,我们对自己哲学的未来不必太悲观。

尽管我们可以乐观,然而,又不能不忧虑,这种乐观不能不与应有的、深深的忧虑连在一起。眼下,我们太崇尚感性了,太缺乏理论兴趣,太缺乏哲学兴趣了。学术上的功利主义严重地妨碍着我们。这可不是杞人忧天啊。

有关"实践出真知"的观念是诸多不利于我们学术事业的观点之一。2014年12月31日,省委党校的常务副校长张国骥,我多年的老朋友,在一起聚会时,他谈起最近自己读到的一些天文学知识,天文学家们所说到的一些天文奇观,这些知识哪里是从实践来的呢?实践怎能知道银河有多宽?宇宙有多大?

岂止是天文学,爱因斯坦的理论是从实践来的吗?非欧几何是从实践来的吗?全世界的艺术种类当有千种万种了吧,是从哪千种万种实践中来的?亚里士多德、黑格尔的哲学是从什么实践来的?康德的大爆炸学说是从什么实践来的?

哲学辞典把实践界定为感性的、物质的活动,我相信我的众多论著,绝大多数与这种实践无关。比如我的《哲学是什么》《人论》《数学方法论》《数学文化》《人是美的存在》等等就不来源于实践。来源于什么呢?这些著述大多源自我的心灵感应,对人对天的感应,我坚信,人最伟大的方面莫过于人的思想、人的想象力,它可以穿透几乎所有的事物而入木三分,人还有支撑这些东西的无限情感和意志。

为什么原理性的发现极少出在我们这里?为什么我们的哲学十分贫乏?为什么哲学难以成为我们全民族的事业?为什么我们很难有成批的哲学家出现?为什么北大这样的大学在蔡元培之后就再难有教育家?为什么我们的高等学校只有少数达到亚洲一流的水平?为什么昔日的北京大学比东京大学强而今却是后者大大强于前者了?为什么以色列这样的国家在短短的时间里创建了世界一流的希伯来大学而我们难以企及?全世界把大学当作政府机构对待且赋予其官级的,为什么只有包括中国在内的两三个国家?为什么改革开放已30余年了,教育的改革还收效甚微?为什么教育被人们视为改革要攻破的最后一座堡垒?为什么我们的教育科学也十分落后?

再细一点,应当还可以问更多的"为什么",更多地问问我们自己的教育。我们该不该多问问呢?所谓多问问,也就是忧虑,我们该不该忧虑呢?能不忧虑吗?

近20年来,政府的"211工程"和"985工程",拿出了大量资金,谋求办出一批高水平大学来。有一个"2+7"的计划,这个"2"就是北大、清华,希望把这两所大学办成世界一流,投资也相当大。可是,世界一流大学还真不是用钱堆出来的。当今的中国已经不缺钱了,缺的是什么呢?缺改革,缺深入的教育改革,缺从根本上、从体制上进行的改革。我们唯一的出路、唯一的希望就在这里。若要动真格的,还得从这里做起。

有谁比生活在大学里的人更懂得大学?有谁比大学自己更知道怎样办大学?有谁比大学里的人更有可能把大学办好?尽管"旁观

者清"之说有一定的道理,大学也别忘了听取来自社会的声音,然而,这仍然只是辅助性的。看得清楚的,还是自己,尤其是那些清醒的大学及其管理者们自己。身临其境究竟还是不一样的。

以上所言,似乎是十分浅显的,几乎就是常识的问题,为什么也存在呢?站在大学外面的人,可以去评价它、质疑它,但若明智一点的话,就不要去管它,不要去插手其内部事务,让大学自己去忧虑自己吧,它所必需的忧虑,谁能从外面给予它?

## 二十六、改革带来了什么?

改革与批判是联系在一起的,有了不好的东西,去识别,去剖析,自然就有了批判,再进一步就是去改变那些不好的东西。变者革也,革者变也,改变者,亦改革也。批判越深入,越有利于改革的展开与深入,批判可能要伴随改革的全程。

有人喜欢批判,但只是喜欢还不行,还有需要不需要的问题。当然,如果改革是需要的,批判也就需要了。需要的东西,你喜欢了,这有何不好?当然,邓小平提出改革首先必是看到其必要性、迫切性,中国不改革不行了。

为什么迫切呢?中国已被折腾够了,尤其是那场史无前例的运动,让全世界都惊呆了:那里究竟发生了什么?为什么如此大规模的破坏?为什么如此损毁人的尊严?为什么这般草菅人命?为什么连自己的文化也不要了?

可是,不仅仅是目瞪口呆,他们在惊愕之后立即展开了研究。据我所知,这种研究是如此认真,如此广泛和深入,越是不可理解的东西,或许越值得研究。人们无法回避的,且不必回避的,然而,最应去深入研究的,还应当是我们中华民族自己。不少华人史学家、思想家、哲学家已投入了研究。

实际上,十一届三中全会已做出了非常明确、非常贴切的论断,指出那是一场浩劫,且是领导人亲自发动的。这一定性十分准确,但研究不可能在有些结论之后停止。许多有识之士已经看到,中华民族若要真正走向复兴,对这场浩劫继续进行深入的系统的批判是必不可少的。改革还是进行时,批判亦必还处在进行时。历史将证明深入系统的批判是少不了的。

回到更具体的讨论上来吧。我把这本书命名为《改革路上》,谁在改革路上?张三、李四、还是王五?这个主语,大而言之,是我们国家,它正走在改革的路上;邓小平时代以来,就走着,尽管曲曲折折,到现在也还在走着。

现在想问一问:我本人走在改革路上吗?

对于另一个问题似乎好回答一点:我本人走在批判的路上吗?这与"走在改革路上"是一回事吗?好像联系十分密切,但应当还不完全是一回事。

比如说,有人称我为批判家,却无人称我为改革家。这就有点不同吧。黎利云博士称我为批判家,这是我新近听到的一种称呼,但我仍只认为我是一个批判者,还没做到"家"。何时能做"家"?我对此并不会去想什么,只想着批判本身。

我究竟写过多少篇批判性论文呢?如果一篇文章多少有点新东西,那就必然会与既有的东西(包括自己的东西)进行比较,进行分析,这样,就或多或少有了批判的意味。甚至,只要在思考着、创造着,就很可能在批判着。

批判可分为两类,一类是对观念的批判,另一类便是对事实的批判。但多半是对隐藏在事实背后的思想的批判。所以,实际上只有一种:观念或思想的批判。

不过,改革就可能不限于观念批判了。例如,体制的变革,虽也涉及观念,但已不纯粹是观念问题。课程改革、工资制度的改革,也都不纯粹是观念改革。邓小平就很明确,需要解放思想。但体制本身的改革更重要,思想解放也要落实到体制的变革上来。理念与机制连在一起,才可能更强有力。

知识分子是清洁工,批判如扫地,这是知识分子的使命,否则,便不是知识分子了,既是使命,对社会发展与进步承担的使命,谁敢不担当?

我不必罗列自己进行了哪些方面的批判,也不想陈述我进行了哪些方面的改革,更不会去评功摆好。但可以说说相关的故事,仅仅是故事吧。

在我任校长期间,在进入20世纪90年代后,时任教育部副部长的韦钰主管高等教育。她留学德国,是在任东南大学校长后调到教育部工作的。她在任职期间先后两次考察过湖南师范大学,是谁建议她考察的?我不清楚。为什么要考察两次?我也不知其原因。后来也未刻意打听过。但我知道她办事果断,心中有数,精明且有魄力。这种印象应当没有错。

她到我所在的大学考察,可能会有教育行政部门的建议,但怎么会建议考察两次呢?这两次是有时间间隔的,间隔应当以月计,间隔了多少个月,我也记不清了。当然,我记得这两次都是我陪同的,因而,一些情节都还在记忆中。韦钰两次考察湖南师大,这在教育部的档案里必有记载,但一些细节可能是难以记载的。我就记述一下这些难以记载的情形。由于前面已提到过此事,这里就简略述之。

第一次,她考察了我们的中文和历史系,这是学术水平很高的系。考察后,她对我说:湖南文科的中心就在师大了吧。我应声道:是这样的。当时,中南工业大学的文科是零,而湖南大学属第一机械工业部管,自然也只有工科,且很穷。那时的一机部没有什么钱,但湖南大学有文理的传统,发展文科的条件比中南工业大学强很多;后来，湖南大学文科迅速发展，但这是将湖南大学划归教育部直管之后出现的，也是我卸任之后的事情了。

第二次考察时，她实地观看了物理系和生物系。她是行家，一看就知道有相当的学术水平，并且对我说："看来，湖南理科的中心也在师大了。"我回应道："当你这样讲的时候，才更有说服力。"当时，至少包括湖南大学在内的一些领导人，尚不知是如此。例如，当时一位化学专业出身的校长在得知师大数学很强的时候就很惊讶。其实，论数理化天地生这六大基础学科，其中五科我们在湖南都已排第一，唯有化学是湖南大学最强，湖大有两位分析化学院士。后来，其中一位院士也来到了师大，力量就旗鼓相当了。

实在说，这也有一个过程。以数学为例，湘潭大学实力相当强，那时师大可能要排在三四位了。但后来有几位重量级的教授也来到了师大。有人说是我"挖"来的，其实，是他们自己过来的，他们若不想来，你怎么"挖"得动？

再后来，我也不忌讳"挖"了，实际上不过是一种流动，主动权并不在学校，而在教授本人。谁不想往能让自己有更好发展和发挥的地方去呢？我所做的，正是创造一些条件，让学者们愿意来。这些条件又怎样才能创造出来呢？问题又回到了改革，通过一系列改革来创造。

我归纳出一些优秀人才选择工作单位的条件，大体是三条：第一条，有相对较好的生活和工作条件，这一条很重要，但并非最重要；第二条，他的学术成果是否会受到公正评价；第三条，校长是否尊重和爱护人才。

正好，我在三方面都下了一些功夫，并见了成效。我上任之初，应当是就任党委书记之初，提出了两个千方百计：千方百计建立一个高水平的师资队伍，千方百计改善办学条件。确实是努力了，没有千方百计，也会有"百方十计"了。

就在当时,有人质疑:怎么没有千方百计坚持正确的办学方向? 这是一些可爱的人士的质疑,但我不会直接去回应,我心中却有坚定的回应:离开了办学水平,谈什么方向? 20 世纪 50 年代至 70 年代,几乎天天讲方向,结果水平越来越差了,把大学越办越差,还说什么方向? 这种方向就正确吗?

还有,大家都在说要有特色,要办出特色来。我也不参与有关争论,但我完全拒绝办学特色的说法。我在乎的仅仅是学术水平。没有高水平,一切免谈。都搞哲学,就看谁的哲学学术水平高;都搞数学,就看谁能有更高的数学水平。

"文革"之后,人们在总结教训的基础上提出了"空谈误国,实干兴邦"的口号,记得在我们的会议室里,还把这八个字写出来,挂在一个玻璃框里。但是,过去了很多年,空谈还是有啊,就不怕误事误国吗? 其实,这一类的话,挂在心里是最恰当的。

我曾提出过考察大学的两个标准。一是,如果一所大学校园里到处是横幅、标语,它必是一所肤浅的学校。中国曾是一个口号的国家,除了肤浅,还有惊心动魄的混乱。一所大学如今还靠口号过日子,能不肤浅吗? 那些资深的教授们常常是深思着并仰望天空的,他们会理睬这些东西吗?

另一个考察大学的尺度就是,在这所大学里哪一类人最吃香,最受尊敬,最有地位? 谁更受尊敬呢? 是教授们,还是部(处)长们呢? 是更有学问的人吃香,还是更有权力的人吃香呢? 这种状况对青年学生的影响是很大的。

以上两方面的问题,在欧美的大学是不存在的。为什么在我们这里还存在着呢? "文革"已过去 40 多年了,不能把账完全算在过去吧,今天的人们应当担负起今天的责任来吧。这里的回答,仍然是回到原本的大学的那个生活方式上去。

## 二十七、改革与变革

改革即变革,亦即改变,也许,变得厉害一点就叫"革"了吧。然而,总是要变、总是要革吗?

辩证法说,一切事物都在变化着,随时都在变化着,有些变化你感觉出来了,有些变化你没感觉到;有些变化很剧烈,有些则十分缓慢,却没有不变的。还有一个说法,一切皆变,唯有变本身是不变的。真是这样吗?

如果一切本来就在变,还需要你去变革吗?如果现在是这样,在变革中变成那样了,你还去变吗?又把"那样"变成另外一个什么样呢?总不能定型,总是变来变去吗?有一个确定的目标吗?变本身就是目标吗?为变而变吗?

如果需要改革的事项很多,一时顾不过来,则需要很长的时间。如果某些改革很艰难,很费事费时,则也需要长时期的改革,没办法一蹴而就的。然而,总还会有穷期吧,只是时间长短而已,不能任何时候都画不上句号吧?

在大学发展史上,确实可以看到许多不变的东西。比如,古典大学的四院,一直是文学院或哲学院居于首位的;在现代高水平的大学里,文学院仍居首位。这不就是不变的吗?900年未变了,还必将盼来千年不变。

"以柏拉图为友,以亚里士多德为友,更以真理为友。"这是一些美国大学的理念,这也是不变的。理念或信仰不变,这些根本的东西,能变来变去吗?课程结构变了,专业变了,一任一任的校长也更替着,但学校传统的文化还在那里。

变,总是想朝好的方面去做吧;已经比较好了,还可向更好的方向去变,不能越变越差吧。变得越来越差了,也有资格叫变或改革吗？

蔡元培时期的传统很好，就需要去坚守吧，坚守了吗？变得更好还是更差了？应当检讨吧。哈佛大学的博克校长用行动告诉我们，检讨是个好东西。我们也该检讨检讨吧。检讨一下，思索一下，北大的蔡元培传统还在吗？能把它变掉吗？梅贻琦时期的清华传统，也不能忘掉、不能变掉吧？

在牛顿之前，数学是研究常量的，此后，数学开始研究变量。有自变量、因变量，后者跟着前者变，这就有了函数；对于函数变化的研究，就产生微积分了。微积分研究速度，物体以匀速运动时，速度不变，运动着、变动着的物体不变；研究加速度，此时，速度也在变，若是匀加速，则每刻所增加之速度不变，例如，自由落体（不计空气阻力）就是每秒增加 9.8 米。这是变化着的加速度之所加不变，亦为变中之不变。几何、力学、微积分都是研究变中的不变，或者说，都是通过不变来把握和认识变的。

有一个历时性考察与共时性考察的关系问题。比如说，我们从未看到过同一条江，此刻的江，瞬间就随着流水而过去了；实际上，我们也从未看到过同一个人，今天的那个人已不同于昨天的那个人。可是，长江和黄河一直永驻我们心里；父母和先祖一直铭记在我们心里。所有那些变化着的，又不变化地在我们心里。这就是人，人能够把昨天与明天联系起来，能够把历史与未来放在一起，能够把远古和天地日月都装在心中。人的心胸无比广大。

共时性考察是切片式的，同时又让本流动着的事物流动起来，作历时性考虑。两者的结合才可能达到较为准确的认识。

最近与朱业宏教授聊天，他说商业活动也有不变的东西，例如，等价交换，物以稀为贵等。有人曾认为，货币会消失，但这是空想，货币是永远不会消失的。那种物质丰富到可以随便取用的时候不会到来。在已经极为发达的国家也还看不到一点影子。行情变化着，某些市场规律却没有变。

看待改革的问题，肯定也离不开辩证思维。以上所言诸例，我可能都遵循了辩证法。为什么唯有辩证法有效呢？就因为人和自然总是辩证地运动着，大自然总是辩证地存在着，人的思维也总是以辩证的形式展开，无论你是否意识到了。

末了，我还想说一个在教育中常见的、不可不思的问题。有一位我十分尊敬的湖南省教育行政负责人，他为人厚道，且十分智慧。但这并不表明他所说的一切都对。有一次，他以"德育第一"做了一场专题报告。报告后，我问他："德育第一，那第二是什么呢？"他竟觉得这不是个问题，并且似乎还认为我有点咬文嚼字。

当然，我不会与他去争论的，但我心里明白，如果你家只有一个儿子，你会喊他"老大"吗？如果只有一个年级，还有必要说二年级、三年级吗？

有一个被称为副统帅的人曾提出过"四个第一"，但是没有"四个第二"，这"第一"还有什么意义呢？

我先后任校长30年，从没有人认为我不重视德育，但我也从未说过德育第一。我认为，在学校里并不存在教学之外的德育，课外活动中的德育也在课外教学之中，那些讲授德育课程的教师，也只是以教学的形式讲述着伦理。

古希腊人还有一个"知识即德行"的说法，这似乎有点智育第一的味道，实际上，这句话说的也是德育存在于知识传授之中，德育并不单行。

曾经有过的只有第一并无第二的说法，就是片面化、绝对化，就是违反辩证法了。许多人都认为自己信奉辩证法，但其言行是否遵循辩证法，则不一定。

还是恩格斯说得好："蔑视辩证法是不能不受惩罚的。"[①]历史证明了恩格斯的论断。

---

[①] 《马克思恩格斯选集》（第4卷），人民出版社，1995年版，第300页。

对辩证法，我们只能重视，但不是想重视就必定会重视起来的，这还需要学习。需要在各个方面、各种活动中学习。科学家往往是自发的辩证论者，如果他们自觉地与辩证法打交道，他们会走得更远，有更大的成就。

现在回首我写《改革路上》这本书，亦感觉到我是辩证地看待了改革，辩证地对待且践行了改革。我的成就究竟有多大，这是一个完全可以存疑的问题，然而，有一点是肯定的，没有疑问的，那就是我一直在增强自己的哲学修养，形而上学和辩证法的修养，在这条改革路上当然也一直如此努力着。